中青年法学文库

"少捕慎诉慎押"实施问题研究

韩 旭 著

中国政法大学出版社
2023·北京

声　明	1. 版权所有，侵权必究。
	2. 如有缺页、倒装问题，由出版社负责退换。

图书在版编目（CIP）数据

"少捕慎诉慎押"实施问题研究/韩旭著.—北京：中国政法大学出版社，2023.6
ISBN 978-7-5764-1009-9

Ⅰ.①少… Ⅱ.①韩… Ⅲ.①司法制度—研究—中国 Ⅳ.①D926

中国国家版本馆 CIP 数据核字(2023)第 134047 号

出　版　者	中国政法大学出版社
地　　　址	北京市海淀区西土城路 25 号
邮寄地址	北京 100088 信箱 8034 分箱　邮编 100088
网　　　址	http://www.cuplpress.com (网络实名：中国政法大学出版社)
电　　　话	010-58908586(编辑部) 58908334(邮购部)
编辑邮箱	zhengfadch@126.com
承　　　印	北京旺都印务有限公司
开　　　本	720mm×960mm　1/16
印　　　张	15.75
字　　　数	270 千字
版　　　次	2023 年 6 月第 1 版
印　　　次	2023 年 6 月第 1 次印刷
定　　　价	69.00 元

总　序

　　中华民族具有悠久的学术文化传统。在我们的古典文化中，经学、史学、文学等学术领域都曾有过极为灿烂的成就，成为全人类文化遗产的重要组成部分。但是，正如其他任何国家的文化传统一样，中国古典学术文化的发展并不均衡，也有其缺陷。最突出的是，虽然我们有着漫长的成文法传统，但以法律现象为研究对象的法学却迟迟得不到发育、成长。清末以降，随着社会结构的变化、外来文化的影响以及法律学校的设立，法学才作为一门学科确立其独立的地位。然而一个世纪以来，中国坎坷曲折的历史始终使法学难以走上坦途，经常在模仿域外法学与注释现行法律之间徘徊。到十年"文革"期间更索性彻底停滞。既先天不足，又后天失调，中国法学真可谓命运多舛、路途艰辛。

　　20世纪70年代末开始，改革开放国策的确立、法律教育的恢复以及法律制度的渐次发展为我国法学发展提供了前所未有的良好环境。十多年来，我国的法学研究水准已经有了长足的提高，法律出版物的急剧增多也从一个侧面反映了这样的成绩。不过，至今没有一套由本国学者所撰写的理论法学丛书无疑是一个明显的缺憾。我们认为，法学以及法制的健康发展离不开深层次的理论探索。比起自然科学，法学与生活现实固然有更为紧密的联系，但这并不是说它仅仅是社会生活经验的反光镜，或只是国家实在法的回音壁。法学应当有其超越的一面，它必须在价值层面以及理论分析上给实在法以导引。在注重建设性的同时，它需要有一种批判的性格。就中国特定的学术背景而言，它还要在外来学说与固有传统之间寻找合理的平衡，追求适度的超越，从而不仅为中国的法制现代化建设提供蓝图，而且对世界范围内重大法律课题作出创造性回应。这是当代中国法学家的使命，而为这种使命的完成创造条件乃是法律出版者的职责。

"中青年法学文库"正是这样一套以法学理论新著为发表范围的丛书。我们希望此文库能够成为高层次理论成果得以稳定而持续成长的一方园地，成为较为集中地展示中国法学界具有原创力学术作品的窗口。我们知道，要使这样的构想化为现实，除了出版社方面的努力外，更重要的是海内外法学界的鼎力相助和严谨扎实的工作。"庙廊之才，非一木之枝"；清泉潺潺，端赖源头活水。区区微衷，尚请贤明鉴之。

中国政法大学出版社

前　言

本书是国内第一部研究"少捕慎诉慎押"问题的专著,具有显著的新颖性和原创性。"少捕慎诉慎押"是程序从宽、保障人权精神的体现。刑事司法政策的实施仅靠检察机关主导推动是远远不够的,需要公、检、法、司认识一致,共同发力,相互支持。然而,实施中出现了如认罪认罚从宽制度那般"中间热、两头冷"的局面。公安机关与检察机关在绩效考评上相互冲突,导致提捕率和移送起诉率居高不下,制约了该政策的实施。检察机关自身的考评指标也限制了"少捕慎诉"政策的实施,甚至出现了一些"二律背反"问题。当前一些检察机关诉前羁押率比较低,这得益于新冠疫情防控的帮助,能否持久维持乃是一项重大课题。

本书问题意识较强,实践导向突出,基本能够回答该政策实施过程中的疑难问题。理念更新是该政策实施的前提,不仅公安司法人员需要做到"打击与保护并重",而且需要全民树立无罪推定观念和人权保障意识等。

本书具有较强的学术性,作者以学理、法理乃至社会学方法解释现实问题,对"少捕慎诉慎押"刑事司法政策作了较为客观、中立的描述和分析,对丰富和完善我国的逮捕、起诉和羁押必要性审查制度具有重要意义。

本书从该政策的实施背景、面临困境、绩效考核、公安司法机关之间的关系,到破解之道、权力配置等进行了全方位、多角度的分析阐释。

目 录

第一章 "少捕慎诉慎押"的历史渊源 ………………………… 001
  一、中国古代"慎刑"观对"少捕慎诉慎押"刑事司法政策的影响
    及其启示 ……………………………………………………… 001
  二、"少捕慎诉慎押"刑事司法政策的历史演变 ……………… 007

第二章 "少捕慎诉慎押"之"少捕" …………………………… 013
  一、"少捕慎诉慎押"彰显人权保障精神 ……………………… 013
  二、逮捕刑罚化的弊害 ………………………………………… 017
  三、"少捕"与《刑事诉讼法》逮捕条件的适时调整 ………… 019
  四、"少捕慎诉慎押"视域下降低审前羁押率路径 …………… 022
  五、推进非羁押诉讼的困境与出路 …………………………… 049
  六、"少捕慎诉慎押"中的实体法问题 ………………………… 063
  七、"社会危险性"评价科学化的实现 ………………………… 067

第三章 "少捕慎诉慎押"之辩护和法律完善 ………………… 071
  一、"少捕慎诉慎押"刑事司法政策对刑事辩护带来的机遇与挑战 … 071
  二、"少捕慎诉慎押"刑事司法政策与《刑事诉讼法》修改 … 073
  三、"少捕慎诉慎押"刑事司法政策下袭警罪追诉的正当程序问题 … 076

第四章 "唐山事件"与"少捕慎诉慎押"的正确实施 ……… 079
  一、"少捕慎诉慎押"与宽严相济刑事政策的关系 …………… 079

二、"唐山事件"中的犯罪嫌疑人不能适用"少捕慎诉慎押"刑事司法政策 … 080

三、辩证看待"少捕慎诉慎押"刑事司法政策 …………………… 080

第五章 "少捕慎诉慎押"对检察官的要求 …………………… 082

一、"少捕慎诉慎押"刑事司法政策实施对司法的影响 …………… 082

二、检察官客观义务之坚守与"少捕慎诉慎押" ………………… 084

第六章 "少捕慎诉慎押"实施问题 ……………………………… 089

一、径行逮捕规定限制了"少捕慎诉"的适用空间 ……………… 089

二、取保候审执行机关如何确定 …………………………………… 091

三、"少捕慎诉慎押"中的证据问题 ……………………………… 094

四、"慎诉"背景下两次补充侦查（调查）期间之外获得证据
材料的证据效力问题 …………………………………………… 098

五、如何解决"少捕慎诉慎押"中的合法性问题 ………………… 101

六、"少捕慎诉慎押"刑事政策实施为什么"中间热、两头冷"？ … 103

七、实施"少捕慎诉慎押"刑事司法政策任重而道远 …………… 105

第七章 "少捕慎诉慎押"实施应处理好的关系 ………………… 109

一、认罪认罚从宽制度与"少捕慎诉慎押"刑事司法政策的关系 … 109

二、"少捕慎诉慎押"刑事司法政策实施中的十对辩证关系 …… 112

第八章 "少捕慎诉慎押"之"慎诉" …………………………… 137

一、对"可诉可不诉的不诉"的理解与适用 ……………………… 137

二、"慎诉"背景下从"纸面合规"走向有效合规 ……………… 141

三、证据不足不起诉案件一定需要补充侦查（调查）吗？ ……… 146

四、对被取保候审人员在起诉时提出实刑量刑建议的处理 ……… 148

五、轻罪案件起诉的弊害和降低我国起诉率的路径选择 ………… 150

六、"慎诉"背景下不诉的相关重要问题 ………………………… 152

第九章 "少捕慎诉慎押"之"慎押" …………………………… 158

一、径行逮捕案件可否进行羁押必要性审查 ……………………… 158

二、羁押必要性审查面临问题及其破解之道 …………………………… 165

　　三、羁押必要性审查为何难以发挥效用 …………………………………… 169

第十章　"少捕慎诉慎押"中的绩效考核 …………………………………… 173

　　一、有些考核指标已经影响了"少捕慎诉慎押"刑事司法政策的实施 …… 173

　　二、"少捕慎诉慎押"刑事司法政策实施中的二律背反 ………………… 175

　　三、逮捕后检察官与案件发生了利害关系 ………………………………… 178

第十一章　"少捕慎诉慎押"实施中面临的十大难题 …………………… 181

　　一、公安机关的职能定位和顺利定案的目标 …………………………… 181

　　二、法院为保障庭审顺利进行和案件顺利审结倾向逮捕 ……………… 182

　　三、检察机关的考评压力和繁琐的程序 ………………………………… 182

　　四、被害人信访、上访压力 ………………………………………………… 183

　　五、专项斗争以"从重从快"为导向 …………………………………… 183

　　六、公安司法机关考核指标的相互冲突难以形成工作合力 …………… 184

　　七、径行逮捕案件可否进行羁押必要性审查存在认识分歧 …………… 184

　　八、新型犯罪多发影响了"少捕慎诉慎押"的贯彻实施 ……………… 185

　　九、"社会危险性"评价标准的模糊性使"少捕慎押"具有较大的
　　　　主观性 …………………………………………………………………… 185

　　十、容错机制的缺失 ………………………………………………………… 186

第十二章　"少捕慎诉慎押"下轻罪治理的司法路径 …………………… 187

　　一、"轻罪"的界定 ………………………………………………………… 187

　　二、轻罪案件司法治理的必要性 ………………………………………… 188

　　三、轻罪案件的司法治理 …………………………………………………… 189

　　四、配套措施的跟进 ………………………………………………………… 192

第十三章　"少捕慎诉慎押"实施中被害人权利保障 …………………… 194

　　一、被害人权利保障是"少捕慎诉慎押"刑事司法政策顺利实施的前提 …… 194

　　二、重视调解工作在"少捕慎诉慎押"中的重要作用 ………………… 205

第十四章 检察官主导责任与"少捕慎诉慎押" …… 207
一、检察官在刑事诉讼中主导责任的体现 …… 208
二、我国检察官主导责任的理论基础 …… 211
三、我国检察官主导责任面临的"四重困境"及其与法官主导责任之"三重界分" …… 213
四、当前检察官主导责任下需要着力解决的几个问题 …… 216
五、检察官主导责任需要以客观义务进行约束 …… 221

第十五章 "少捕慎诉慎押"中的权力配置问题 …… 223
一、"三级审批制"仍有附条件予以保留的必要 …… 223
二、改变部门负责人对案件处理的决定权为提请检察官联席会议讨论的决定权 …… 224
三、赋予检察长职务收取权和职务移转权 …… 225

第十六章 "少捕慎诉慎押"保障机制和配套措施 …… 228
一、"少捕慎诉慎押"中容错机制的建立 …… 228
二、走出"少捕慎诉慎押"的认识误区 …… 230

参考文献 …… 235

后 记 …… 240

第一章
"少捕慎诉慎押"的历史渊源

一、中国古代"慎刑"观对"少捕慎诉慎押"刑事司法政策的影响及其启示

中国传统法律文化的主流是"慎刑"思想,即"慎刑"观,这种"慎刑"观不仅体现在刑事法律实体规范方面,也体现在诉讼程序方面。正如山东大学法学院林明教授所言:"慎刑理念主要在司法机构设置、司法官吏的执法要求和违法责任的追究、司法审判方式和原则、诉讼审判程序等方面对古代司法制度的设计与运行产生了十分重要的影响。"[1]中国优秀传统法律文化是现代刑事政策和法律制定的宝贵资源,前者对后者具有深远和持久的影响,二者之间紧密相连。可以说,当今的"少捕慎诉慎押"政策不是凭空产生、"横空出世"的,它深受中国古代"慎刑"观的影响,在不少方面与"慎刑"观具有异曲同工之处,均强调司法克制和司法宽容,司法中应更多地体现人文关怀,防范错捕、错判。

(一)"慎刑"观的历史流变

中国古代的"慎刑"观源远流长,对后世影响巨大。从西周时期的"明德慎罚"到孔子的"明德""明礼"和"仁政",再到西汉以董仲舒为代表的儒家学派提出的"德主刑辅"。此后中国几千年的古代社会立法者均以西周、西汉的"慎刑"观作为其立法原则和指导思想。例如,《唐律疏议》记载:"德礼为政教之本,刑罚为政教之用。"[2]唐太宗李世民主张:"死者不可再

---

[1] 林明:"论慎刑理念对古代司法运行机制的影响",载《法学杂志》2012年第4期。
[2] 参见冯卓慧:"中国古代慎刑思想研究——兼与20世纪西方慎刑思想比较",载《法律科学(西北政法学院学报)》2006年第2期。

生,用法务在宽简。"唐朝以后的宋、明、清等朝也多有论者主张"慎刑",如马端临、苏天爵、张居正、王夫之、袁枚、蒲松龄等都主张明刑慎罚。[1]北宋初年礼部尚书晁迥专门撰写了《劝慎刑文》(并序)和《慎刑箴》,并刻在石碑的正反两面,现保存于陕西碑林博物馆。[2]明代丘浚继承与发挥我国古代传统的明德慎罚的思想,主张慎刑狱包括治狱必先从宽,罪疑从轻,免不可得而后刑之,生不可得而后杀之以及及时结案和改善犯人待遇等内容。对汉代废除肉刑倍加赞扬。清代的康熙皇帝从"敬慎庶刑刑期无刑"思想出发,强调司法官吏听断狱要谨慎从事。要求他们领会历代"详刑"的基本精神。人命关系重大,要求官吏慎刑慎杀、罪疑从无。实现死刑监候缓刑制度、死刑犯监候秋审,大部分得到减刑处理。沈家本在修订法律的活动中按照中西结合的修律方式实现了反对重刑酷刑,从治国之道以仁政为先的儒家伦理出发,提出刑法应该改重为轻,载之以义而推之以仁,并且以此思想为指导对大清刑律进行了大量的删改。[3]

从上述分析可以看出,中国古代各朝代均以西周的"明德慎罚"和西汉的"德主刑辅"为立法指导思想。在古代"慎刑"观中,我们熟悉的语言均体现了这一思想。例如,"与其杀无辜,宁失不经""道之以德,齐之以礼,有耻且格""刑罚世轻世重",等等。

中华人民共和国成立后,毛泽东主席仍多次强调"少捕、少杀"的方针,1951年就镇压反革命问题,他在为中共中央起草的政治局扩大会议决议要点中指出"严密控制,不要乱,不要错";同年给公安机关作出批示,"关于杀反革命的数字,必须控制在一定比例以内""凡介在可捕可不捕之间的人一定不要捕,如果捕了就是犯错误;凡介在可杀可不杀之间的人一定不要杀,如果杀了就是犯错误"。在为中共中央起草的有关镇压反革命的指示指出:"一定不可错捕错杀。"1956年在《论十大关系》中,毛泽东主席指出:"放,就是可捉可不捉的一般不捉,或者捉起来之后表现好的,把他放掉。"毛泽东主席的一系列指示成为我国制定刑事政策的依据,并且得到了老一辈革命家董

[1] 参见张建伟:"慎刑思想:从传统诉讼到现代司法的传承",载《人民检察》2022年第10期。
[2] 参见冯卓慧:"中国古代关于慎刑的两篇稀有法律文献——《劝慎刑文》(并序)及《慎刑箴》碑铭注译",载《法律科学(西北政法学院学报)》2005年第3期。
[3] 参见韩春光:"中国传统的'慎刑'思想及其现代价值",载《当代法学》2002年第4期。

必武、彭真等人的支持，成为我国刑事司法制度建构的精神来源，体现了我国自古以来的慎刑思想。[1]

古代法律中的"慎刑"观和毛泽东思想中的"凡介在可捕可不捕之间的人一定不要捕"，与现代"可捕可不捕的不捕""可诉可不诉的不诉"的"少捕慎诉慎押"刑事政策具有共同的价值理念和司法追求。"少捕慎诉慎押"除了"少捕"之外，核心在于"慎"，"慎诉慎押"在古代体现为"慎刑"。由于古代法律中实体法与程序法不分，杂糅合一，所以"慎刑"既指刑罚的慎用，也包括程序的慎重。例如，"罪疑从轻"。不但西周刑法规定了罪疑从轻、众疑则赦原则，而且汉高祖时制定诏御史，规定："狱疑者谳，有令谳者，已极谳而后不当谳者，不为失。"[2]

(二)"慎刑"思想在诉讼制度上的体现

古代法学思想中的"慎刑"观在诉讼制度上也有鲜明体现。具体主要体现在以下制度方面：

(1) 复核制度。唐律规定，死刑确定前必须履行"三复奏"的复核程序，不久又因为三复奏"须臾之间，散奏便讫，都未得思，三奏何益"，而改为"五复奏"，即"决前一日、二日复奏，决日又三复奏"，并且下诏："有据法合死，而情可宥者，宜录状奏"（《旧唐书·刑法志》）。《唐律疏议·名利律·应议请减条》疏议曰："国家惟刑是恤，恩弘博爱，以刑者不可复属，死者务欲生之。"此后发展至宋代建立"翻仪别勘"复审制度。

(2) 矜恤老幼妇残。西周时期就制定了"八十、九十曰耄，七年曰悼。耄与悼，虽有罪，不加刑焉"（《礼记·曲礼上》）的刑事政策。该项原则历汉朝之发展，经魏晋律学家的归纳总结，至唐代臻至大成。唐律规定："诸年七十以上，十五以下及废疾……收赎。""八十以上，十岁以下几笃疾，犯反、逆、杀人应死者，上请。盗及伤人者，亦收赎。""九十以上，七岁以下，虽有死刑，不加刑。""妇人犯流者，亦留住，流二千里决杖六十，一等加二十，俱役三年。年七十以上，十五以下及废疾者被判流刑，只流遣到服役之处，而不居作"，"妇人犯死罪，怀孕，当决者，停产后一百日乃行刑"（《唐律疏

---

[1] 参见张建伟："慎刑思想：从传统诉讼到现代司法的传承"，载《人民检察》2022年第10期。

[2] 参见冯卓慧："中国古代慎刑思想研究——兼与20世纪西方慎刑思想比较"，载《法律科学（西北政法学院学报）》2006年第2期。

议·名例》)。

（3）限制刑讯。隋《开皇律》规定："讯囚不得过二百，枷杖大小，咸为之程品，行杖者不得易人"（《隋书·刑法志》）；唐律进一步规定："诸应讯囚者，必先以情，审察辞理，反复参验，尤未能决，事须询问者，立案同判，然后拷讯"，拷囚不得超过3次，每次要相距20日以上，总数不能超过200杖。70岁以上，15岁以下及废疾、孕妇，不得刑讯。唐律还规定对罪犯"不得辨背"（《旧唐书·太宗本纪》）。

（4）敲登闻鼓制度。《开皇律》颁布时，隋文帝要求各执法者要公正处理词讼，有冤屈者先向地方官府申诉，如果县官不予处理，可以逐级经郡、州直至尚书省，最后可向中央申诉。如果都得不到解决，可以敲登闻鼓，直接向皇帝鸣冤。后来这一制度一直被封建君主所采用，以昭示其仁政、慎刑、慎杀的爱民思想。

（5）录囚制度。录囚制度创建于西汉时期，是封建皇帝或上级司法机关通过对罪囚刑法的复核、审录、监督和检查下级司法机关的决狱情况，平反冤案及督办久系未决案件的一项司法监督制度。到隋唐时期，随着中国古代封建法制制度的完善，录囚制度也达到了较为完善的阶段，唐在继承前人体制的基础上又新设了许多司法机构，相关制度也随之创建。唐代统治者多次强调："诸州死罪不得便绝，悉移大理。"（《唐律·刑法志》）由此，唐朝对断狱规定了严格的要求，即"疑罪听谳"。

（6）明代的朝审和清代的秋审制度。明代建立审录制度，对于各种徒刑的犯罪经过不同的部门、不同的程序逐级定期审核。其中一种很重要的形式就是"朝审"，要求对"重囚可预疑及枷号者，奏请定夺"，对不同情况作出不同的处理。而清朝的秋审制度是由明朝的"朝审"制度发展而来的，"各省秋决重犯，该巡按会同巡抚、布按等官，面加详审，列疏明，开情真应决，应缓，并可予今疑者，分别三项于霜降前，奏请定夺"（《清世祖实录》卷一二一）。后来，秋审亦经三法司、九卿会审复核。

（7）"斩监候"与"绞监候"制度。明清时期的"斩监候"与"绞监候"制度是较完善的"慎杀"制度。明清法律规定，对封建统治造成危害的犯罪被判处死刑（往往指自唐代建立的"十恶"）立即处决的，叫作"斩立决"或者"绞立决"。而对危害性比前者较轻的或者对罪行尚有疑问的，就判处"斩监候"或"绞监候",暂缓执行,待秋天时九卿会审,重新判决或审核。[1]

（8）人本主义的证人作证制度。无论是孔子倡导的"父为子隐、子为父隐,直在其中矣?"还是《唐律》中的"亲亲得相隐、亲亲得相首匿",均反对亲人之间相互指证,因为它违反人伦和人性。用现代话讲就是"法律不能强人所难"。这与现代证据法中的证人的免证特权较为相似。这说明,古人已经认识到查明案件事实并非司法的唯一价值和最高价值,家庭伦理关系更值得珍视。

现代的"少捕慎诉慎押"刑事政策适用的重点对象是未成年人和老年人,这与古代的"矜恤老幼妇残"具有相通性,都体现了司法对老年人、未成年人的宽宥。对于怀孕的妇女,我国刑事诉讼法限制逮捕措施的适用,刑法限制死刑的适用。

（三）古代"慎刑"观对贯彻实施"少捕慎诉慎押"刑事司法政策的启示

1. 当今太平盛世应当适用宽缓的刑事司法政策

《周礼》记载：刑新国,用轻典；刑平国,用中典；刑乱国,用重典。周朝的统治者还说："轻重诸罚有权。刑罚世轻世重,惟齐非齐,有伦有要。"其大致意思是："掌握刑罚的轻重可以灵活权衡,根据各时期的社会特点灵活掌握。"[2]我们平时所说的"乱世用重典",最早可以追溯至西周时期。当今,我国的犯罪结构发生了重大变化,故意杀人、抢劫、绑架等暴力恶性犯罪案件大幅下降,已经不再是犯罪的主流。而法院可能判处3年以下有期徒刑、拘役、管制和单处附加刑的案件占比已经超过了80%,且被追诉人认罪认罚的案件占比也已超过80%。虽然自然灾害时有发生,但是我国经济社会高度发展,社会繁荣稳定,人民安居乐业,整个社会向好发展,可谓是"太平盛世"。根据"刑罚世轻世重"的"慎刑"观,应该适用宽缓的刑事司法政策——少捕人、少诉人、少杀人。"少捕慎诉慎押"刑事司法政策顺应了当今的社会特点,是与我国社会发展到一定阶段相适应的刑事政策,体现了我国司法政策"因时而变"的特点。这种宽缓刑事司法政策的倡导也符合国际

---

[1] 参见谭世贵、李建波："试论慎刑慎杀的刑事诉讼基本理念",载《海南大学学报（人文社会科学版）》2007年第5期。

[2] 参见冯卓慧："中国古代慎刑思想研究——兼与20世纪西方慎刑思想比较",载《法律科学（西北政法学院学报）》2006年第2期。

社会的发展趋势,是我国进一步扩大对外开放的要求,是中国司法民主化、科学化、人性化、国际化的体现。随着我国对外交流的频繁,外国人在华犯罪的比例上升。这些人在华犯罪后如果能获得宽缓的司法待遇,不仅可以以生动真实的司法实践表达中国政府对人权的尊重,也可获得国际社会的赞誉,使中国政府在国际人权对话中居于主动地位。

2. 实现国家治理现代化的必然要求

实现国家治理体系和治理能力现代化是当前的一项重要改革任务。法治是实现治理现代化的重要依托。可以说,没有法治化就不可能有现代化。治理现代化要求矛盾的及时化解和被破坏的关系得到修复、利益得到弥补和恢复。由此要求由过去的对抗性司法转变为协商性司法、恢复性司法。而通过加害人的认罪认罚、赔偿损失、赔礼道歉换得被害人一方的宽恕和谅解,正是上述司法理念和司法方式转变的体现。加害人的上述行为正是降低其社会危害性和人身危险性的必要之举,是其得到"少捕慎诉慎押"宽缓处理的前提。古人尚且能将"慎刑"作为国家治理的一种手段,今人何尝不能将"少捕慎诉慎押"作为国家治理现代化的司法策略呢?孔子强调:治理国家,首重于德教。"为政以德",德教像北斗星一样,使其他的治理方法抬头仰视。当然,要治理国家,仅靠德治还不够,还必须并用刑罚。[1]可见,古人是站在国家治理的高度来宣扬"慎刑"的。

3. 国富民强在司法制度上的要求

古人提倡"慎刑"是体恤百姓、安抚百姓,进而促进经济增长和社会繁荣。例如,"'明德慎罚'作为立法指导思想,在完善西周法律制度,促进西周社会的发展与繁荣方面发挥了积极作用"。冯卓慧教授在分析古代社会"慎刑"原因时指出:"西周统治者在总结了夏商亡国的教训后,从农业民族的'敬天'观,进而发展为'敬天''保民'观。因为农业收成的好坏,不唯依赖于天,还依赖于从事农耕的民众是否能安心生产而不逃亡。由'敬天''保民',他们进而懂得要使民安定生产,需'明德慎罚'。"[2]当今社会如果将一个人逮捕、羁押,不仅其人身自由被剥夺,名誉、财产会遭受损失,而且

---

[1] 参见冯卓慧:"中国古代慎刑思想研究——兼与20世纪西方慎刑思想比较",载《法律科学(西北政法学院学报)》2006年第2期。

[2] 冯卓慧:"中国古代慎刑思想研究——兼与20世纪西方慎刑思想比较",载《法律科学(西北政法学院学报)》2006年第2期。

因其处于被羁押而与外界隔绝状态,是生产力的浪费,其不仅不能为国家创造财富,而且国家还需支付一笔不小的资金保障其在看守所的生活。一些民营企业,如果该企业负责人被羁押,会导致该企业关门倒闭,不仅不能为国家创造财富,而且减少了就业人口,国家"六稳、六保"的目标将难以实现。因此,最高人民检察院力推企业合规性审查。给涉嫌犯轻罪的企业家提供一个合规整改,悔过自新的机会,而不是"一棍子打死"。最高人民检察院的领导在多个不同场合提出:"不要动不动就抓企业负责人""不要动不动就让企业关门""可不捕的尽量不捕""可不诉的尽量不诉""能判缓刑的尽量适用缓刑"。这样的思想理念无疑是正确的,是实现国富民强的司法贡献,是"少捕慎诉慎押"刑事政策在司法实践中的具体运用。因此,"少捕慎诉慎押"政策和企业合规审查是实现国富民强的司法政策和制度。这从古代的"慎刑"观中也可以汲取营养。

二、"少捕慎诉慎押"刑事司法政策的历史演变

刑事政策是指国家的刑事法律思想的外化形式,是以抑制和预防犯罪为根本宗旨,用于指导国家刑事立法,刑事司法和其他与之相关的社会活动的策略、方针和原则。刑事政策一语源于德语中的"Krminal Politik",始见于费尔巴哈1803年所著的刑法教科书,后为李斯特等人推广于欧洲大陆法系诸国。在我国不同时期,根据犯罪的特点和社会治安状况,党中央提出了不同的刑事政策。刑事政策作为指导刑事立法、司法和执法的思想,具有一贯性、指导性和宏观性等特点。"少捕慎诉慎押"作为新时期的一项刑事政策,是对我国历史上的刑事政策的总结,是结合新时期的经济社会发展状况和犯罪结构变化适时提出的具有中国特色的刑事政策。

(一)我国刑事政策的历史沿革

1. 镇压与宽大相结合

革命根据地时期,工农民主政权为了打击反革命活动,惩办其他犯罪分子,保卫工农民主政权,颁行了《惩治反革命条例》《反动政治犯自首条例》等。1942年《陕甘宁边区刑法总、分则草案》提出了镇压与宽大相结合的刑事政策。解放战争时期,解放区刑事立法的主要任务是打击反动阶级的破坏。为此,各边区、大行政区、各地军管会及人民政府先后制定了刑事法规。刑法原则明确规定了"首恶者必办,胁从者不问,立功者受奖"的方针,极大

地丰富和发展了新民主主义刑事立法原则。中华人民共和国成立初期，镇压反革命成为首要的政治任务，因而也是刑法的根本任务。但是，1949年2月中共中央宣布废除国民党"六法全书"后，刑事立法活动并没有立即开展，国家法制处于空白状态，新民主主义革命时期的刑事政策替代法律的做法迅速成了弥补立法滞后和空白的司法原则。脱胎于革命根据地法制建设经验的"镇压与宽大相结合"政策，由于凝结了共产党区别对待、分化瓦解的对敌斗争智慧，适应"镇反"和"肃反"的需要，因此成了这一时期最基本的刑事政策。

2. 惩办与宽大相结合

如果说"镇压与宽大相结合"在革命战争年代主要是对敌斗争的一项富有成效的策略，在和平建设年代则更多地表现为打击和预防犯罪的基本刑事政策。"镇压与宽大相结合"也由此演变为了"惩办与宽大相结合"。1979年《刑法》[1]第1条规定，我国刑法是"依照惩办与宽大相结合的政策"制定，以基本法律的形式明确了这一基本刑事政策。这一政策在刑法中得以广泛体现，并在以后的司法实践中得到了较大程度的适用。对其内涵的理解主要有两个方面：一是"惩办少数，改造多数"。对少数的严重犯罪分子进行严厉打击，如在1979年《刑法》中，共同犯罪的主犯在法定刑基础上从重处罚。在新形势下"惩办少数，改造多数"，注意区分重罪与轻罪界限的同时，尽量本着改造和教育的原则，实现处罚的非刑罚化。二是"区别对待"与刑罚的个别化相一致。惩办是对犯罪行为人所实施的犯罪行为的法律层面上的报应和谴责，宽大则是注意到行为人主观危险性以及实际的可能性而作出的对犯罪分子从宽的处罚，是刑罚个别化的体现。也就是说，区别对待既是根据犯罪分子社会危害性不同的必然结果，也是行为人主观恶性大小不一的要求。区别对待的实质就是刑罚的个别化。尽管"惩办与宽大相结合"的政策是我国一贯信守的，但并不意味此政策的内容一成不变。事实上，一开始对这一政策的理解就不尽一致。分歧主要集中在对"坦白从宽，抗拒从严"的看法上。随着理论观念的转变，惩办与宽大的核心被建立在"准确"的基础上。"罪该处死，民愤极大，应该判处死刑。罪不该杀，即使民愤极大，也不能判处死

---

[1] 为论述方便，本书涉及我国法律、法规，直接使用简称，省略"中华人民共和国"字样，全书统一，后不赘述。

刑。"审理刑事案件,一定要坚持以事实为根据,以法律为准绳,特别注重一个"准"字。

3. "严打"

"严打",是在中国大陆地区的一连串严厉打击刑事犯罪活动的简称。1983年7月19日,中共中央军委主席邓小平在北戴河向公安部指出:"对于当前的各种严重刑事犯罪要严厉打击,判决和执行,要从重,从快;严打就是要加强党的专政力量,这就是专政。"邓小平同志在《严厉打击刑事犯罪活动》的谈话中曾指出:"解决刑事犯罪问题,是长期的斗争,……必须依法从重从快集中打击。严才能治住。"我国先后进行了4次"严打"活动。1983年首次提出"严打"这个概念,并进行第一次"严打";1996年进行了第二次"严打";2000年至2001年进行了第三次"严打",增加了网上追捕逃犯的行动,也被称为"新世纪严打"。第四次严打是2010年。1983年8月25日,中共中央作出了《关于严厉打击刑事犯罪活动的决定》,"从重从快严厉打击刑事犯罪活动"的"严打"拉开序幕。9月2日,全国人大常委会颁布了《关于严惩严重危害社会治安的犯罪分子的决定》和《关于迅速审判严重危害社会治安的犯罪分子的程序的决定》。前者规定对一系列严重危害社会治安的犯罪,"可以在刑法规定的最高刑以上处刑,直至判处死刑";后者则规定在程序上,对严重犯罪要迅速及时审判,上诉期限也由《刑事诉讼法》规定的10天缩短为3天。"严打"斗争是在我国特定时期为应对特殊形势而实施的刑事政策,已不适应中国当前的司法现状。

4. 宽严相济

2004年12月召开的全国检察长会议提出对轻微犯罪采取宽严相济的刑事政策。2006年,党的十六届六中全会通过的《中共中央关于构建社会主义和谐社会若干重大问题的决定》正式提出宽严相济的刑事司法政策,即"实施宽严相济的刑事司法政策,改革未成年人司法制度,积极推行社区矫正"。2010年,全国人大常委会在《刑法修正案(八)(草案)》条文及草案说明中强调:"根据宽严相济的刑事政策,在从严惩处严重犯罪的同时,应当进一步完善刑法中从宽处理的法律规定,以更好地体现中国特色社会主义刑法的文明和人道主义,促进社会和谐。"它对于最大限度地预防和减少犯罪、化解社会矛盾、维护社会和谐稳定具有特别重要的意义。贯彻宽严相济刑事政策,要根据犯罪的具体情况,实行区别对待,做到该宽则宽,当严则严,宽严相济，罚当其罪，打击和孤立极少数，教育、感化和挽救大多数，最大限度地减少社会对立面，促进社会和谐稳定，维护国家长治久安。最高人民法院《关于贯彻宽严相济刑事政策的若干意见》规定："宽严相济刑事政策是我国的基本刑事政策，贯穿于刑事立法、刑事司法和刑罚执行的全过程，是惩办与宽大相结合政策在新时期的继承、发展和完善，是司法机关惩罚犯罪，预防犯罪，保护人民，保障人权，正确实施国家法律的指南。"宽严相济刑事政策既重视"严"的一面，也强调"宽"的一面，可以说是在惩罚犯罪与保障人权之间的一个统一和平衡。

5. 少捕慎诉慎押

2021年4月，中央全面依法治国委员会把"坚持少捕慎诉慎押刑事司法政策，依法推进非羁押强制措施适用"作为2021年度研究推进的重大问题和改革举措，将"少捕慎诉慎押"司法理念上升为党和国家的刑事司法政策。2021年6月，党中央印发的《中共中央关于加强新时代检察机关法律监督工作的意见》强调："根据犯罪情况和治安形势变化，准确把握宽严相济刑事政策，落实认罪认罚从宽制度，严格依法适用逮捕羁押措施，促进社会和谐稳定。"[1]"少捕慎诉慎押"是指对绝大多数的轻罪案件体现当宽则宽，慎重羁押、追诉，加强对逮捕社会危险性的审查，依法能不捕的不捕，尽可能适用非羁押强制措施，尽可能减少犯罪嫌疑人羁押候审；依法行使起诉裁量权，对符合法定条件的案件充分适用相对不起诉，发挥审查起诉的审前把关、分流作用；加强对羁押必要性的审查，及时变更、撤销不必要的羁押；对危害国家安全、严重暴力、涉黑涉恶等重罪案件以及犯罪性质虽较轻，但情节恶劣、拒不认罪的案件体现当严则严，该捕即捕，依法追诉，从重打击。[2]"少捕慎诉慎押"彰显了对被追诉人的人权保障精神，是程序从宽的体现，是针对我国长期以来逮捕率、羁押率和起诉率偏高的现实所作的政策调整。从过去刑事政策既讲"严"又讲"宽"，到现今只讲"宽"的一面，体现了对过去刑事政策的反思，契合了我国《宪法》规定的"尊重和保障人权"之精神。

（二）刑事政策只有实现法律化才能真正贯彻落实

虽然"惩办与宽大相结合"的规定在《刑事诉讼法》修改时已经被删

---

[1] 参见张建伟："少捕慎诉慎押的基本内涵与适用准则"，载《人民检察》2022年第15期。
[2] 参见庄德通："什么是'少捕慎诉慎押'"，载《民主与法制时报》2022年3月17日。

除。但是，将刑事政策法律化的立法实践值得肯定。既然刑事政策是指导刑事立法、司法和执法的指导思想，那么将其在立法宗旨中予以规定便是制定法律的必然要求。政策具有灵活性、抽象性等特点，只有将刑事政策作为立法指导思想并在各项制度设计时予以体现，才能促进政策的真正实施。未来《刑事诉讼法》修改时可以考虑将"少捕慎诉慎押"作为修法的目的，并在逮捕、羁押必要性审查和起诉程序中通过制度化方式予以体现。例如，逮捕条件的提高，羁押必要性审查中将检察机关审查后提出的"建议"，修改为"决定"，以此增强审查的刚性。同时，要为检察官"松绑"，鼓励其敢于担当、勇于担当，促使其对当时符合不捕和不予羁押条件的被追诉人作出不捕和建议变更羁押措施的建议，应当在法律层面建立容错机制。为应对老龄化时代司法变革的需要，可以对涉罪老年人建立如同未成年人那样的宽缓司法待遇。例如，对年满65岁以上的老年人，除犯罪性质和情节特别严重外，可不捕不押。对经企业合规审查达到整改要求的企业负责人和经营者可通过附条件不起诉，落实"慎诉"的刑事政策。这些都需要《刑事诉讼法》作出相应的修改。刑事司法政策的法律化，有助于增强政策的可操作性，也可以促使公检法司各机关在执法司法时标准统一、步调一致。

（三）"少捕慎诉慎押"刑事政策的提出标志着我国司法的文明和进步

"少捕慎诉慎押"刑事政策的提出标志着我国刑事政策的发展和成熟。从"严打"到"宽严相济"再到"少捕慎诉慎押"刑事政策的提出和实施，体现着我国的刑事政策越来越符合规律，越来越理性文明。这一刑事政策立基于中国社会的转型和社会治安状况好转、轻刑犯罪成为主流的现实，体现了刑事政策"因时而动"的特点，也顺应了国际社会的发展趋势。《公民权利及政治权利国际公约》第9条第3款规定："……候讯人通常不得加以羁押，但释放得令具报，于审讯时、于司法程序之任何其他阶段、并于一旦执行判决时，候传到场。"现代各国发展了多元化的起诉替代措施，起诉率普遍较低。在这样的国际背景下，"少捕慎诉慎押"作为刑事立法和司法的指导思想，可以提升我国刑事司法的国际化水平，《刑法》和《刑事诉讼法》更易得到国际社会的尊重和认可。此外，在"尊重和保障人权"的宪法原则下，"少捕慎诉慎押"恰是宪法原则在刑事司法领域的落实，是我国人权保障水平发展到一定阶段的产物，标志着我国司法的文明和进步。宽缓的刑事司法政策更容易赢得民心、减少社会对抗、提升司法公信力。一个治理现代化的国家，并非看守所关押人员越多越好,"制造"更多的罪犯,只会增加"社会敌意",不利于和谐社会建设。经济发展与社会繁荣,需要宽缓的刑事政策与之相适应,这是人类社会普遍的规律。从这一意义上看,"少捕慎诉慎押"的提出和实施具有必然性和现实性,具有里程碑式的进步意义。

第二章
"少捕慎诉慎押"之"少捕"

一、"少捕慎诉慎押"彰显人权保障精神

2021年4月,最高人民检察院发布《"十四五"时期检察工作发展规划》,强调落实"少捕慎诉慎押",这顺应了时代发展的需要,体现了刑事司法人权保障的精神,也对检察官履行客观义务提出了更高要求。

(一)贯彻"少捕慎诉慎押"的时机已经成熟

1. 我国犯罪结构发生重大变化

最高人民检察院原检察长张军在2020年最高人民检察院工作报告中指出:"1999年至2019年,检察机关起诉严重暴力犯罪从16.2万人降至6万人,年均下降4.8%;被判处三年有期徒刑以上刑罚的占比从45.4%降至21.3%。"目前,我国的轻罪案件比例大幅度上升,故意杀人、抢劫等重大犯罪案件比例下降,由此导致羁押的必要性、紧迫性降低。根据罪行轻重的不同,决定对被追诉人是否逮捕和羁押,是域外普遍的做法,我国也不例外。

2. 认罪认罚从宽制度实施

《人民检察院刑事诉讼规则》第270条第1款规定:"批准或者决定逮捕,应当将犯罪嫌疑人涉嫌犯罪的性质、情节,认罪认罚等情况,作为是否可能发生社会危险性的考虑因素。"对于轻罪案件中的认罪认罚尤其是赔偿到位并取得被害人谅解的被追诉人,因其社会危险性和人身危害性的降低,"从宽"政策的兑现,不捕、不诉的比例将会提升。根据"两高三部"[1]《关于适用

---

[1] 即最高人民法院、最高人民检察院、公安部、国家安全部、司法部,下同。

认罪认罚从宽制度的指导意见》的规定："'认罚'考察的重点是犯罪嫌疑人、被告人的悔罪态度和悔罪表现，应当结合退赃退赔、赔偿损失、赔礼道歉等因素来考量。"在被追诉人"悔罪"的情况下，"少捕慎诉慎押"将成为可能。该意见还明确规定，犯罪嫌疑人认罪认罚，公安机关认为罪行较轻、没有社会危险性的，应当不再提请人民检察院审查逮捕。对提请逮捕的，人民检察院认为没有社会危险性不需要逮捕的，应当作出不批准逮捕的决定。

3. 企业合规审查的需要

最高人民检察院正在推行企业合规审查试点，这是实现企业治理现代化的体现，也体现检察办案的社会治理功能。对于作出合规承诺并积极进行整改的企业和企业负责人，给予宽缓的刑事司法处理，既能彰显宽严相济的刑事政策，也可以增强合规审查的吸引力，实现办案的法律效果与社会效果的统一。

4. 社会监控能力提升

随着现代科技手段在刑事司法中的运用，例如"电子手环"和"非羁码"的使用，实名制推广、路面监控、手机定位、移动支付等现代科技的广泛应用，大大提升了国家的监控能力，为取保候审的适用提供了广阔的空间。这些措施已经成为羁押的替代性措施。即便被追诉人在看守所之外，也仍可做到随传随到，达到了《刑事诉讼法》设立强制措施的目的，保障了诉讼的顺利进行。

（二）影响"少捕慎诉慎押"贯彻落实的因素

据实证研究，实践中影响"少捕慎诉慎押"的贯彻落实，既有观念因素，也有考核机制因素，还有制度因素。

1. 旧有观念与"少捕慎诉慎押"冲突

"构罪即捕""以捕代侦"的观念仍旧存在。在这些旧有观念影响下，有地方较高的报捕率催生了高羁押率。降低羁押率、起诉率，非检察机关一家之力所能为，需要全社会观念的更新。在强调秩序、安全等诉讼价值的国家，少捕慎诉非一朝一夕之功。除了办案人员需要培养现代司法理念外，更需要全社会的理解和支持。观念是文化层面的问题，具有持久性，也是贯彻"少捕慎诉慎押"的最重要障碍。

有的地方存在以打击犯罪为导向的绩效考核体制，阻碍了"少捕慎诉慎押"理念的落实。当前的绩效考核均对打击犯罪的各项指标进行正向考核，无论是批捕率、起诉率还是有罪判决率。绩效考核犹如一根无形的"指挥棒",指导甚至制约着办案行为。如果在考核指标的设计上不能对不捕率、不诉率进行正向考核,降低羁押率和不捕率便只能是一厢情愿的理论空谈。在人们的观念中,司法人员往往扮演着追诉犯罪、打击犯罪的角色。殊不知,司法人员既要"除暴",也要"安良"。这就需要检察机关恪守客观义务,如此方能成为"世界上最客观的官署",担当起法律监督者的使命。

2. 容错机制的缺失无法解除司法人员的后顾之忧

逮捕条件中的"现实危险""可能""企图""社会危险性"等,都是司法人员对犯罪嫌疑人未来行为的一种主观判断和预测,难免有一定的偏失。立法上逮捕的"社会危险性"条件也不好把握。由于容错机制的缺失,许多司法人员对不捕、不诉、变更为取保候审的强制措施存有后顾之忧,由此导致可捕可不捕的予以逮捕,可诉可不诉的一律起诉,可建议变更强制措施的在羁押必要性审查后倾向不予变更。

以口供为中心,通过口供获得补强证据,是以往惯常的办案模式,在此种办案模式下,必然导致对口供的依赖,为了获得稳定的口供,对被追诉人进行羁押乃是必然选择。一是可以防止串供;二是减少了翻供的危险。由此可以获得较为充分的定案证据。如果口供仍然是"证据之王",那么就不可能降低羁押率。正是由于对口供的依赖和重视,才导致我国的羁押率居高不下。因此,降低羁押率还必须实现我国刑事证明模式的转型,实现"由供到证"向"由证到供"的转变。

3. 不起诉程序的繁琐导致某些司法人员"一诉了之"

据调研,有地方不起诉决定的作出,需要经过"三级审批"或者检察委员会讨论决定。由于程序繁琐,很多司法人员对不起诉"望而生畏",在员额制改革后"案多人少"的背景下更是如此,从而导致各地相对不起诉适用率低,难以发挥审前分流的作用。加之部分司法人员担心不起诉会被认为办"人情案",基于趋利避害的本能,一些检察官宁愿选择起诉,而非不起诉。即便是属于犯罪情节轻微的案件或者证据存疑的案件,也不愿果断作出不起诉决定。

(三)"少捕慎诉慎押"贯彻的路径

"少捕慎诉慎押"的贯彻,是一项系统工程需要多措并举,其中观念重塑、考核机制重设、制度重构和办案模式重建乃当务之急。

1. 考核机制重设

改变当前以打击犯罪为导向的绩效考评机制也是贯彻"少捕慎诉慎押"的重中之重。考核机制重设除应考虑打击率外,还应重视保障率的问题。这既是检察官履行客观义务的需要,也是贯彻落实党的十八届三中、四中全会精神的需要。为此,有必要将不捕率、不诉率纳入检察官绩效考核体系。公安机关也应将报捕率纳入目标考评,实行负向考核,以此减少报捕率。

2. 制度重构

除了尽快建立容错制度、明确检察官办案的免责情形外,还应对审查逮捕和羁押必要性审查程序进行重构。一是在前期审查逮捕诉讼化改革试点的基础上,总结经验,将试点中的成熟经验上升为法律,扩大值班律师的职能,将值班律师引入审查逮捕程序,为犯罪嫌疑人提供法律帮助。在我国,检察官掌控批准或者决定逮捕的权力,但长期以来采用一种行政化的书面审查模式。随着程序正当理念的高涨,近年来检察机关引入审查听证模式,以直接言词方式进行听证,往诉讼化的方向前进了一大步。但基于审查逮捕时间较短、律师参与面临困难、犯罪嫌疑人及其律师在侦查阶段尚无阅卷权等问题,采用该种方式进行审查的案件比例较低。书面化、单方化和封闭式的审查具有高效率的特点,但其弊端也是显而易见的,那就是对犯罪嫌疑人有利的事实和情节难以得到全面展示,审查建立在侦查卷宗基础上,检察官无法做到"兼听则明"。二是羁押必要性审查应吸收人大代表、政协委员和人民监督员,以公开听证的方式进行,同时对"社会危险性"条件进行细化、量化,使之具有可操作性。三是赋予不服逮捕决定和羁押必要性审查结论的被追诉人以救济权,畅通救济管道,明确可由更高一级的检察机关提供救济。四是公安机关应收集并移送犯罪嫌疑人"社会危险性"的证据。

3. 办案模式重建

实行"少捕慎诉慎押"需要改变目前的办案模式,降低办案人员对口供的依赖。这样做虽然会增加办案成本,但有利于降低羁押率,实现司法的基本权利保障功能。面对互联网、大数据时代的到来,检察办案人员应当顺势而为,善于运用技术手段获取和固定证据,发挥科学证据在定案中的作用。这对于应对被追诉人翻供、实现指控犯罪具有重要意义。办案模式重建还需要发挥检察官在审前程序中的主导责任,发挥公诉引导侦查的作用,切实做好重大案件侦查终结前讯问合法性核查工作,对于非法证据排除后证据不足、达不到逮捕和起诉条件的案件，对犯罪嫌疑人不予批捕和不予起诉。

4. 重点突破

虽然 2012 年《刑事诉讼法》增加了羁押必要性审查制度，但是从实践情况来看，该项制度在降低羁押率方面并未完全发挥预期的作用。主要表现为适用率低、程序不规范。为了推动该项工作的落地落实，最高人民检察院近期部署开展专项检查活动，并明确了检查的重点案件，这对于降低审前羁押率具有重大意义。专项检查活动主要针对实践中存在的轻罪案件羁押率过高、构罪即捕、一押到底和涉民营企业案件因不必要的羁押影响生产经营等突出问题，以及羁押背后所反映的以押代侦、以押代罚、社会危险性标准虚置、羁押必要性审查形式化等不适应经济社会高质量发展需要等问题，相信随着专项检查活动的开展，上述问题可以得到较好的解决，刑事诉讼法确立的新制度也能够得到有效实施。

最高人民检察院、公安部《关于逮捕社会危险性条件若干问题的规定（试行）》第 2 条强调，公安机关侦查刑事案件，应当收集、固定犯罪嫌疑人是否具有社会危险性的证据，同时要求公安机关"应当同时移送证明犯罪嫌疑人具有社会危险性的证据"。但据调研显示，在审查逮捕中有不少检察官表示"很少见到"证明是否具有社会危险性的证据，甚至有检察官表示"从未见到"。抓好既有制度的落实刻不容缓。

针对大中城市和城乡接合部外来人口犯罪率较高和羁押率过高的问题，建议政府投资建立安置帮教基地，对于在流入地无固定住所而取保不能的现实，可以在其自愿基础上取保后将其安置在帮教基地予以监管。如此可以较好地实现人权保障与保障诉讼顺利进行之间的平衡，以有效降低羁押率。

二、逮捕刑罚化的弊害

（一）有违无罪推定原则

根据《世界人权宣言》第 11 条第 1 款之表述，无罪推定系"凡受刑事控告者，在未经获得辩护上所需的一切保证的公开审判而依法证实有罪以前，有权被视为无罪"。无罪推定作为一项被追诉人在刑事诉讼中免于视为"罪犯"的规则不仅为《世界人权宣言》和《公民权利及政治权利国际公约》所规定，而且被许多国家的宪法规定为一项基本原则。《公民权利及政治权利国际公约》第 14 条第 2 款规定："受刑事控告之人，未经依法确定有罪以前，应假定其无罪。"既然被追诉人在法院生效裁判确认有罪之前，有权被视为无罪，那么作为强制措施之一的逮捕，仅是刑事诉讼中为保障刑事诉讼顺利进行的措施，而非生效裁判确认的剥夺人身自由的刑罚。从适用主体上看，我国的逮捕措施大多数情况下是由侦查机关提请，检察院批准，而刑罚则是由法院生效判决所确定。即便是一个被逮捕的人，其犯罪也未必得到证实，法院仍有可能宣告其无罪。从证明标准的角度看，有罪判决的证明标准要求"事实清楚、证据确实充分，且排除一切合理怀疑"。这显然比逮捕条件中的"有证据证明有犯罪事实"标准要高。因此，将逮捕作为刑罚的提前"预支"，有违无罪推定原则的基本精神。虽然我国法律尚未确立无罪推定原则，但是我国的刑事诉讼制度设计无不体现了无罪推定原则的精神。当下正在推进的以审判为中心的刑事诉讼制度改革，其重要的理论基础之一便是无罪推定原则。无罪推定作为国际社会普遍遵循的一项基本原则，理应尽快在我国法律中作出明确规定，更应为我国司法人员所遵守。一个人的罪行尚未得到证实，为什么要惩罚一个可能无罪的人呢？刑事司法的人权保障精神，很重要的是通过无罪推定原则予以保护的。

（二）引发被害人一方上访、信访

正是由于公安司法人员和广大民众将逮捕作为刑罚来看待。实践中犯罪嫌疑人一旦不捕不押，被害人一方即认为公安司法机关"打击不力""放纵犯罪"甚至怀疑办案人员办"关系案""人情案"乃至"金钱案"，导致办案机关和办案人员背负巨大的压力。为此，极易引发被害人一方的上访、上诉。公安司法人员既是法治官员，也是政治官员，于是不得不考虑"维稳"因素。现实中，很多人认为被追诉人被逮捕、羁押了等于是受到了惩罚，将强制措施的适用作为刑罚看待的不在少数。

从剥夺人身自由的角度看，虽然逮捕的效果与拘役、判处有期徒刑的效果相同，甚至更严厉，但是将两者混同的直接结果是一旦被追诉人不捕、不押，很可能招致被害人一方的不满，其有可能采取极端措施予以反抗。因此，"少捕慎诉慎押"刑事政策的实施，亟待社会公众和司法人员更新理念，树立正确的刑罚观。殊不知，司法实践中即便犯罪嫌疑人被取保候审，检察机关提出实刑量刑建议，法院判处实刑并予以收监执行的案例也不在少数。

为了避免被害人一方对公安司法机关产生误解，澄清其错误认识，办案人员应当在对被追诉人不捕后向被害人一方作耐心细致的法律解释工作，以避免对被追诉人不捕后的极端行为发生。虽然这会占用办案人员一定的时间和精力，但是从办案"三个效果"统一角度看，这种投入是值得的。

虽然"少捕慎诉慎押"是保障被追诉人人权的一项政策，但是没有被害人一方权益保障和利益维护，该政策实施必将面临较大阻力。因此，被害人权益保护应与被追诉人权利保障同步推进。目前，各地探索实施的赔偿保证金提存制度非常有意义，待条件成熟时可以写入《刑事诉讼法》，以解决长期以来被害人作为当事人徒有虚名、效果不彰的问题，改变被害人系刑事诉讼"遗忘角落"的局面。

（三）轻罪案件中的"刑期倒挂"

对轻罪案件的被追诉人一旦采取逮捕措施，因其罪行较轻，可能判处的刑罚也较轻，有时甚至短于被逮捕后羁押的期限。根据《刑事诉讼法》的规定：逮捕一日折抵刑期一日。当法院判处的刑罚期限短于被羁押期限时，就会出现"刑期倒挂"问题。在此种情况下，多余的逮捕期限就会被视为"非法逮捕"，批准或者决定机关将承担国家赔偿责任。为了避免承担责任，实务上多采取所谓的"实报实销"方法，即"押多少判多少"。这不仅侵犯了被逮捕人员的基本权利，也是裁判不公的体现。在"押多少判多少"对被告人来说量刑过重的情况下，仍然采取这一判决方式，这对被告人显然是不公平的。如此的刑罚方式不仅达不到特殊预防目的，而且难以取得良好的社会效果，一般预防的刑罚目的也难以实现。

三、"少捕"与《刑事诉讼法》逮捕条件的适时调整

2018年《刑事诉讼法》第81条关于"逮捕条件"的规定："对有证据证明有犯罪事实，可能判处徒刑以上刑罚的犯罪嫌疑人、被告人，采取取保候审尚不足以防止发生下列社会危险性的，应当予以逮捕：……"这就是学界所说的证据条件、刑罚条件和社会危险性条件。笔者认为，要落实"少捕"的刑事政策，首先需要修改现行的逮捕条件，在立法上应当提高逮捕的"门槛"，以使司法实践有章可循，为落实"少捕"政策提供法律依据。

（一）证据条件的提高

现有逮捕条件中的证据要素仅规定"有证据证明有犯罪事实"，但是这里的"有证据"，可能仅是一个证据，如被追诉人的口供。如果没有其他证据相互印证，显然不能仅根据这一个口供就认定被追诉人有罪。因为，根据2018

年《刑事诉讼法》第55条第1款之规定:"对一切案件的判处都要重证据,重调查研究,不轻信口供。只有被告人供述,没有其他证据的,不能认定被告人有罪和处以刑罚;没有被告人供述,证据确实、充分的,可以认定被告人有罪和处以刑罚。"显然,逮捕的证据要件应当是至少有两个以上的证据相互印证,除隐蔽性证据外,应当是具有独立来源的两个证据。也许现在的"有证据"包含了上述旨意,但是因其表述较为笼统模糊,实践中"曲意释法"问题比较突出,公安检察人员为降低逮捕条件,可能会将"有证据"理解为仅有一个有罪证据就属于"有证据"。

认罪认罚从宽案件占到全部刑事案件的80%以上,为了避免"唯口供"和侦查人员只注重口供的获取,而忽视其他证据的收集,认罪认罚案件仅有被追诉人口供是不够的,必须有其他证据予以佐证。在美国辩诉交易制度下,除了被告人有罪答辩外,还必须有基础事实予以支持。为了防止认罪认罚从宽制度在适用中被异化,从而背离客观事实,以及限制认罪认罚案件中逮捕措施的适用,也应当要求逮捕和定罪条件必须满足除被追诉人口供以外的证据予以印证的条件。

综上,证据条件可作如下修改:有犯罪嫌疑人、被告人口供以外的其他有罪证据予以证明有犯罪事实,且该犯罪事实系犯罪嫌疑人、被告人所实施。证据条件的从严把握,有助于防范司法冤错,加强公民人权司法保障。

(二)刑罚条件的改变

目前逮捕要件中的刑罚条件是"可能判处徒刑以上刑罚的犯罪嫌疑人、被告人"。然而,徒刑以上刑罚如果是3年以下有期徒刑,可能属于法学理论界和实务界认为的"轻刑"。然而,"轻刑案件"是"少捕慎诉慎押"的适用重点。如果现有的逮捕刑罚条件不改变,将制约"少捕"刑事政策的实施。为此,有必要将"徒刑以上刑罚"修改为"可能判处三年以上有期徒刑"的案件。

然而,过失犯罪、未成年人、老年人和企业负责人、经营者、重大科研项目关键岗位的科研人员实施的犯罪可能在3年以上。由于此类犯罪要么缺乏犯罪故意、要么主体身份较为特殊,主观恶性较小,从其对国家和社会所作贡献的利益考量需要,即便可能的刑罚为3年以上有期徒刑,也可不予逮捕。鉴于此,可考虑增加一个"但书",即上述人员可能判处3年以上有期徒刑犯罪不在此限。

如果将刑罚条件修改为"可能判处三年以上有期徒刑",那么由于我国

《刑法》条文中许多罪名均配置了 3 年以下有期徒刑的刑罚，这样可大幅度减少逮捕措施的适用，无疑有助于推进"少捕慎诉慎押"刑事司法政策的落实。

（三）社会危险性条件的删除

"社会危险性"条件，作为逮捕条件之一，实践中侦查机关通常以罪责或者刑罚条件代替社会危险性条件，疏于收集独立的"社会危险性"证据，而是以刑罚条件代替社会危险性条件。检察人员在审查逮捕时，对于社会危险性条件的认识判断具有较强的主观性，缺乏统一的相对客观的标准。同时，考虑到我国《刑法》中许多条款规定可判处 3 年以上有期徒刑的条件是"情节严重""有其他严重情节""情节特别严重""情节特别恶劣""后果严重""后果特别严重"等，具备上述情节、后果的，自可认为具有"社会危险性"。因此，"刑罚条件"完全可以替代"社会危险性"条件。将"社会危险性"条件在逮捕条件中予以删除，并由"刑罚条件"替代，这具有如下优点：一是逮捕条件更容易把握，因客观性增强，避免了实践中的认识分歧和各行其是。二是符合侦查人员的司法惯例。既然侦查人员提请检察机关批准逮捕，必然只会提交对犯罪嫌疑人不利的证据，能够证明犯罪嫌疑人不具有社会危险性或者社会危险性较小的证据，侦查人员一般不愿意提供。否则，不仅与其职业利益发生冲突，而且是给检察机关提供攻击、否定自己的"武器"显然有违人性，而不具有期待可能性。三是减少司法恣意，防止自由裁量权的滥用。逮捕，关乎一个人的自由，系公民基本权利。不能任由司法官凭自己的好恶随意行使。将"社会危险性"条件删除并以"刑罚条件"代替，可以减少逮捕权的不当行使和滥用。

正如我国学者谢小剑教授所言：立法上逮捕的"社会危险性"条件过于宽泛，不可能真正发挥限制范围的作用。在该条件难以把握的情况下，检察官为避免不利影响，会将该条件虚化不用，转而求向其他条件，以追求自身利益的最大化。根据《刑事诉讼法》及相关解释的规定，逮捕事实过多，不逮捕的事实过窄，总共有 20 多种羁押事实构成论证逮捕的根据，相反不羁押事实只有 9 种，肯定羁押事实明显比否定性羁押事实种类更多。这样一种制度设计无疑使逮捕较为容易，导致羁押率居高不下。

正是基于对上述弊端的理性认识，为降低逮捕率，有必要将现有的"社会危险性"条件弃之不用。这也许是从根本上改革逮捕措施适用的可能出路。

四、"少捕慎诉慎押"视域下降低审前羁押率路径

(一) 引言

1. 研究背景和意义

"少捕慎诉慎押"刑事司法政策实施的重中之重是降低审前羁押率。长期以来,由于我国的拘留和逮捕率较高,导致审前羁押率高。尤其是逮捕,作为最严厉的刑事强制措施,对个人的自由具有重大影响。我国批准逮捕后的羁押期限较长,对犯罪嫌疑人或被告人的权益影响较大。其中,逮捕后侦查羁押期限经延长最多可达 7 个月,审查起诉羁押期限最长 6 个半月,一审羁押期限最长 20 个月(二审发回后再次一审 20 个月),二审羁押期限最长 5 个月 10 天,几项合计超过 3 年。[1] 我国的逮捕既具有强制到案作用,又具有持续剥夺嫌疑人或被告人人身自由的功效,大体上相当于英美法中的"有证逮捕"和"羁押"的总和。[2] 域外不仅审前羁押时限短,而且羁押率较低。例如,英国被羁押的被告人大约只占所有被告人的 5%。在意大利,在开始审判前,被告人被羁押的比例一般不超过所有被告人的 15%。[3] 随着我国犯罪结构的变化、轻刑率的上升、认罪认罚从宽制度的实施和科技的进步,特别是刑事司法中人权保障功能的加强、司法的文明进步,降低审前羁押率已经成为未来的发展趋势。最高人民检察院提出了"少捕慎诉慎押"的理念,要求进一步降低审前羁押率。但是,降低审前羁押率,非检察机关一家之力、一日之功所能为,它受制于全社会观念的变革和各种配套措施的跟进,尤其是社会治理理念、方式的变化、公安人员观念的更新和不受被害人一方意见左右的司法。审前羁押作为一种不得已的"恶",应当遵循比例原则。"根据比例原则,如果权利侵犯性更弱的措施足以实现羁押的目的,则存在暂停执行审前羁押的可能性。"[4]《公民权利及政治权利国际公约》第 9 条规定,等候审判的人受监禁不应作为一般规则,也就是"保释(取保)是原则,羁押是例外"。审前羁押率只有降至 50% 以下,才可称之为"羁押是例外"。我国已

---

[1] 参见童伟华:"谨慎对待'捕诉合一'",载《东方法学》2018 年第 6 期。
[2] 参见陈瑞华:《刑事诉讼中的问题与主义》,中国人民大学出版社 2011 年版,第 170 页。
[3] 参见郎胜主编:《欧盟国家审前羁押与保释制度》,法律出版社 2006 年版。
[4] [德] 托马斯·魏根特:《德国刑事程序法原理》,江溯等译,中国法制出版社 2021 年版,第 22 页。

经加入该公约,目前正在为公约在我国的实施作准备。因此,关注审前羁押率问题,不仅是落实司法人权保障需要,也是履行公约义务所必需。本书拟结合实证研究数据,分析影响我国羁押率的因素,并就降低审前羁押率有效路径和配套措施的完善等方面进行探析,以期对降低我国审前羁押率的实践活动有所助益。2021年4月,最高人民检察院发布《"十四五"时期检察工作发展规划》强调,落实"少捕慎诉慎押"司法理念。

2. 样本选取和调研情况

笔者通过"问卷星"软件对S省C市、L市、两个D市、N市、Y市两级和S省本级检察院,H省N市W区、L市L区检察院,G省G市检察院,C市B区检察院,H省X市检察院和L市检察院(县级市)、H省H市从事刑检业务的检察官1021人进行调研。调研范围涉及处于我国东部沿海地区经济较为发达的G省和经济欠发达的西部地区S省和C市以及位于中部地区的两个H省,还有作为国际自贸港的H省,因此调研的样本具有较为广泛的代表性。调研的检察官既有基层检察院和市级从事审查逮捕业务的检察官,也有省级检察院刑检部门的检察官。其中,男性检察官616人、女性检察官405人(见图2-1);基层检察院检察官841人、市级检察院检察官157人、省级检察院检察官23人(见图2-2);从事审查逮捕业务的检察官921人、未从事此业务的检察官100人(见图2-3)。问卷主要内容包括影响审前羁押率的指标、降低审前羁押率有效路径之间的排序和侦查机关是否收集并移送"社会危险性"证据材料等问题。通过对问卷调查所获取数据的初步分析,对影响我国审前羁押率的因素和降低审前羁押率各项措施之间的位次有了一定的了解,并在此基础上成文。

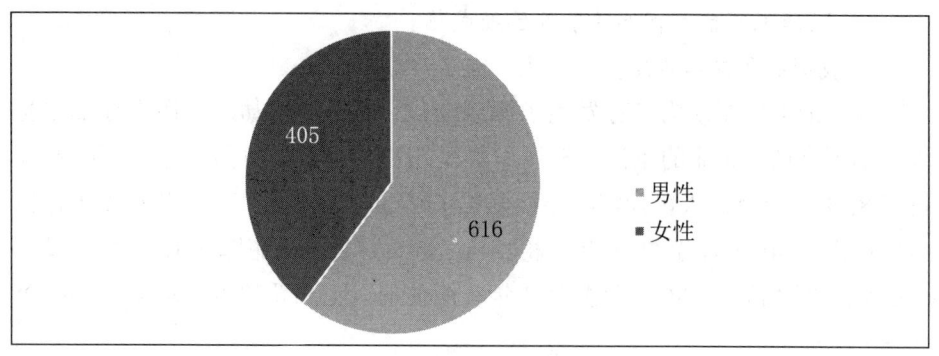

图2-1 检察官性别分布情况图

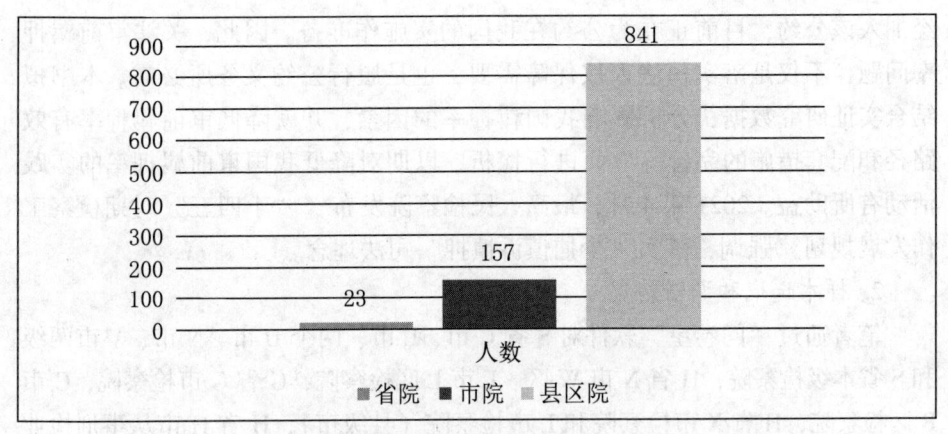

图 2-2 检察官所在检察院级别分布情况图

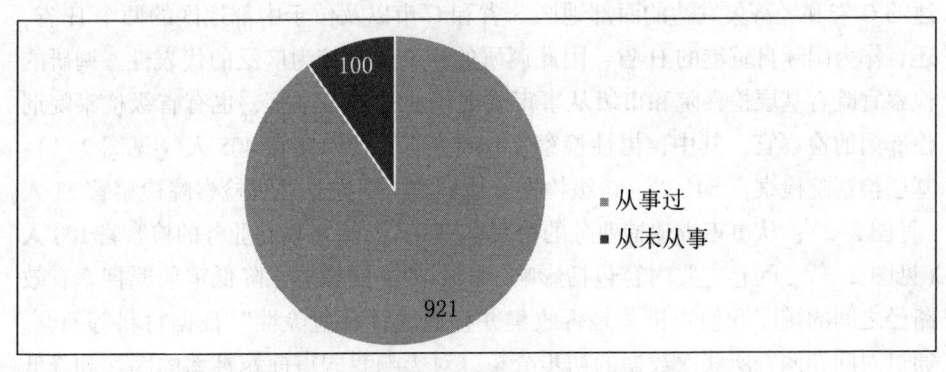

图 2-3 检察官办理批捕业务情况分布图

(二) 降低审前羁押率的条件已经成熟

1. 我国的犯罪结构发生了变化

我国刑事犯罪结构态势发生了深刻变化，杀人、抢劫、重伤害等暴力犯罪已不再是刑事犯罪的主流。轻罪案件呈现快速攀升，目前 3 年以下轻刑率已近 80%。[1]最高人民检察院原检察长张军在 2020 年最高人民检察院工作报告中指出："1999 年至 2019 年，检察机关起诉严重暴力犯罪从 16.2 万人降至 6 万人，年均下降 4.8%；被判处 3 年有期徒刑以上刑罚的占比从 45.4% 降至

---

[1] 参见 "最高检、公安部：关于逮捕的新要求"，载 https://www.sohu.com/a/451911380_733746，2021 年 3 月 3 日访问。

21.3%。"据最高人民检察院第一检察厅厅长苗生明介绍：目前我国严重暴力犯罪大幅下降，从1999年的16.2万人下降至2020年的5万余人，占比从19.6%下降至低于4%。轻微刑事犯罪大幅攀升，3年有期徒刑以下轻刑案件占犯罪案件的80%以上，其中"醉驾"类危险驾驶案件取代盗窃成为刑事追诉第一犯罪。[1] 2020年笔者在山西太原参加中国刑事诉讼法学年会时，最高人民检察院副检察长陈国庆也介绍：当前法院判处3年以下有期徒刑、拘役、管制和单处罚金的案件占到全部刑事案件的80%。在2021年最高人民检察院工作报告中原检察长张军提道："审前羁押从2000年占96.8%降至2020年的53%。"犯罪的轻刑化意味着被追诉人人身危害性和社会危险性的降低，由此导致羁押的必要性和紧迫性显著降低。我国的羁押现状应当与目前的犯罪态势保持一致，积极适应犯罪形势的变化，及时调整刑事政策。

2. 认罪认罚从宽制度实施和保障民营企业家合法权益的需要

《人民检察院刑事诉讼规则》第270条规定："批准或者决定逮捕，应当将犯罪嫌疑人涉嫌犯罪的性质、情节、认罪认罚等情况，作为是否可能发生社会危险性的考虑因素。已经逮捕的犯罪嫌疑人认罪认罚的，人民检察院应当及时对羁押必要性进行审查。经审查，认为没有继续羁押必要的，应当予以释放或者变更强制措施。"根据"两高三部"《关于适用认罪认罚从宽制度的指导意见》第7条第2款的规定："'认罚'考察的重点是犯罪嫌疑人、被告人的悔罪态度和悔罪表现，应当结合退赃退赔、赔偿损失、赔礼道歉等因素来考量。……"目前，我国认罪认罚的被追诉人达80%以上。"认罪认罚"不仅是"实体从宽""程序从简"，程序也可以从宽，例如，因认罪认罚被评价为社会危险性降低而不予羁押。只有更多地适用非羁押措施，认罪认罚从宽制度才能具有吸引力。《人民检察院刑事诉讼规则》第270条第1款规定："批准或者决定逮捕，应当将犯罪嫌疑人涉嫌犯罪的性质、情节、认罪认罚等情况，作为是否可能发生社会危险性的考虑因素。" 2021年最高人民检察院工作报告显示：捕后认罪认罚可不继续羁押的，检察机关建议释放或变更强制措施2.5万人。此外，认罪认罚从宽制度以其合意性为典型特征。为此，检察机关量刑建议的提出系控辩双方合意的结果，这就需要建立较为完善的协

---

[1] 参见王俊："专访最高检第一检察厅厅长：摒弃'够罪即捕'，降低审前羁押率"，载https://www.spp.gov.cn/zdgz/202103/t20210307_511300.shtml，2021年3月6日访问。

商制度。而协商的正当性在于协商的平等性和协商能力的大致相当性。目前，我国审前羁押率过高，导致协商平等性不足。因此，为了使控辩协商更具实质意义，使量刑建议真正建立在协商的基础上，应尽量降低审前羁押率，将协商建立在平等基础上。

优化营商环境、保护民营企业家合法权益，需要尽可能减少对涉罪企业家的羁押。因为大多数民营企业均为家族式企业，一旦该企业的负责人被羁押，就可能导致该企业的倒闭。因此，在"可捕可不捕的不捕"刑事政策指引下，通过对企业进行合规审查并达到合规要求的，就无须对企业负责人采取羁押措施。非羁押强制措施的使用，是优化营商环境，保护企业家合法权益的需要。最高人民检察院原检察长张军在北京大学作"中国特色社会主义司法制度的优越性"专题讲座时明确提出："可捕可不捕的，不捕。可诉可不诉的，不诉，可判实刑可判缓刑的，判个缓刑好不好啊？我们认为是非常需要的。因为民营企业把它捕了把它诉了，这个企业马上就会垮台，几十个人几百个人的就业就没了。"[1]

3. 实现刑事司法人权保障和适应国际刑事司法准则的需要

党的十八届三中全会通过的《关于全面深化改革若干重大问题的决定》要求："完善人权司法保障制度。国家尊重和保障人权。"党的十八届四中全会通过的《关于全面推进依法治国若干重大问题的决定》进一步指出："加强人权司法保障。……完善对限制人身自由司法措施和侦查手段的司法监督……"刑事司法过程中最重要的人权就是人身自由权，"少捕慎押"恰是人权司法保障的重要体现。因此，降低审前羁押率正是落实执政党执政理念的要求，是贯彻我国宪法"尊重和保障人权"原则的具体举措。随着我国司法的文明进步，羁押人数应该逐步减少，而非羁押人数越多越好。随着我国社会治安状况的好转和社会治理现代化的提高，非羁押强制措施的适用应该成为常态。

人权保障，不仅是对被追诉人权利的保障，还包括对被害人权利的保障。长期以来，刑事诉讼中被害人的权利保障不力。法院判决的附带民事赔偿70%难以兑现即是明证。被追诉人若想不被羁押，就会积极赔偿、赔礼道歉，

---

[1] 参见 https://xw.qq.com/amphtml/20191024A0498S00?ivk_sa=1024320u，2021年5月5日访问。

以此达成和解或者取得被害方的谅解。此外，一些地方在降低羁押率的改革中探索适用的赔偿金提存制度，也有助于被害人权利的保障。被追诉人基于"趋利避害"的本能，变"要我赔"为"我要赔"，以此取得自己不被羁押，免受"牢狱之灾"和被害人合法权益得到及时维护的"双赢"局面。

我国政府于1998年10月5日签署加入了《公民权利及政治权利国际公约》，该公约以控制和降低羁押率为精神。例如，《公民权利及政治权利国际公约》第9条规定："一、人人有权享有身体自由及人身安全。任何人不得无理予以逮捕或拘禁。非依法定理由及程序，不得剥夺任何人之自由。二、执行逮捕时，应当场向被捕人宣告逮捕原因，并应随即告知被控案由。三、因刑事罪名而被逮捕或拘禁之人，应迅即解送法官或依法执行司法权力之其他官员，并应于合理期间内审讯或释放。候讯人通常不得加以羁押，但释放得令具报，于审讯时、于司法程序之任何其他阶段、并于一旦执行判决时，候传到场。四、任何人因逮捕或拘禁而被剥夺自由时，有权声请法院提审，以迅速决定其拘禁是否合法，如属非法，应即令释放。五、任何人受非法逮捕或拘禁者，有权要求执行损害赔偿。"上述规定，其实是规定了个人不受任意和非法逮捕与羁押的权利，该权利是个人在审前羁押中应当享有的首要权利。除此之外，被追诉人还享有暂时被释放的权利和在合理时间内接受审判的权利。审前羁押的目的是防止被追诉人实施妨碍诉讼的行为与重新犯罪，从而保证刑事诉讼的顺利进行，作为一种程序性措施，其适用应坚持比例性及必要性原则。公安和检察机关应站在保障人权的高度，避免不必要的措施，使羁押成为不得已而采取的措施。为此，应建立无条件释放及保释制度，以保证大部分犯罪嫌疑人、被告人在非羁押状态等待审判。"被羁押人有权在合理的时间内接受审判或被释放"的规定，旨在保障被羁押人尽早从诉讼中解脱出来，从而免受长时间的审前羁押。如果审判没有在合理的时间内开始，被羁押者应被释放。易言之，审前羁押不能是无限期的。联合国反对自我归罪和保护青少年的下属委员会则建议：所有政府通过立法使被羁押者在被逮捕的3个月内接受审判，或将其释放等待以后的诉讼程序。许多国家（特别是大陆法系国家）都作了如此规定。我国2018年《刑事诉讼法》第67条第1款第4项规定："羁押期限届满，案件尚未办结，需要采取取保候审的。"该规定具有被追诉人在合理时间内受审或者被释放的意蕴，但是"需要采取取保候审的"又具有较大的自由裁量空间，使得该规定执行不足。签署加入公约目的是国内批准实施,目前应积极做好实施公约的准备。只有大规模降低审前羁押率,才能为公约的实施创造有利条件。

4. 避免在羁押场所"交叉感染"

由于看守所大多是采用混合关押方式,导致被羁押人员在羁押场所的"交叉感染"的弊端日益显现。被羁押的人员可能从其他人员那里习得犯罪经验和反侦查、反审判的技能,使得被羁押人员更难以认罪悔罪和教育转化改造。一方面,每增加一名羁押人员都会加大看守所的成本和支出,导致看守所不堪重负;另一方面,增加了监狱等监管场所教育改造的难度,因"交叉感染"而抗拒改造、负隅顽抗的人不在少数。

5. 技术的提升带来监控能力的增强

随着现代科技手段在刑事司法中的运用,例如"电子手环"和"非羁码"的使用,实名制推广、路面监控、手机定位、移动支付等现代科技的广泛应用,大大提升了国家的监控能力,为取保候审增加了安全系数。这些措施已经成为羁押的替代性措施。即便被追诉人在看守所之外,仍可做到随传随到,达到了刑事诉讼法设立强制措施的目的,保障了诉讼的顺利进行。由于监控能力和效率的提升,办案人员不再担心非羁押人员脱逃、串供,毁灭和伪造证据,其运用非羁押措施的积极性大为提高。

(三)降低审前羁押率面临的障碍

笔者设计了五项因素,分别是:①"有罪推定"和"够罪即捕"理念;②"侦查中心主义下对"口供"的方便获取;③羁押主体的非中立性和审查方式的行政化;④司法责任制和内部考核指标的制约;⑤羁押必要性审查功能未能充分发挥。通过问卷调查,笔者发现"'有罪推定'和"'够罪即捕'理念"排序第一,在1021名检察官中,有455人将其作为影响降低羁押率的因素,占比44.56%。其后依次是"司法责任制和内部考核指标的制约"(共有287名检察官将其作为排名第一的因素,占比28.10%)、"口供获取"(共有124名检察官将其作为排名第一的因素,占比12.14%)、"羁押必要性审查"(共有83名检察官将其作为排名第一的因素,占比8.12%)、"行政化的审查起诉方式"(共有59名检察官将其作为排名第一的因素,占比5.77%)。具体情况详见表2-1。为具体分析各项指标的影响,笔者拟结合访谈情况,按照上述排序作进一步的论证。

第二章 "少捕慎诉慎押"之"少捕"

表 2-1 制约降低审前羁押的因素顺序表

(单位:人)[1]

顺序 因素	第一	第二	第三	第四	第五
"有罪推定"和"够罪即捕"理念	455	143	98	98	139
"侦查中心主义"下对口供的方便获取	124	341	173	188	81
羁押主体的非中立性和审查方式的行政化	59	174	377	166	133
司法责任制和内部考核指标的制约	287	167	125	290	82
羁押必要性审查功能未能充分发挥	83	120	140	141	428

1. 理念陈旧

当前影响羁押率降低的因素中,观念因素最为重要。长期以来,我国的刑事司法以打击犯罪为导向,"重打击、轻保障"的观念影响较大。而实行非羁押措施无疑是"重保障"的体现。"实践中还存在重刑的思维,追求高逮捕率、起诉率、定罪率,甚至在很长一段时间是一个常态。"[2]公安检察人员在上述观念的支配下,在羁押问题上采取"以捕代侦"和"够罪即捕",从而导致我国的羁押率偏高。这种观念在很大程度上来源于办案机关对口供的高度依赖。在调研中,一些检察人员反映:无论是侦查人员还是检察人员,对羁押必要性重视不够,存在求稳思维,对在押人员变更强制措施后或多或少地存有脱逃、串供等担心,掌握标准过严,均有不变更、少变更倾向。将被追诉人羁押在看守所,既不必担心其串供、干扰证人作证,办案人员获取口供也更为便利。在观念上,无罪推定原则尚需进一步落实,一旦一个人涉嫌犯罪成为犯罪嫌疑人,人们便会认为其是真正的罪犯,因此此人被羁押便属理所当然。审前羁押在我国当前的司法实践中被广泛地使用,绝大多数被追诉人是在被羁押的状态下等待审判的。造成这种现象的根源在于"有罪推定"思想的影响太深。[3]一是无罪推定原则在我国宪法和法律中并未真正确立。《刑事诉讼法》第 12 条的规定仅是明确了法院统一定罪权,与国际社会关于

---

[1] 由于部分调查问卷未填写或者填写内容不完整,故表中总数与问卷调查总数不一致。
[2] 贾宇、王敏远、韩哲:"少捕慎诉慎押'三人谈'",载《检察日报》2021 年 6 月 7 日。
[3] 参见陈卫东、刘计划:"谁有权力逮捕你——试论我国逮捕制度的改革(下)",载《中国律师》2000 年第 10 期。

无罪推定的表述并不一致。二是检察官客观义务具有相当的局限性，"除暴"职能得以凸显，而"安良"功能并未得到有效发挥。三是将犯罪嫌疑人羁押起来，使其失去了与外界的联系，可以使证据固定，防止因串供和翻供而导致的定案困难，从而使办案变得更加容易。四是担心犯罪嫌疑人在取保状态下脱逃或者重新犯罪而被追究司法责任和负向的目标考核。五是来自被害人一方和社会的压力，尤其是被害人一方上访的"维稳"压力，避免落得个"打击不力"的指责，毕竟侦查人员和检察人员既要讲法治，也要讲政治。

2. 司法责任制和内部考核机制的制约

经座谈笔者发现，检察人员对依法不批捕和羁押必要性审查后建议变更强制措施心存顾虑。理由是"社会危险性"是检察人员立足现实对未来的一种主观评价，具有一定的不确定性。如果一旦不捕或者被取保候审后又实施犯罪，会责任倒查和追责。司法责任制要求"办案者决定，决定者负责"。一些检察人员为了避免"负责"，在"决定"时明哲保身，检察人员为了避免将来不被追责，倾向于批准逮捕和不建议变更羁押的强制措施。我国的司法责任制和检察机关内部考核机制均以打击犯罪为导向，不捕和建议变更羁押强制措施很容易与"打击不力""放纵犯罪"画等号。最高人民检察院《关于完善人民检察院司法责任制的若干意见》第35条将"犯罪嫌疑人、被告人串供、毁证、逃跑的"和"其他严重后果或恶劣影响的"作为追责的情形。检察人员对未来追责的担忧，减弱了诉讼采用非羁押措施的动力。此外，检察机关普遍将变更强制措施视为捕后瑕疵率的考核指标，导致一些检察官不愿得罪自己的同事，更倾向于作出不变更强制措施的建议。加之社会监管能力有限导致保证乏力，更是让司法办案人员望而却步。取保候审强制措施的大量适用依赖于保证措施的完善有力。目前取保候审措施中无论是人保还是金钱保，都不足以使被取保候审人严格执行相关规定，难以避免"脱保"甚至串供、妨害证人作证乃至继续犯罪的行为发生。尽管一些地方探索发明了电子手环、非羁码等监控措施，但毕竟是个别地方进行的改革尝试，并未普遍推广。如果监控措施不完善，保证乏力，导致被取保人员大量脱保或者妨碍诉讼的顺利进行，降低羁押率，实行非羁押诉讼将是一句空话。美国之所以"保释是原则、羁押是例外"，与其严格的社会监管能力密不可分。在对被保释人员的监管过程中，审前服务官会采取电子监控、电话访问、查看戒毒治疗考勤、到被保释人的家庭或工作场所进行访问、要求被保释人定期到办公室汇报等方式对被告人进行严密监控,并随时对保释风险进行评估。

3."侦查中心主义"下口供获取影响深远

在我国《刑事诉讼法》规定的逮捕条件中,除了证据条件、罪责条件,还应具备"社会危险性"条件。但是,因后一条件属于主观条件,办案人员自由裁量权较大。尽管最高人民检察院、公安部联合颁布了《关于逮捕社会危险性条件若干问题的规定(试行)》,将"社会危险性"的情形予以细化,但在执行中公安机关和检察机关分别适用不同的标准,导致公安机关提请逮捕的比例较高。公安人员的侦查活动一般更倾向于羁押犯罪嫌疑人以收集、固定证据。但是,检察官具有客观义务,应对有利与不利被追诉人的情形一律注意。既然,"社会危险性"条件属于逮捕条件之一,而批捕权为检察机关所拥有,那么公安机关就应当按照检察机关掌握的"社会危险性"标准执行。如果允许各行其是,难免会在逮捕问题上发生冲突,也会损害法治的统一实施。公安机关执行检察机关掌握的"社会危险性"标准,这既是检察权对侦查权实施监督的需要,也符合以审判为中心的刑事诉讼制度改革的要求。

侦查机关以追诉犯罪为导向,羁押无疑是获得口供的有效措施。在刑事诉讼将"惩罚犯罪"作为首要目标的影响下,侦查人员倾向于羁押犯罪嫌疑人。"准确、及时地查明犯罪事实"作为最为首要的任务,被规定在我国《刑事诉讼法》中。在该价值指导下,将犯罪嫌疑人予以羁押,以便加快侦破案件成为常态。[1]这是"侦查中心主义"在羁押问题上的反映。虽然犯罪嫌疑人在被逮捕之前口供已被取得,但是为了防止口供的变化或曰"翻供",从而取得定案的稳定证据,侦查机关和检察机关更倾向于羁押犯罪嫌疑人。这就是所谓的"以捕代侦"。

4.羁押必要性审查制度未能在降低羁押率方面发挥作用

羁押必要性审查制度虽然已于2012年被写入《刑事诉讼法》,但是实施效果并不理想,许多地方并未真正开展此项工作。制度本身存在缺陷和司法实践"惯性"更使该项制度难以真正发挥作用。2018年《刑事诉讼法》第95条规定:"犯罪嫌疑人、被告人被逮捕后,人民检察院仍应当对羁押的必要性进行审查。对不需要继续羁押的,应当建议予以释放或者变更强制措施。有

---

[1] 参见林静:"审前羁押的多维度考察:以德国为范本的比较观察",载《刑事法评论》2020年第1期。

关机关应当在十日以内将处理情况通知人民检察院。"由于检察机关只有建议权，而没有决定权，将导致羁押必要性审查制度缺乏刚性。据笔者调研，一些检察院的变更强制措施建议因与公安机关在认识上存在分歧而遭到了抵制，建议并未被公安机关所采纳。某些地方公安机关对检察机关进行羁押必要性审查后建议变更逮捕措施的建议采纳比例不足20%。因此，降低羁押率一方面需要赋予检察建议一定的效力，另一方面需要公安机关的支持和配合。只有公安机关和检察机关认识一致、相互联动，才有可能减少羁押。

"少捕慎押"仅是检察机关提出的要求，公安机关、人民法院对此未必予以认同。例如，对于检察机关通过羁押必要性审查建议变更强制措施的案件，通常会遭到来自公安机关的阻力。公安机关会认为批准逮捕是检察机关决定的，现在又要求"放人"。于是，即便符合取保候审条件，检察机关在进行羁押必要性审查后也通常不愿变更逮捕的强制措施。又如，对于检察机关起诉时未提出适用缓刑量刑建议的案件，如果检察机关不把被告人提前羁押，法院通常不会受理案件，这迫使检察机关在审查起诉阶段对于法院可能判处实刑的案件必须予以羁押，由此导致羁押率的上升。

5. 羁押主体的非中立性和审查方式的行政化难以使检察机关做到"兼听则明"

（1）羁押主体的非中立性。根据《刑事诉讼法》的规定，审查批捕主体是检察机关，其在行使批捕权时，难免带有较强烈的追诉倾向，难以秉持客观义务。尤其在各种"专项斗争"中，检察机关更是打击犯罪的"急先锋"。在欧洲大陆，检察官是一个超然的"法的守护者"神话或者像德国人喜欢说的"世界上最客观的官署"帮助掩饰了一个不怎么令人愉快的事实。一旦检察官作出了起诉决定，他就被定格在控诉者的角色里了，他会努力说服法庭对被告人作出有罪判决而不是中立地以一种超然姿态去举证。

（2）审查逮捕方式的行政化。基于目前的行政化审查方式，不仅检察机关难以听取犯罪嫌疑人和辩护律师的意见，而且其获得的信息也是片面的，仅是侦查机关的"一面之词"。有关的实证研究表明：侦查机关在提请报捕时通常只强调犯罪嫌疑人有社会危险性的情形，并提供相应的证据或材料，检察机关的审查完全局限于这些信息，而不会独立地进行综合式审查评估。在行政化审查模式下，审查内容单一导致逮捕必要性审查缺失。检察机关将逮捕的条件简化为"有证据证明有犯罪事实"这一个要件。承办检察官为了规避取保候审的风险,更乐于在"有证据证明有犯罪事实"时提出适用逮捕的意见,这对于自身而言更"安全":既可以免除嫌疑人逃跑的可能性,又能满足被害人要求严惩凶手的诉求、树立检察机关对犯罪"严厉打击"的形象,还可以免于承担任何法律责任。

问卷调查结果颠覆了传统的观点,之前认为加大羁押必要性审查力度、改革行政化的审查逮捕方式就可以降低羁押率。事实上,观念因素和考核机制居于更为重要的地位,对降低羁押率发挥更大作用。因此,我们应着力从上述两个方面入手,解决制约羁押率降低的关键因素,首先是破除观念障碍,其次是设置科学合理的以保障人权为导向的指标。

(四)降低审前羁押率需要多措并举并抓住关键因素

基于对降低羁押率各项措施的考量,笔者设计了五项指标进行调查,分别是:①理念更新(无罪推定原则的确立,"够罪即捕"观念的变革);②公安机关降低报捕率;③审查逮捕和羁押必要性审查程序的诉讼化改造;④激活羁押必要性审查制度;⑤立法上应明确不捕的条件并将报捕率、不捕率、羁押必要性审查后的建议释放率和变更率纳入绩效考核;⑥改变"以捕代侦""口供中心"的办案模式。问卷数据显示:排在第一位的是"理念更新"(有667名检察官将其作为排名第一的路径,占比65.32%);排在第二位的是"改革现行的绩效考核办法"(有152名检察官将其作为排名第一的路径,占比14.88%);其后依次是"报捕率"(有98名检察官将其作为排序第一的指标,占比9.59%);"激活羁押必要性审查制度"(有33名检察官将其作为排名第一的路径,占比3.23%);"改变办案模式"(有32名检察官将其作为排序第一的指标,占比3.13%);"诉讼化改革"(有31名检察官将其作为排名第一的指标,占比3.03%)。详见表2-2。从两组数据对比情况看,制约因素与路径之间形成了对应关系。降低羁押率制约因素前两位的"理念陈旧"和"考核指标不合理"同样是降低审前羁押率应予解决的问题,因而成为降低羁押率的有效路径。羁押必要性审查、办案化方式的诉讼化改革、改变"口供中心"和"以捕代侦"的办案方式在降低羁押率方面作用相当,并非当下降低审前羁押率的关键因素。同时,笔者发现:降低报捕率在降低审前羁押率方面具有一定作用,对此路径不容忽视。这种实证研究结论促使我们检讨现有的刑事政策和改革路径,明确降低审前羁押率的关键路径所在。为使论证更为充分,笔者将结合座谈情况,按照上述排序作进一步分析论证。

表2-2 降低审前羁押具体路径顺序表[1]

(单位：人)

路径＼顺序	第一	第二	第三	第四	第五	第六
理念更新	667	68	125	47	72	54
公安机关降低报捕率	98	331	190	178	92	131
审查逮捕和羁押必要性审查程序的诉讼化改造	31	229	395	105	149	103
激活羁押必要性审查制度	33	136	146	367	148	145
改革现行绩效考核办法	152	137	111	193	337	82
改变"以捕代侦""口供中心"办案模式	32	112	44	112	193	474

1. 理念更新

理念是行动的先导。降低羁押率需要从打击犯罪的传统思维中走出，强调打击犯罪与保障人权的平衡。自由权是最重要的人权之一，在对自由权的剥夺和限制上应当体现"比例原则"，即根据犯罪的性质、情节、危害后果、被追诉人的人身危险性等因素，综合考量与之相适应的强制措施，不能"一关了之"。检察官在强制措施的使用上也应恪守客观义务，遵循"最小侵害原则"，不能"够罪即捕"。"必须摈弃'够罪即捕'的习惯思维，树立'少捕慎押'的司法理念，减少不必要的逮捕，合理降低逮捕羁押率。"[2]强制措施的适用作为一种不得已的恶，应以对被追诉人利益和权利行使的最小侵害为原则，以足以制止妨害司法行为、保障诉讼顺利进行为限度。侦查人员也要切实改变"以捕代侦"的思维习惯，切实树立"尊重和保障人权"的理念。人性尊严是人权的重要内容。一个人一旦被羁押，便将尊严全失。公民的人身自由是公民最基本的权利。现代社会公民不受任意羁押的权利，是由

---

[1] 由于部分问卷调查未填写或者填写不完整，故表中总数与问卷调查总人数不一致。
[2] 王俊："专访最高检第一检察厅厅长：摈弃'够罪即捕'，降低审前羁押率"，载 https://www.spp.gov.cn/zdgz/202103/t20210307_ 511300.shtml，2021年3月6日访问。

第二章 "少捕慎诉慎押"之"少捕"

各国宪法制度予以确认并由严格的司法程序予以保障的。而在反理性的审判中，审前羁押有两个目的：一是为逼供设置条件，二是为实施惩罚。[1]因此，需要在全社会普及"人性尊严"理念和"无罪推定"这一国际通行的基本原则和"比例原则"。犯罪嫌疑人并非罪犯，在犯罪事实得到证明前应被视为无罪，法律不应该以逮捕和羁押的措施惩罚一个犯罪事实未得到充分证明的人。无罪推定，在许多国家不仅是法治国原则的一部分，而且可以加强对被追诉人人权的保障。"在刑事诉讼过程中，不得仅仅基于嫌疑人在事实上有罪的推定对其施加任何措施。"[2]从程序方面来看，对审前羁押的控制应当体现以下三个原则：一是羁押的司法授权原则；二是告知羁押理由原则；三是诉权原则。这三项原则都与无罪推定原则有着内在的理论联系。[3]在域外，审前羁押是一种例外。例如，在德国各州，2000年受到审前羁押者约占刑事法院判决人数的4%，若不考虑违警罪，被审前羁押的嫌疑人比例约为6%。为了解决影响审前羁押率降低的核心问题，当务之急是开展以下工作：一是将无罪推定、比例原则和联合国国际公约的规定纳入检察官、侦查人员的日常培训课程，以现代刑事司法理念代替传统的陈旧的司法理念。二是进一步强化检察官客观义务，将该义务作为其职务行为的基本规则。可以借新修改的《检察官法》的实施，认真贯彻该法第5条之规定，大力普及检察官客观义务的理念。三是改革刑事证明模式，祛除检察官对口供的依赖，实现"由证到供"证明模式的转型。四在办案中切实贯彻"比例原则"，对未成年人犯罪案件、轻罪案件、认罪认罚且取得被害方谅解案件的犯罪嫌疑人原则上使用非羁押强制措施。五是司法人员应当将讲法治与讲政治统一起来，政治寓于法治之中，学会以法治思维和法治方式开展工作，避免司法办案人员屈从于被害方信访、上访等"维稳"压力。降低审前羁押率，"理念要变。理念一变天地宽，理念跟不上，制度机制的落实也不会到位"。[4]

---

[1] 参见龙宗智："反理性的司法模式及特征"，载《社会科学研究》2000年第1期。
[2] [德]托马斯·魏根特：《德国刑事程序法原理》，江溯等译，中国法制出版社2021年版，第60页。
[3] 参见陈瑞华："审前羁押的法律控制——比较法角度的分析"，载《政法论坛》2001年第4期。
[4] 贾宇、王敏远、韩哲："少捕慎诉慎押'三人谈'"，载《检察日报》2021年6月7日。

2. 立法上应明确不捕的条件并将报捕率、不捕率、羁押必要性审查后的建议释放率和变更率纳入绩效考核之中并建立科学的考评体系

2018年《刑事诉讼法》仅有对逮捕条件的规定，未明确不予逮捕的条件。逮捕条件中的"现实危险""可能""企图"都是一种事前主观判断，有可能在认识上发生偏差，导致不该逮捕而被逮捕的情况发生。立法上逮捕的"社会危险性"条件过于宽泛，不可能真正发挥限制范围的作用。在该条件难以把握的情况下，检察官为避免不利影响会将该条件虚化不用，转而求向其他条件，以追求自身利益的最大化。根据《刑事诉讼法》及相关解释的规定，逮捕事实过多，不逮捕的事实过窄，总共有20多种羁押事实构成论证逮捕的根据，相反不羁押事实只有9种，肯定羁押事实明显比否定性羁押事实种类更多。这样一种制度设计无疑使逮捕更加容易，导致羁押率居高不下。[1]为了降低羁押率，使捕与不捕更具操作性，有必要明确不予逮捕的条件。不予逮捕的条件可从可能判处的刑罚、被追诉人的主体身份和认罪悔罪表现等方面进行设置。可考虑：将可能判处3年以下有期徒刑、管制、拘役、单处罚金的案件、可能宣告缓刑的案件、过失犯罪案件、未成年人犯罪案件、年满75周岁的老年人犯罪案件、被追诉人因身体健康状况不适宜羁押的案件、部分认罪认罚案件、与被害人一方达成和解协议或者取得谅解的案件作为不予逮捕的条件。该条件与《人民检察院刑事诉讼规则》规定的羁押必要性审查后建议释放或者变更强制措施的条件基本一致。实践中，检察机关提出释放或者变更强制措施建议主要集中在如下情形中：一是积极赔偿被害人损失，与被害人达成和解协议的；二是捕后认罪且犯罪情节较轻，犯罪嫌疑人、被告人可能被判处管制、拘役或独立适用附加刑的；三是案件事实基本查清，证据已经收集固定，符合取保候审或者监视居住条件的；四是案件事实或情节发生变化，捕后拟作不起诉决定的；五是身体健康原因不适宜继续羁押犯罪嫌疑人、被告人的；六是认罪态度较好，家中有病危老人或未成年人需要照顾，是家中唯一经济来源的。四川省雅安市人民检察院将轻微刑事犯罪案件作为"少捕慎押"的重点，加大对轻微犯罪案件中犯罪嫌疑人的不捕力度，对交通肇事、轻伤害、盗窃、诈骗等多发易发轻微刑事案件，能不捕的尽量

---

[1] 参见谢小剑："我国羁押事实的适用现状及其规范化"，载《法律科学（西北政法大学学报）》2017年第4期。

不捕。

绩效考核指标犹如"指挥棒",产生一种内生动力和导向作用,指导着办案人员的行为。如果将报捕率纳入侦查人员的绩效考核,实行负向考核,即报捕率越高,目标得分越低,就可以有效降低报捕率。相反,对检察机关的考核指标进行正向设置,即不捕率、羁押必要性审查后的建议释放率越高、得分越高。以此激励侦查人员、检察人员积极进行审查并将非羁押的适用作为常态而非例外。对不捕或者通过羁押必要性审查变更为取保候审的检察人员,即便犯罪嫌疑人脱逃或者实施了新的犯罪,只要当时符合不捕或者变更羁押措施的条件,就不应追究检察官的责任。以此给检察官"松绑",鼓励其大胆使用非羁押强制措施。为此,应将以人权保障为导向的正向指标纳入考核体系,也许是降低审前羁押率的有效路径。

3. 公安机关降低报捕率并提高审查逮捕程序的诉讼化水平

羁押率高的一个重要原因是公安机关的报请逮捕率高。因此,降低羁押率需要从降低报捕率入手。公安机关应当与检察机关遵循共同的逮捕标准,尤其是对"社会危险性"的把握。对于达不到逮捕条件的,公安机关应坚持不予报捕。一经报捕,检察机关应严格标准,不予批捕。以此倒逼公安机关严格遵循逮捕条件。随着轻刑犯罪案件数量的增加和认罪认罚从宽制度的实施,公安机关可以更多地适用取保候审直诉的方式。2019年10月,"两高三部"《关于适用认罪认罚从宽制度的指导意见》明确规定,犯罪嫌疑人认罪认罚,公安机关认为罪行较轻、没有社会危险性的,应当不再提请人民检察院审查逮捕。对提请逮捕的,人民检察院认为没有社会危险性不需要逮捕的,应当作出不批准逮捕的决定。

逮捕涉及公民人身自由问题,属于重大程序事项。在域外,审查和决定逮捕的权力通常是由法官行使。"在具备相应条件时,进一步的改革,应实现真正意义上的司法审查,即由法院审批审前羁押措施。这既是现代法治国家的通行做法,也是刑事司法国际标准的基本要求。"[1]在我国,检察官扮演了"准法官"的角色,掌控批准或者决定逮捕的权力,但长期以来采用一种行政化的书面审查模式。随着程序正当理念的高涨,近年来检察机关引入审查听证模式,以直接言词方式进行听证,往诉讼化的方向前进了一大步。但因审

---

[1] 龙宗智:"监察体制改革中的职务犯罪调查制度完善",载《政治与法律》2018年第1期。

查逮捕时间较短、律师参与面临困难、犯罪嫌疑人及其律师侦查阶段尚无阅卷权等问题，实践中检察机关"挑选"案件的情况普遍存在，采用该种方式进行审查的案件比例较低。[1]以此种方式直接听取犯罪嫌疑人及其律师的意见，能够使有利于犯罪嫌疑人的意见得到充分展示，具有书面听取意见所不具有的效果，更有利于检察机关作出不批准逮捕的决定，也可以调动律师获取并出示"社会调查报告"的工作积极性。"对审查逮捕程序的改革，要求检察机关强化审查逮捕程序的司法属性，即引入能够实现对审兼听要求，并能反映审查逮捕程序特点的司法性审查要素。"[2]未来可考虑适当延长审查逮捕的期限、由值班律师参与和由侦查机关提供证据目录或者清单、赋予律师有限的调查取证权等方式解决目前面临的制约因素，逐步实现所有审查逮捕案件采用听证审查的方式，以保证审查逮捕程序的公正性。当然，随着公安机关报捕率的降低，审查逮捕案件数量的减少，也为采用这种"耗时费力"的审查方式创造了条件。检察机关的审查将富有意义，而非徒具形式。法国自由与羁押法官对临时羁押的审查，以对席听审的方式进行。"在听审过程中，自由与羁押法官须听取检察官的意见、受审查者或其律师的陈述。自由与羁押法官还可向控辩双方提问。听审的程序细则与审判程序几乎完全相同。"[3]

逮捕作为一项措施最严厉、期限最长久的强制措施，因对个人权利造成重大影响，而应赋予其异议权和不服的救济权。2018年《刑事诉讼法》第92条赋予了公安机关不服不予逮捕决定的异议权，作为对等条件也应当赋予被逮捕人以类似的权利。如此方能体现"平等武装"，而非"厚此薄彼"。对此，可考虑不服逮捕决定的，犯罪嫌疑人可以向同级人民法院声明异议并申请以听证方式进行审查。在法国，不仅被羁押人具有释放请求权、不服临时羁押的上诉权，还可获得因不当羁押的国家赔偿权。"在诉讼程序中被临时羁押的个人，如果最终的判决为不起诉、免予处罚或无罪释放，则有权请求因羁押所造成的所有身体及精神损害赔偿。"对此，可考虑借鉴针对羁押设置的"准抗告"制度，建立对羁押决定的救济程序。

4. 激活羁押必要性审查制度

羁押必要性审查制度，虽然为2012年《刑事诉讼法》所确立，意在减少

---

[1] 参见韩旭："审查逮捕程序诉讼化改革中的五个问题"，载《人民检察》2018年第5期。
[2] 龙宗智："审查逮捕程序宜坚持适度司法化原则"，载《人民检察》2017年第10期。
[3] 施鹏鹏、王晨辰："法国审前羁押制度研究"，载《中国刑事法杂志》2016年第1期。

羁押率。但是这项制度在实践中并未得到有效落实。在降低羁押率的背景下，羁押必要性审查制度应当被激活。由于该制度条文比较简约，无论是羁押必要性审查的启动还是审查方式等事项均不明确，操作性不强的问题比较突出。一是启动方式。从笔者调研情况看，目前主要以检察机关职权启动为主，申请启动的比例较低，许多犯罪嫌疑人不知道自己享有这项权利。随着法律知识的普及、宣传力度的加大，将来应以申请启动为主，职权启动为辅。检察机关主动启动的案件比例偏高与它们努力尝试建立旨在促进捕后羁押必要性审查工作主动开展的机制不无关系。[1]《人民检察院刑事诉讼规则》574条第2款规定："犯罪嫌疑人、被告人及其法定代理人、近亲属或者辩护人可以申请人民检察院进行羁押必要性审查。申请时应当说明不需要继续羁押的理由，有相关证据或者其他材料的应当提供。"二是审查方式。对此，法律并无明确规定，一些地方的检察机关在试点中探索进行听证式审查，例如四川省雅安市人民检察院邀请人民监督员、人大代表、政协委员进行听证，并细化了"社会危险性"评价标准，设计了37项量化指标，探索将犯罪嫌疑人的征信情况纳入考核指标，评价结论分为"高""中""低"三个档次，根据不同的档次提出不同的检察建议。这是对《人民检察院刑事诉讼规则》第578条规定的具体落实。[2]2016年《人民检察院办理羁押必要性审查案件规定（试行）》第16条明确，评估有无继续羁押必要性"可以采取量化方式，设置加分项目、减分项目、否决项目等具体标准"。其做法也符合该规定的要求。从审查程序的公正性角度考虑，以采用听证审查方式为宜。犯罪嫌疑人应当在场或者通过视频链接方式进行，以体现程序参与原则。不能在犯罪嫌疑人不在场的情况下由检察机关决定其羁押与否。三是增强羁押必要性审查的制度刚性。目前，检察机关审查完毕后均以提出建议的方式要求办案机关变更强制措施或者释放被追诉人。绝大多数办案机关都能尊重检察机关的检察建议，但据调研也有少数单位拒绝执行检察建议。"有关机关基本上能够采纳但也存在置之不理或者应付了事的情况，导致监督流于形式。"[3]据调研，某区检察

---

[1] 参见张云鹏："捕后羁押必要性审查制度的完善路径"，载《法学》2015年第1期。
[2] 《人民检察院刑事诉讼规则》第578条规定："人民检察院应当根据犯罪嫌疑人、被告人涉嫌的犯罪事实、主观恶性、悔罪表现、身体状况、案件进展情况、可能判处的刑罚和有无再危害社会的危险等因素，综合评估有无必要继续羁押犯罪嫌疑人、被告人。"
[3] 张云鹏："捕后羁押必要性审查制度的完善路径"，载《法学》2015年第1期。

院检察官反映,在羁押必要性审查初期,检察机关变更强制措施建议的采纳率仅为 10.67%。四是"捕诉一体"改革后对羁押必要性审查的影响。《人民检察院刑事诉讼规则》第 575 条第 1 款规定:"负责捕诉的部门依法对侦查和审判阶段的羁押必要性进行审查。经审查认为不需要继续羁押的,应当建议公安机关或者人民法院释放犯罪嫌疑人、被告人或者变更强制措施。"逮捕权和羁押必要性审查权,更具有司法权的特性,而公诉权的行政权特征明显,两种不同的诉讼职能由同一主体行使,会导致职能的冲突,并且有可能使羁押必要性审查服从、服务于起诉的需要,由此导致羁押必要性审查主体缺乏中立性和公正性。对于某些构成犯罪但没有社会危险性不需要羁押的犯罪嫌疑人,承办检察官基于办案需要也可能倾向于羁押,因为犯罪嫌疑人被羁押以后更有利于获得口供和相关证据,便于检察官完成其起诉任务。我们从审查起诉阶段检察官很少对犯罪嫌疑人采取取保候审措施就可以窥见个中缘由。[1]实行"捕诉合一",批捕权的不中立、不独立的性质可能更为明显。[2]这是"捕诉一体"改革后需要重视的问题。尽管如此,"捕诉合一"在降低羁押率方面仍显现出了一定的效果。例如[3]上海市 2020 年批准逮捕各类犯罪嫌疑人 29 334 人,同比下降 9%。2020 年 1 至 12 月,江苏省全省检察机关共批准和决定逮捕各类犯罪嫌疑人 28 374 人,同比(与 2019 年相比)下降 45.29%,不捕率 24.47%,同比增加 1.12%。[4]"苏州工业园区检察院实行"捕诉一体"后,审前羁押率从 2013 年的 50.5%降至 2017 年的 27.3%;逮捕率从 2004 年的 95.9%降低至 2017 年的 60.5%。"[5]"开展'捕诉合一'三年来,吉林检察机关审前羁押率连续三年下降,分别为 54.79%、51.58% 和 48.39%。试点较早的南关区等四个检察院,连续三年平均审前羁押率比全省平均值低 13.62、8.73 和 8.84 个百分点。"[6]虽然无从掌握全国的数据,但是从以上几个地区的情况看,"捕诉合一"后审前羁押率均有下降,有的地

---

〔1〕 参见童伟华:"谨慎对待'捕诉合一'",载《东方法学》2018 年第 6 期。

〔2〕 参见龙宗智:"检察官办案责任制相关问题研究",载《中国法学》2015 年第 1 期。

〔3〕 参见"上海市人民检察院工作报告——2021 年 1 月 26 日在上海市第十五届人民代表大会第五次会议上",载 https://m.jiemian.com/article/5599930.html,2021 年 5 月 20 日访问。

〔4〕 参见"2020 年江苏检察机关主要办案数据",载 http://www.jsjc.gov.cn/jianwugongkai/bxgkcth/202103/t20210301_1183142.shtml,2021 年 5 月 20 日访问。

〔5〕 戴佳:"深化改革:法律监督实现重塑性变革",载《检察日报》2019 年 3 月 3 日。

〔6〕 闫晶晶:"'捕诉合一'之问:让实践说话",载《检察日报》2018 年 8 月 27 日。

区降幅还比较大。一种可能的解释是负责批捕和负责起诉的是同一检察官，对逮捕标准的把握按照起诉标准掌握，标准的提高导致不捕率的提高。鉴于此，笔者主张羁押必要性审查主体应独立于审查起诉主体。唯有如此，羁押必要性审查制度在降低羁押率方面才具有实效性，该项制度才具有较高的公信力。

5. 进一步改变侦查取证以口供为中心的办案模式

随着刑事诉讼法对"不得强迫自证其罪"原则的确立，意味着变相赋予了被追诉人沉默权。[1]随着法律的确立和普及宣传，被追诉人行使沉默权的将越来越多，侦查机关对口供的依赖将减弱。尤其是近年来随着现代科技在刑事司法领域的应用，侦查取证的信息化、技术化程度提高，例如大数据、人工智能、区块链的运用，为侦查工作打破传统的"口供依赖"提供了条件和支撑。过去之所以羁押率偏高，主要是便于侦查取证，"口供情结"在办案人员中挥之不去。如果仍然奉行"口供是证据之王"的思维定势，降低羁押率必将是天方夜谭。正如比较法大师达马斯卡所言："站在20世纪末思考证据法的未来，很大程度上就是要探讨正在演进的事实认定科学化的问题，伴随着过去50年惊人的科学技术进步，新的事实确认方式已经在社会各个领域（包括司法领域）挑战传统的事实认定法，越来越多对诉讼程序非常重要的事实只能通过高科技手段查明。"[2]

上述问卷调查给我们的启示是：在当前降低审前羁押率问题上，受制于各方面因素的制约，我们不可能平均用力，更不能顾此失彼，主次颠倒。应当从执法办案人员的观念更新入手，将其作为着力点，并通过相关指标设计考核，将不捕率、报捕率作为考核指标纳入检察人员、侦查人员的绩效考核。而非将办案方式的诉讼化改革、羁押必要性审查、实现"由证到供"的办案模式转型作为主要矛盾和工作重心。

（五）配套措施的完善

有效降低羁押率需要建立和完善相关制度，以配合和支撑"少捕慎诉慎

---

[1] 2018年《刑事诉讼法》第52条规定："审判人员、检察人员、侦查人员必须依照法定程序，收集能够证实犯罪嫌疑人、被告人有罪或者无罪、犯罪情节轻重的各种证据。严禁刑讯逼供和以威胁、引诱、欺骗以及其他非法方法收集证据，不得强迫任何人证实自己有罪。必须保证一切与案件有关或者了解案情的公民，有客观地充分地提供证据的条件，除特殊情况外，可以吸收他们协助调查。"

[2] ［美］米尔建·R. 达马斯卡：《飘移的证据法》，李学军等译，中国政法大学出版社2003年版，第200页。

押"理念的贯彻落实。

1. 容错机制的建立

经调研，有相当一部分检察人员对贯彻"少捕慎诉慎押"精神的积极性不高、动力不足，主要原因在于一旦对被追诉人进行非羁押，其脱逃或者实施新的犯罪，造成了严重后果，会遭到司法责任追究甚至会被追究刑事责任。"捕后对犯罪嫌疑人予以释放或者变更强制措施易遭打击不力的质疑和有人情因素介入的嫌疑。尤其是来自被害方的不认可，可能会引发新的社会矛盾，甚至是涉检上访。"[1]"我国一直将羁押作为重要的维稳手段，避免因为取保出现新的不稳定因素，同时一旦犯罪嫌疑人被取保后再犯罪，对办案人员的事后追责，也导致办案人员对此过于谨慎。"[2]谁也不敢保证被取保候审的人能完全遵守相关规定，因为"社会危险性"本来就是一个主观性较强的判断。为了解除办案人员的后顾之忧，鼓励其大胆适用非羁押措施，有必要建立容错机制。在审查逮捕或者羁押必要性审查当时符合不捕条件的，即便被追诉人后来实施了犯罪或者脱逃行为，也不应追究当初办案人员的责任。要知道，检察官是人不是神，不可能"先知先觉"。建立容错机制，需要最高人民检察院制定全国统一的标准，供各地执行。容错机制也是一种动力机制，可以为检察人员"松绑"，调动其工作积极性。如果没有容错机制相配套，降低羁押率的目标很难实现。

2. 统一"社会危险性"标准并制定不同类型案件的"社会危险性"评价标准

由于公安机关与检察机关掌握的"社会危险性"标准并不一致，由此导致了认识的分歧和公检的摩擦。检察机关基于"案-件比"的考量，为避免公安机关提出复议、复核，可能会迁就公安机关的意见，将部分不符合逮捕条件的报捕案件予以批捕，由此导致羁押率的升高。为此，公安机关和检察机关应当适用统一的"社会危险性"评价标准，加强沟通协调，避免认识分歧。同时，应进一步明晰"社会危险性"的各项因素，以量表形式，通过"大数据"技术进行分析研判，力争判断的科学性和准确性。目前，侦查机关较少

---

[1] 张云鹏："捕后羁押必要性审查制度的完善路径"，载《法学》2015年第1期。
[2] 谢小剑："我国羁押事实的适用现状及其规范化"，载《法律科学（西北政法大学学报）》2017年第4期。

收集和移送"社会危险性"证据,通常以定罪量刑证据代替"社会危险性"证据。最高人民检察院、公安部《关于逮捕社会危险性条件若干问题的规定(试行)》第 2 条明确规定:"人民检察院办理审查逮捕案件,应当全面把握逮捕条件,对有证据证明有犯罪事实、可能判处徒刑以上刑罚的犯罪嫌疑人,除刑诉法第七十九条第二、三款规定的情形外,应当严格审查是否具备社会危险性条件。公安机关侦查刑事案件,应当收集、固定犯罪嫌疑人是否具有社会危险性的证据。"第 3 条要求公安机关"应当同时移送证明犯罪嫌疑人具有社会危险性的证据"。此外,最高人民检察院、公安部应当尽快制定不同类型案件的"社会危险性"标准,为公安人员、检察人员进行审查判断提供清晰、明确的依据。在美国,专门建立了审前服务机构,负责向法院提出保释或者羁押的建议。保释风险评估是其重要职责之一。审前服务官进行风险评估的最基本方法是"临床评估"(clinical assessment),即根据犯罪嫌疑人的相关信息和审前服务官自己的工作经验对犯罪嫌疑人的审前风险进行判断。为了实现审前风险评估的标准化和客观化,美国联邦司法部采用了"精算评估"(actuarial assess-ment)的方法。根据该评估方法,美国总结出了对联邦和州司法实践十分重要的 9 项影响犯罪嫌疑人审前风险的指标,分别是:①被捕时是否还面临其他待审指控,②曾因轻罪被逮捕次数,③曾因重罪被逮捕次数,④曾拒绝到庭的次数,⑤被捕时的就业状态,⑥居住状态,⑦被告人是否处于滥用药物状态,⑧主要指控的性质,⑨主要指控是重罪还是轻罪。审前服务官根据上述指标进行调查,根据统计量化结果对被告人的保释风险进行等级(共五个等级)划分,并向法院提出是否适用羁押替代措施的建议,法官根据量化评估的结果决定是否继续羁押。美国的审前服务机构是独立于控辩审三方设置的,具有相当的中立性和客观性。询问被告人不涉及具体案情,语气缓和、态度友好。其通过审前询问调查和依托犯罪记录系统等信息平台核实相关背景资料,准确作出风险评估,为法官作出是否释放(羁押)的决定提供了非常有益的参考。[1]我国宜借鉴该项制度,并由其评估后出具"社会危险性"评估报告,以实现"社会危险性"评估的专业化和科学化。与美国的审前服务机构出具的风险评估报告相比,我国社区矫正机构出具的社会调查报告在专业性和权威性方面均需进一步加强。由于"社会危险性"

---

[1] 参见蓝向东:"美国的审前羁押必要性审查制度及其借鉴",载《法学杂志》2015 年第 2 期。

标准不明确，导致公安机关较少收集并移送该类证据，导致检察机关在审查逮捕时以定罪证据代替"社会危险性"证据（见图2-4）。调研显示：在一项关于"在您的审查批捕经历中，是否见到侦查机关专门提出犯罪嫌疑人的社会危险性'证据材料"？有577名检察官表示"很少见到"，有51名检察官表示"从未见到"，两项合计为628名，占从事审查逮捕检察官人数的68.18%。而一项针对检察官的"您在审查批捕时通常会考虑哪些因素？"的问卷中，有高达95.30%的检察官表示会考虑"社会危险性"因素。这就导致对该因素的审查无据可依。

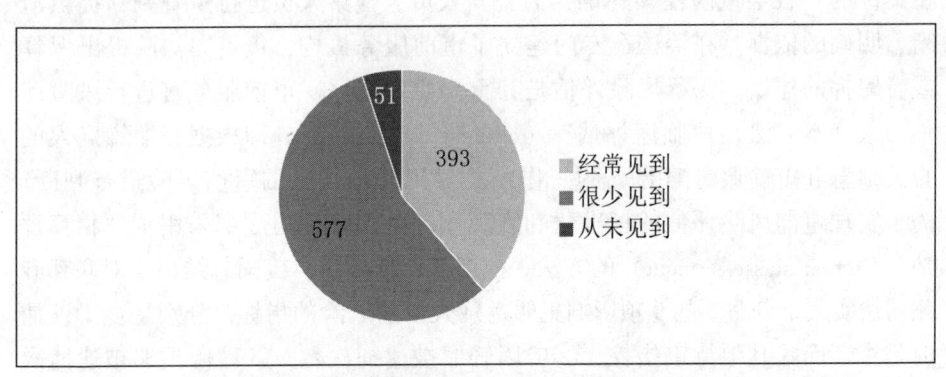

图2-4 检察官批捕时是否见到"社会危险性"证据材料情况图（单位：人）

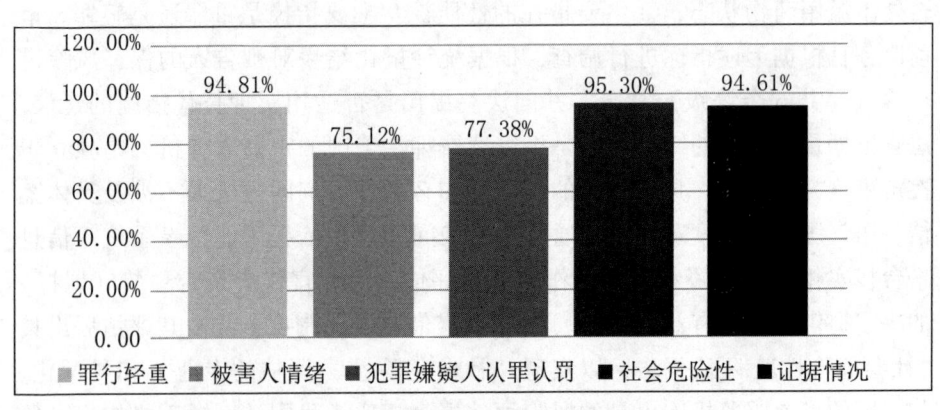

图2-5 检察官审查批捕考虑因素情况

3. 完善羁押必要性审查制度

羁押必要性审查制度作为降低羁押率的措施，其功效并未得到有效发挥。

这在很大程度上与该制度不完善有关。完善该制度需要从以下四个方面入手：一是救济措施的建立。对于维持原羁押决定的，如果犯罪嫌疑人及其近亲属、辩护人不服，既可以以新的证据和理由再次申请羁押必要性审查，也可以向上一级检察院申请复核。对此，可以参照公安机关对检察机关不捕的异议程序设置。[1]二是赋予必要性审查制度以刚性。2018年《刑事诉讼法》第95条规定："犯罪嫌疑人、被告人被逮捕后，人民检察院仍应当对羁押的必要性进行审查。对不需要继续羁押的，应当建议予以释放或者变更强制措施。有关机关应当在十日以内将处理情况通知人民检察院。"鉴于实践中一些公安机关对检察院变更强制措施的建议置之不理，导致羁押必要性审查制度落空。为此，需要增强羁押必要性审查的刚性，建议在修法时将条文中的"建议"修改为"决定"。这既是羁押必要性审查取得实效的需要，也是增强检察监督刚性的需要。"羁押期间检察机关通过羁押必要性审查认为不应当继续羁押的，应当直接解除羁押措施而非仅仅建议予以释放，这是检察机关批准逮捕权的应有内容。"[2]三是强调羁押必要性审查的说理。无论是维持原羁押决定还是建议侦查机关、人民法院释放或者变更强制措施，检察机关均应释法说理。只有说理充分，才能增强审查结论的可接受性，从而减少申请复议复核的比例，降低"案-件比"，达到节约司法资源的目的。四是制定统一的羁押必要性审查标准。目前各地检察机关进行了一定的探索，有的还制发了"社会危险性"评估量表，以实现审查的准确性。借鉴域外经验，我们可以从社会危害性、人身危险性与诉讼可控性三个方面综合考量犯罪事实、主观恶性、悔罪表现、身体状况、可能判处刑罚、案件进展情况、证据变化等因素，并分别设定不同的权重，以实现审查标准的统一。[3]

4. 增强保证能力以此担保取保候审措施的大量适用

目前，作为非羁押措施的取保候审适用率还不高，在很大程度上与保证

---

[1] 2018年《刑事诉讼法》第92条规定："公安机关对人民检察院不批准逮捕的决定，认为有错误的时候，可以要求复议，但是必须将被拘留的人立即释放。如果意见不被接受，可以向上一级人民检察院提请复核。上级人民检察院应当立即复核，作出是否变更的决定，通知下级人民检察院和公安机关执行。"

[2] 林静："审前羁押的多维度考察：以德国为范本的比较观察"，载《刑事法评论》2020年第1期。

[3] 参见蓝向东："美国的审前羁押必要性审查制度及其借鉴"，载《法学杂志》2015年第2期。

措施不健全、保证乏力,难以保证被取保候审人遵循各项规定有关。为此,需要加强保证能力建设。目前,山东省东营市人民检察院研发的"电子手表"对于实现对被取保候审人的智能监控已经取得了较好的效果。"电子手表"智能监控平台系统,通过北斗卫星、基站等多种定位模式,对佩戴智能手表的人员进行实时定位和轨迹查询。当佩戴人员擅自离开规定区域或者强行拆除手表时,系统会自动向侦查人员发送报警信息,便于办案单位及时发现犯罪嫌疑人是否脱逃并进行处置,实现对取保候审人员的全天候、全时段、全方位监督。浙江杭州市人民检察院发明的"非羁码",沿用"健康码"的理念和基础,根据办案需要设定管理条件,有利于最大限度适用非羁押性诉讼手段,加强对年满60周岁以上的老年人、在校大学生、企业经营管理人员或技术骨干等特殊群体的保护。上述手段均属于电子监控手段,根据2018年《刑事诉讼法》的规定,适用于被监视居住的人员,这就产生了对被取保候审人员适用的合法性问题。对此,如果是建立在被取保候审人员自愿同意的基础上,等于其放弃了个人的隐私权,愿意将自己置于办案机关的监控之下,此时即不存在违法问题。因此,办案机关应当制发专用的格式文书,供犯罪嫌疑人在被取保前填写。除此之外,对于违反取保候审期间应履行义务的人员予以逮捕外,对于脱逃、干扰证人作证、串供、毁灭或者伪造证据、随传不能随到的人员,在量刑时可予以从重或者加重处罚。对此,最高人民检察院刑事检察一厅的负责人表示:"改变犯罪嫌疑人脱保违法成本低的问题,增加脱保后量刑上的加重体现,增加保证人责任承担。"[1]在美国,针对保释期间实施新罪,《美国法典》第18篇第3147节作出了如下规定,被宣告有罪的被告人在本篇规定的释放期间实施新罪的,应当在已宣告罪名所规定的刑法之外,另行判处如下刑罚:①如果宣告的罪行为重罪,不超过10年的有期徒刑;②如果宣告的罪行为轻罪,不超过1年的有期徒刑。[2]

有实证研究表明,对于外来人员、本地无固定住所的大都会逮捕。"外来人员构成羁押的重要事实,甚至有绝对化倾向,接受访谈的检察官表示,对外来人员一般会羁押,因为其逃跑的可能性极大,一旦弃保潜逃,追逃的难

---

[1] "最高检、公安部:关于逮捕的新要求",载https://www.sohu.com/a/451911380_733746,2021年3月6日访问。

[2] 参见蓝向东:"美国的审前羁押必要性审查制度及其借鉴",载《法学杂志》2015年第2期。

度明显增加。"[1]针对由流动人口犯罪率高而其在本地无固定住所导致的羁押率高的问题，可考虑利用政府资金和社会捐助，在一些流动人口较多的大中城市建立"安置帮教基地"，以此代替其固定住所。对于自愿进入"安置帮教基地"的人员，仍然可以采用取保候审措施。过去相当一部分流动人口因在本地无固定住所问题而被羁押，"安置帮教基地"的建立，可以较好地解决这一问题。例如，山东省东营市河口区人民检察院探索建立非羁押诉讼帮教基地，联系有社会责任感、经营效益好的企业为非羁押犯罪嫌疑人提供就业安置。[2]

5. 注重对被害人利益的保护

被害人因为被害而产生一种复仇心理，这在大多数案件中均有体现。尤其是在对被追诉人进行非羁押诉讼的情况下，很多被害人会认为公安司法机关放纵犯罪，可能会导致被害人的信访、上访活动。因此，降低羁押率需要关注被害人群体，这是实现和谐司法所必需的。对此，一是保障被害人的程序权利。被害人作为案件的当事人理应受到尊重。检察人员在审查逮捕和羁押必要性审查工作中，应当听取被害人的意见。《人民检察院刑事诉讼规则》对审查逮捕过程中询问被害人、听取被害人意见作了规定，但是对羁押必要性审查是否听取被害人意见未作规定。笔者认为，有被害人的案件，检察机关进行羁押必要性审查也应当听取被害人意见。虽然被害人意见并不能左右检察机关的审查结论，但程序参与原则得到了体现。二是探索建立赔偿保证金提存制度。针对交通肇事、轻伤害案件中经常出现的因被害人诉求不合理造成无法达成和解或者和解后犯罪嫌疑人不积极履行等情况，探索犯罪嫌疑人可以申请向公证部门等第三方缴纳一定数额赔偿保证金模式，检察机关审查后可以对其作出不捕决定，而案件经人民法院判决确定赔偿数额后，由被害人持生效裁判文书至第三方申请取得赔偿金。如此一来，可以取得犯罪嫌疑人不被逮捕、被害人的财产利益得以实现的"双赢"局面。例如，山东省德州市检察机关探索实行该制度，取得了较好的成效。对于赔偿保证金的数额，应与因犯罪行为造成的经济损失数额一致。被追诉人的近亲属、亲友可代为缴纳。

6. 在审查逮捕程序和羁押必要性审查程序中建立指定辩护制度

控辩失衡现象在侦查阶段和审查起诉阶段体现得较为明显。很重要的原

---

[1] 谢小剑："我国羁押事实的适用现状及其规范化"，载《法律科学（西北政法大学学报）》2017年第4期。

[2] 参见束斌："三措并举降低审前羁押率"，载《检察日报》2020年7月22日。

因是律师参与率低和难以发挥实质性作用。然而，这两个阶段又是事关个人自由的关键阶段，理应由律师参与，帮助被追诉人行使权利，这既是保障基本程序公正之举，也可实现对被追诉人基本人权的保障。在德国，辩护律师对审前羁押的介入，能大大缩短审前羁押的时间。实证调研显示，律师的介入使得审前羁押的期间平均缩短了14天。[1]律师发挥作用的方式通常是辅帮助犯罪嫌疑人提起多种形式的羁押审查。一些地方的检察院在"审查逮捕诉讼化改革"试点期间，通过与当地律师事务所建立联系，引入值班律师为没有辩护人的犯罪嫌疑人提供无偿的法律帮助。这些有益的尝试，为建立法律援助制度积累了实践经验。根据《德国刑事诉讼法》第112条的规定，对犯罪嫌疑人实行审前羁押的，须有辩护人参与。据此规定，司法实践中，除了对现行犯的临时逮捕和罪行较轻行为的审前羁押，其他的审前羁押在法院签发羁押令时，均须同步指定律师参与，以便第一时间维护被羁押人的权利。如果法律援助律师能够实质性地发挥作用，还需要明确律师在侦查阶段的阅卷权和调查取证权。如果担心律师知悉案件信息后有妨碍侦查之虞，可以令律师在阅卷前签署《保密承诺书》，以此防止其干预侦查。

(六) 结语

随着我国犯罪结构的变化，轻罪案件对羁押必要性的需求降低。现代科技的迅猛发展，使得社会监控能力大大提升，这为非羁押措施的使用提供了广阔的空间。在我国看到降低羁押率机遇的同时，也要注意到降低审前羁押率在我国所面临的困境：一是逮捕与羁押不分；二是作为追诉者的检察机关行使羁押权；三是无罪推定原则和人权保障理念还需进一步加强；四是"社会危险性"条件的虚化和证明标准、证明对象、证明责任等证明机制的缺失。若要实现"羁押为例外"的审前羁押目标，首先需要转变刑事诉讼"惩罚犯罪"的价值目标；其次采用国际社会通行的由法院决定羁押措施的适用，将羁押决定权交由法院行使；羁押审查程序应采用诉讼化的方式进行，充分保障律师的参与权，也是不可忽视的问题。当务之急是激活羁押必要性审查制度，使该项制度在减少羁押方面真正发挥作用。为了鼓励检察官大胆使用非羁押措施，容错机制的建立必不可少。

---

[1] 参见林静："审前羁押的多维度考察：以德国为范本的比较观察"，载《刑事法评论》2020年第1期。

五、推进非羁押诉讼的困境与出路

（一）引言

2012年《刑事诉讼法》确立了"羁押必要性审查"等相关制度，意图进一步降低逮捕率，提高非羁押措施的适用。目前，研究者多从羁押必要性审查以及扩大非羁押强制措施适用的必要性角度来探讨，而对于适用非羁押性强制措施这一"因"导致之后非羁押状态下的案件具体的程序设置及运作的"果"却关注不够，讨论流于形式。

同时，以审判为中心的刑事诉讼制度改革及认罪认罚从宽制度改革亟待构建多层次的刑事诉讼模式，最高人民检察院在《2018—2022年检察改革工作规划》中也指出，要"完善羁押必要性审查制度，减少不必要的羁押"，"健全与多层次诉讼体系相适应的公诉模式。完善速裁程序、简易程序和普通程序相互衔接的多层次诉讼体系"。目前，我国刑事案件总量依旧呈上升趋势，非羁押案件比重愈发增大。员额制改革后，检察官、法官数量不增反减，"案多人少"矛盾进一步突出。上述司法改革和司法难题对非羁押案件办理也提出了更高要求。

鉴于此，笔者以非羁押案件的办理现状为主题，在S省C市、M市和Z市开展了调研活动。C市是S省省会，办理的案件总量接近全省1/3；M市、Z市是S省普通地级市。上述三市均被S省检察院作为参考认罪认罚精神开展刑事办案试点的地区，其反映的非羁押案件办理的数据、存在的问题以及良好的实践经验，具有一定的代表性。

笔者主要采取实证分析方法，会同S省检察院的检察官，全面收集了三市2016—2018年办理非羁押案件的相关数据，且与重点区县和S省全省以及全国相关情况进行了对比分析。笔者亦深入办案一线，选取了C市5个基层检察院、Z市6个基层检察院、M市4个基层检察院作为研究样本，分别邀请当地的法官、检察官、民警和律师开展十余次调研座谈活动，听取他们的办案情况和意见建议，力求使收集到的信息更为客观全面，更具有代表性。

(二) 非羁押案件办理现状实证考察

1. 非羁押率上升的"泡沫化"

（1）非羁押率的螺旋式上升

如图2-6所示[1]，我国非羁押率总体上呈现上升趋势，2016—2018年三年非羁押率平均为38.5%，相比2012年上升了7.2%，每年上升1%左右。S省趋势和全国基本一致，平均每年上升2.9%左右。

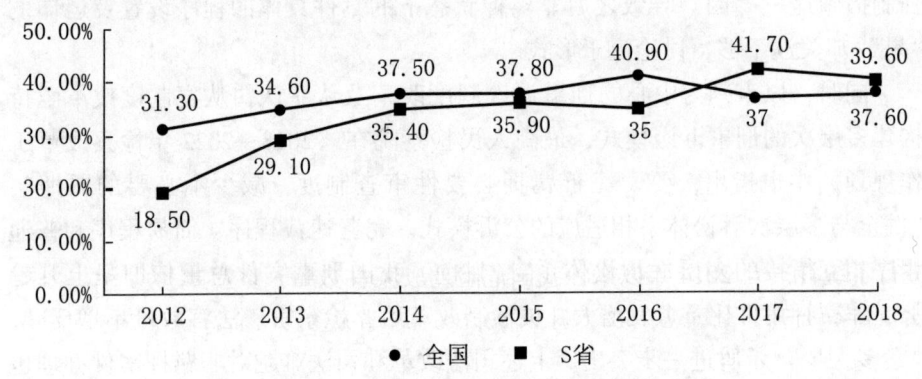

图2-6 2012—2018年全国及S省非羁押率统计

需要注意的是非羁押率的上升并非直线型甚至陡然式飞跃，而是呈现出"降中有升"的趋势。例如，2014年和2015年全国非羁押率一直在38%左右，2016年突破40%后立即出现了较大的下降。S省则在2017年出现较大增长之后亦出现下跌。

另一个需注意的问题是非羁押率的上升与否具有较大的地区差异化。例如，Z市整体非羁押率为53.81%，其F县基层院，三年非羁押案件占受理案件的61.01%；R县，非羁押案件占比50.39%，人数占比为57.15%。而在C市，非羁押案件比为40.55%，基本与全省水平持平。在C市内部，各个基层院差异明显：G区（63.35%）、P县（59.75%）和D县（55.82%）非羁押率高居前三；而J区（26.49%）、D市（27.42%）和C区（29.72%）则远低于平均水平。

---

[1] 全国数据2018年来源于《最高人民检察院工作报告》，其余年份数据均来源于《中国法律年鉴》；S省数据来源于历年《S省人民检察院工作报告》。计算方法为：非羁押率=100%—羁押率，羁押率=捕诉率（即逮捕数/提起公诉数）。

总体上看，我国刑事诉讼在控制未决羁押、提升非羁押率方面有了一定的进步。但是，羁押必要性审查制度并未完全发挥其应有的功效。有律师乐观预测：按照新《刑事诉讼法》的规定，有约80%的犯罪嫌疑人可以不予羁押，考虑到累犯、继续犯罪等因素，羁押率至少可以下降30%。〔1〕事实并非如此，我国未决羁押普遍化的局面依然难以令人满意。

（2）醉驾入刑——非羁押率上升的"泡沫化"

2011年《刑法修正案（八）》通过后〔2〕，醉驾入刑。纵观我国刑法确立的四百余种罪名，只有《刑法修正案（八）》所确立的危险驾驶罪以及《刑法修正案（九）》所确立的使用虚假身份证件、盗用身份证件罪和代替考试罪的最高刑为拘役。换言之，2011年后所有的危险驾驶案件均为非羁押案件。实践证明，这一类案件对促使非羁押率的上升起到了重要作用〔3〕。笔者在中国裁判文书网对2014—2018年全国和S省危险驾驶案件的数量和比例进行了统计。自2014年以来，我国危险驾驶案件数量及其占刑事案件总数的比重持续上升。全国从15%上升到23.6%；S省从9.9%上升到18.4%，5年间几乎翻了一番。另据最高人民法院发布的司法大数据显示：2015年危险驾驶罪刑事一审审结案件量较之2014年同比上升48.9%。2016年1月至9月审结案件量较之2015年同期同比上升23.8%，其中四川、广东两省审结案件量已超过2015年全年案件量〔4〕。在C市，G区受理前三的案件分别是危险驾驶罪（47.9%）、盗窃罪（9.6%）、寻衅滋事罪（5.1%）；L区前三分别为：危险驾驶罪（29.42%）、盗窃罪（11.73%）、交通肇事罪（9.27%）；在P县和S区基层院，危险驾驶罪比例亦高居第一。这与其他媒体的公开报道反映的情况基本一致。〔5〕考虑到数据收集的不完整性，笔者估算危险驾驶罪占公

---

〔1〕 参见成安："新《刑事诉讼法》背景下的逮捕必要性审查辩护"，载http://www.scxsls.com/lslw/123157.html，2019年5月18日访问。

〔2〕 《刑法修正案（八）》通过的时间为2011年，这一时间节点亦给本书研究带来了一定的方便。

〔3〕 实践中，代替考试罪和使用虚假身份证件、盗用身份证件罪案件数量不多，远远低于危险驾驶案件，故其影响可以予以忽略，本书不予讨论。

〔4〕 参见"最高人民法院：司法大数据专题报告之危险驾驶罪"，载http://www.court.gov.cn/fabu-xiangqing-63162.html，2019年4月1日访问。

〔5〕 有媒体统计全国2014年至2017年判决后发现，在判决总数最多的5个罪名里，危险驾驶罪判决数量位居第二，达464 645件，其中"醉酒驾驶"案件有320 817件，也超过位居第三名的故意

诉案件的比例在10%至15%之间,且具有逐年快速增长的趋势。2022年非羁押率约为40%,那么可以得出结论:危险驾驶案件占全部非羁押案件总数的25%至37.5%之间。危险驾驶案件比例逐年上升,且其增长速度要明显高于非羁押率的增长速度,这就不可避免地带动了刑事案件非羁押率的逐年上升。那么,抛开危险驾驶案件,我国其他刑事案件的逮捕率或者非羁押率几乎没有任何变动。这充分说明,近年来我国非羁押率的上升是"泡沫化"的。

2. 妨碍诉讼情形并非想象的那么严重

实践中,对被追诉人适用非羁押措施之后出现逃避打击、毁灭证据或串供翻供等而打断诉讼进程是司法机关的普遍担忧。但数据显示,非羁押案件整体妨碍诉讼率为4.6‰不到羁押案件(2.5‰)的2倍。Z市非羁押案件妨碍诉讼的比例甚至低于羁押案件的比例。从长远看,非羁押案件妨碍诉讼率总体上也呈下降趋势。相比于2017年,调研地区妨碍诉讼率在2018年均出现了大幅度的下降,M市和Z市降幅甚至高达2倍至3倍(详见表2-3)。

表2-3 2016—2018年非羁押案件妨碍诉讼情况

地区	年份	刑事案件总人数/人		妨碍诉讼的情形/人						妨碍诉讼发生率/‰	
				非羁押案件不到家		串(翻)供		毁灭证据			
		羁押案件	非羁押案件	本地居民	无固定居所的外来人口	羁押案件	非羁押案件	羁押案件	非羁押案件	羁押案件	非羁押案件
C市	2016年	13 828	9097	9	21	48	28	0	0	3.5	6.3
	2017年	15 893	9420	15	27	53	45	0	0	3.3	9.2
	2018年	15 615	9862	17	19	41	33	0	0	2.6	7.0
Z市	2016年	1440	1204	2	0	1	0	0	0	0.7	1.7
	2017年	1459	1313	4	3	6	1	0	0	4.1	6.1
	2018年	1373	1269	1	2	1	0	0	0	0.7	2.4
M市	2016年	1167	1448	4	0	3	1	0	0	2.6	3.5
	2017年	1255	1571	7	0	2	1	0	1	1.5	5.7
	2018年	1300	1606	3	0	5	1	0	0	3.8	2.5

(接上页)伤害罪的案件数量。参见聚法大数据:"首发!全国'醉驾判决'大数据报告!浙江'醉驾'判决最多",载https://mp.weixin.qq.com/s?__biz=MzIwOTYxMjQ3MA%3D%3D&idx=1&mid=2247485903&sn=bb4d5858e3d9e7ea67c0d9db2bf31c30,2019年4月1日访问。

（1）不到案情况基本可控

非羁押的犯罪嫌疑人绝大多数都能够遵守法定义务及时到案，"不到案"比例极低。具体可以分为两种类型：一是"真"不到案，主要是无固定居所的外来人口，而且与经济发达程度呈正向关系。C市不到案人数远多于Z市和M市，外来人口占不及时到案总数的62%。市区不到案情况也远高于郊区。C市6个主城区，三年不到案共30人，其他15个区县共计37人。这类案件，由于嫌疑人户籍在外地，某些嫌疑人在取保候审之后继续流窜，没有固定居所、没有联系方式，甚至不用身份证信息，难以到案。二是"假"不到案，主要是在本地居住的居民，与经济发达程度呈负相关关系。C市、Z市、M市本地居民分别占不到案总数的38%、59%、100%。此类不到案人员通常不具有故意逃避打击的主观恶意，往往是由于外出打工不报告、电话关停机或者联系方式变动不及时告知等原因引起的。

（2）串、翻供与毁灭证据情形轻微

实践中，非羁押案件出现串翻供的情况主要集中在如传销等人数较多的共同犯罪中。由表2-3可知，羁押案件串、翻供比例为2.5‰；非羁押案件为2.1‰，比前者还要低0.4‰，并无本质上的区别。"毁灭证据"的情形，三年只出现过一起，可以忽略不计。

3. 审前分流作用的落空

案件的繁简分流是一项世界性难题，域外各国均探索出了特色鲜明的分流机制。[1]《刑事诉讼法》也确立了法定不起诉、酌定不起诉、存疑不起诉和附条件不起诉等四种不起诉制度，通过发挥检察机关的"分流器"作用，把那些未达起诉标准、无起诉必要的案件，终止在审查起诉环节，而只把那

---

[1] 大陆法系国家中，德国践行起诉法定主义，但是也确定了微罪不举的例外，同时针对轻罪设立了暂缓起诉制度。法国则确立了"追诉适当原则"，即对于检察官是否应该提起公诉的规定集中在两个方面：追诉的合法性与适当性。英美法系国家中，英国奉行起诉便宜主义，检察官拥有相当大的起诉裁量权，检察机关通过预审法官起到审查和过滤起诉的作用。在美国，不起诉制度的适用率也很高，其审查起诉过程中所发挥的程序分流功能甚至超过了英国。而日本则确立了起诉犹豫制度，在不必要追诉时不提起公诉。参见郭烁："酌定不起诉制度的再考查"，载《中国法学》2018年第3期；张少波："公诉环节程序分流机制的反思与完善——以2009-2012年D检察院不起诉制度运行状况为分析视角"，载《中国刑事法杂志》2013年第8期。

些符合起诉条件而且确有起诉必要的案件起诉到法院。[1]相对不起诉，酌定不起诉赋予了检察官一定的自由裁量权。发挥好酌定不起诉的功能，既可以缓解案多人少的压力，还可以彰显认罪认罚从宽制度的精神。以下是S省不起诉制度的相关数据（详见表2-4）。

表2-4　2016—2018年S省适用不起诉的整体情况

（比例均为人数比）

年份	法定不起诉		酌定不起诉		罪疑不起诉		附条件不起诉	
	人数	比例	人数	比例	人数	比例	人数	比例
2016年	432	0.6%	2657	3.7%	1223	1.7%	394	6.5%
2017年	214	0.3%	3121	4.0%	478	6.1%	478	6.1%
2018年	181	0.2%	3986	5.2%	623	0.8%	355	6.7%

分析相关数据可以总结为以下几点：其一，起诉率过高。相比刑事案件不起诉率，非羁押案件不起诉率虽然相对较高，但仍在10%以内。C市三年来基层检察院起诉率为90.14%，部分高达97%以上，最低的也有72.97%。其二，轻缓刑罚率较高。2016—2018年S省一审法院判处3年以下有期徒刑案件占八成以上，轻缓刑罚占比近四成。[2]C市、Z市、M市非羁押案件判处一年以下有期徒刑、拘役、管制的，分别占总数的43.3%、23.1%、32.5%，合计占总数的33.0%。加上被判处缓刑、单处附加刑和免刑等非监禁刑，非羁押案件轻缓刑罚率分别为72.7%、71.3%、68.6%，合计高达70.6%。其三，酌定不起诉适用率低。我国不起诉比例略微高于5%，酌定不起诉比例不足4%；S省三年酌定不起诉率分别为3.7%、4%、5%。[3]

---

〔1〕 顾永忠："1997—2008年我国刑事诉讼整体运行情况的考察分析——以程序分流为视角"，载《人民检察》2010年第8期。

〔2〕 数据来源于张树壮、周宏强、陈龙："我国酌定不起诉制度的运行考量及改良路径——以刑事诉讼法修改后S省酌定不起诉案件为视角"，载《法治研究》2019年第1期。

〔3〕 在日本，起诉犹豫率从2006年的40.7%上升至2015年的50.4%；在德国，酌定不起诉案件数量（27.85%）远超公诉案件（10.66%）；在法国，狭义上的"不起诉"以及替代性刑罚方式的比例超过了刑事追诉总数一半以上；英国不起诉率约为25%；在美国，经由诉辩交易程序的案件高达90%以上。参见郭烁："酌定不起诉制度的再考查"，载《中国法学》2018年第3期。

以上分析表明，我国检察环节确立的分流功能尚未实现：高起诉率与高轻缓刑罚率之下，不仅使部分轻微刑事案件占用了过多的司法资源，加重了法院的审判压力，更是让轻微犯罪人陷入了繁杂冗长的诉讼程序，增加了引起社会冲突的消极因素。

4."简案"难以"快办"

非羁押案件大部分可以适用速裁程序、简易程序，在诉讼效率方面应当具有明显的优势。[1]然而事实却并非如此，可以发现以下两点：

第一，办理速度略有提升。从整体上看，三地非羁押案件办理周期（48天）略短于羁押案件办理周期（53天），约为后者的91%。也就是说，非羁押案件办理周期只提高了10%左右。此外，非羁押案件办理周期高于羁押案件的地区亦不少。例如，Z市检察院2016—2018年办理非羁押案件平均期限为57天，羁押案件则为53天。

第二，办理期限被频繁"借用"。从表2-5中可知，非羁押案件不论是延长审查起诉期限次数的比例（27.6%）还是退回补充侦查次数的比例（25.0%）均高于羁押案件相应的比例（25.2%、24.9%）。不可否认，非羁押案件并不完全等于简单案件，不可避免地包含部分证据存疑的案件。然而，其比本身案情就较为复杂的羁押案件比例还要高吗？三地非羁押案件事实证据存疑的比例为14.3%、11.7%和2.9%，其整体补充侦查的比例却高达25%。这就说明，除部分确实需要补充侦查的案件外，其余比例的办案期限都被"借用"了。

表2-5 2016—2018年部分地区检察机关办理非羁押案件周期情况

类型	J区		R县		P区		整体	
	羁押案件	非羁押案件	羁押案件	非羁押案件	羁押案件	非羁押案件	羁押案件	非羁押案件
办案周期（天）	45	23	67	73	48	49	53	48

---

[1]《刑事诉讼法》第222条第1款规定："基层人民法院管辖的可能判处三年有期徒刑以下刑罚的案件，案件事实清楚，证据确实、充分，被告人认罪认罚并同意适用速裁程序的，可以适用速裁程序，审判员一人独任审判。"第172条第1款规定："……犯罪嫌疑人认罪认罚，符合速裁程序适用条件的，应当在十日以内作出决定，对可能判处的有期徒刑超过一年的，可以延长至十五日。"

续表

类型	J区		R县		P区		整体	
	羁押案件	非羁押案件	羁押案件	非羁押案件	羁押案件	非羁押案件	羁押案件	非羁押案件
延长审查起诉期限的次数（次）	727	246	352	379	129	187	1208	812
退回补充侦查次数（次）	870	266	233	332	89	138	1192	736
延长审查起诉期限的比例	—	15.3%	—	51.6%	—	31.4%	25.2%	27.6%
事实证据存疑的比例	—	14.3%	—	11.7%	—	2.9%	—	—

5. 辩护权的虚置

目前，我国确立了值班律师制度且开展了刑事辩护全覆盖试点工作，但是从调研情况看，非羁押案件辩护权的保障依然不尽如人意。

（1）律师参与度低

首先是委托辩护的比例极低。J区、R县、P区检察机关办理非羁押案件委托辩护率平均为13.4%，最低的甚至不足5%。其次是值班律师会见难问题突出。审查起诉阶段已经成为适用认罪认罚从宽制度的关键阶段，尤其是对于大量适用刑事速裁程序的案件。[1] 但是，实践中值班律师办公室几乎都设置在看守所、监所等区域，检察机关内部极少设立专门值班律师办公室，所采取的大多是"电话值班"方式，非羁押状态下的嫌疑人和值班律师连见面的机会都没有，只能通过每周值班律师在岗时集中签阅具结书的方式来实现法律帮助。同时，由于对值班律师在刑事速裁程序适用过程中的地位和作用缺乏合理的认识，嫌疑人对接受律师帮助、向律师提出咨询等方面的积极性随之降低。[2] 最后，律师数量的严重不足也直接制约了在非羁押案件中刑事辩护全覆盖的实现。S省律师总数约为2万名，纳入刑辩库的仅仅超过2000名，且律师资源分布极为不均，省会C市就占了一半以上。

---

[1] 赵恒："刑事速裁程序试点实证研究"，载《中国刑事法杂志》2016年第2期。
[2] 赵恒："刑事速裁程序试点实证研究"，载《中国刑事法杂志》2016年第2期。

(2) 诉权保障效果不佳

律师参与度低直接导致了诉权保障效果不佳。非羁押案件绝大多数的法律帮助义务将由值班律师承担。但由于值班律师在案情了解和量刑协商中实际发挥的作用极其有限，仅在犯罪嫌疑人签署具结书时"被要求"在场见证并签字，这一做法与其说是为监督检察机关依法履行职责、保障嫌疑人具结书签署过程的真实性和合法性，毋宁说是为犯罪嫌疑人、被告人认罪认罚进行"背书"，其形式意义大于实质意义。[1] 此外，值班律师以及法律援助律师资金保障不足，提供优质法律服务的积极性大大降低。

(三) 非羁押案件办理面临的困境分析

1. 被追诉人诉讼权利保障意识的增强与司法办案人员人权保障理念不强之间形成强烈的反差

我国刑事诉讼理念已经进入了"人权保障"与"打击犯罪"并重的新时代，这就要求公安司法人员扭转过去那种"构罪即捕"以及"逮捕是定罪的预演"观念，应树立审前非羁押为常态、羁押为例外的程序保障理念。但是，目前制约我国审前非羁押常态化的首要因素就是"人权保障"理念不强以及由此带来的社会认同难题。与此同时，被追诉人和受害人亦对非羁押措施有着不小的误解——只有逮捕才是"有罪认定"。这一方面增加了受害方认为办案人员"轻纵犯罪"而上访缠访的社会风险；另一方面，被追诉人认为被采取非羁押措施即是"案结事了"，当司法机关通知其到案时，害怕再次被追究刑事责任而不敢到案，致使诉讼中断。

2. 行政因素推动下的"双刃剑"作用

2012 年《刑事诉讼法》修改后，真正影响逮捕数和逮捕率下降的因素是相关逮捕制度和管理制度改革。检察机关对逮捕瑕疵案件的考核是导致逮捕数和逮捕率下降的关键性因素；指控式审核机制的作用下逮捕必要性审查对减少不当逮捕发挥了一定作用，但效果低于预期；而"司法化"的逮捕程序，无论是讯问犯罪嫌疑人，还是听取辩护律师的意见，影响均较为有限。[2] 主要是适用的案件范围有限，案件数量较少，且大都是经过选择的案件。公安机

---

[1] 韩旭："认罪认罚从宽制度中的值班律师——现状考察、制度局限以及法律帮助全覆盖"，载《政法学刊》2018 年第 2 期。

[2] 马静华："逮捕率变化的影响因素研究——以新《刑事诉讼法》的实施为背景"，载《现代法学》2015 年第 3 期。

关现行的考核机制中仍然将逮捕人数和逮捕率作为考核指标之一；而检察机关受制于轻刑逮捕率的制约，严格控制逮捕人数，这样不可避免地造成了侦查与审查起诉环节的冲突，也影响着公安机关调查取证的积极性。调研中，基层检察官普遍反映了"容忍瑕疵"的诉求：一是对于涉及外来人员的少数案件，虽不符合逮捕条件，但是一旦适用取保候审和监视居住将会大概率脱逃；二是某些评价指标过于僵化。在审判环节，法官既要考虑审判权的独立行使，在部分案件中判处与量刑建议不一致的刑罚，造成检察官业绩考核受影响以及犯罪嫌疑人的不满，又要有限配合检察机关完成内部指标合格，最终使得一些先前被逮捕犯罪嫌疑人、被告人比照羁押时间量刑，"实报实销"。

3. 公、检、法三机关个别存在"制约不足""配合不力"的问题

调研发现，司法责任制改革背景下非羁押案件的办理中个别存在"制约不足""配合不力"的问题。公、检、法三机关既要贯彻降低审前羁押率和瑕疵逮捕率的硬性指标，也要考虑一旦错误适用非羁押措施之后严厉的司法问责，加之非羁押案件整个诉讼流程相对松散和缓慢，极易导致公、检、法三机关相互转移法律职业风险，从而影响刑事诉讼"配合制约"关系。近年来，"扫黑除恶"行动在增加公安机关办理案件数量的同时，也使得这类案件带上了浓重的"政治色彩"。在侦查阶段，公安人员担心对此类案件的犯罪嫌疑人采取非羁押措施之后，一旦在取保期间再次实施犯罪，将面临严厉的问责甚至面对是否涉及"黑社会保护伞"的审查。同时，对"社会危险性"的认定在很大程度上依赖于主观判断，为滥用自由裁量权提供了空间，由此导致"涉黑涉恶"案件的被追诉人基本无取保候审的可能。由于公安机关以逮捕人数和逮捕率作为主要的考核指标，这种风险转移式的提请逮捕并不会造成过于严重的后果。但是，检察机关却以瑕疵逮捕率作为考核指标，他们不得不花费大量的时间和精力进行批捕审查。在审判阶段，一些交通肇事案件和轻伤害等案件，往往涉及赔偿问题，且会对强制措施的适用和量刑结果产生较大影响。一旦双方难以达成一致，案件便会久拖不决，法官也面临着司法不公的质疑。因此，法院更倾向于对被告人进行逮捕。

配合不力首先表现在公、检、法三机关案件移交上的障碍。例如，犯罪嫌疑人在侦查阶段被取保候审后，在审查起诉环节是否还具有效力的问题。法律并未对此作出明文规定，为防止承担不必要的法律责任，大部分检察机关采取重新取保方式。其次是同一司法机关异地移送的障碍。调研中有警察

和检察官反映，某些外来人口脱保后回到原户籍地或者流窜外地后，犯下较为严重的罪行而被犯罪地司法机关逮捕或者本来就犯有较为严重的罪行被原司法机关抓获羁押，这两种情形一旦发生，会直接造成非羁押诉讼的中断。如果两地公安机关距离较近，还可以通过移送方式进行处理，如果是跨市乃至跨省，案件往往被高高挂起，很少提请共同上级机关指定管辖。

4."简案"难以"快办"

目前，检察机关采取的是"轮案制"的分案模式：一是减少分案中的人为因素，从源头上防止司法腐败现象发生；二是实现案件分配的公平公正，保证每名检察官办案工作量的总体均衡；三是解决之前指定分案中的矛盾，减轻办案部门负责人的分案压力。[1] 问题在于，在自动分案的机制下，非羁押案件的办理完全取决于检察官个人喜好。部分检察官倾向于优先处理非羁押案件，而相当一部分检察官则倾向于优先办理羁押案件。遇到某个时期案件量大、羁押案件办理期限即将届满时，非羁押案件让位于羁押案件办理几乎是一种"司法惯例"。

公安机关对两类案件的处理也有类似情况：对于羁押案件的证据收集普遍较为及时，而非羁押案件往往怠于处理。这导致了部分非羁押案件在"一次退查""二次退查"后由于证据不足而"降格"处理的问题。

（四）非羁押案件办理的出路

根据前述分析，应当采取如下措施，使非羁押案件办理成为一种诉讼常态，且能与认罪认罚从宽制度有效衔接，进一步实现轻罪案件的非羁押化。

1. 转变诉讼理念，增强人权保障意识

传统的"以拘代侦""以捕代侦"观念根深蒂固。在认罪认罚从宽制度实施中，被追诉人及其家属存在一个认识误区，认为审前没有被羁押，自己就"没事"了，一旦到了审判阶段法院变更为羁押措施或者对其定罪处刑，很多被告人便会因此提起上诉。这其实是对我国强制措施的误解，强制措施只是保障犯罪嫌疑人、被告人到案和不妨碍诉讼顺利进行的措施，并非一种实体刑罚。然而，实践中，一些案件被追诉人被羁押多久法院就判多久的"实报实销"做法，无疑强化了这种认识，这也是羁押所带来的弊端。鉴于上述问题，我国亟须改变公安司法机关的办案理念和社会认知，即是否采用羁

---

[1] 庄永廉等："如何建立科学合理的案件分配机制"，载《人民检察》2017年第23期。

押强制措施与法院的实体判决并无必然联系。当前,在"扫黑除恶"专项斗争中,一些地方的办案机关一概拒绝适用取保候审措施,导致羁押率回升。因此,在全社会树立并普及刑事诉讼中对犯罪嫌疑人、被告人不羁押是原则,羁押是例外的观念将是认罪认罚从宽制度实施后的一项新课题。[1]

2. 检察官办案应体现司法亲历性,将司法责任制落到实处

检察权内部运作应体现司法的规律和特点,其中最重要的当属亲历性。"三级审批制"仅适用于少量疑难、重大、复杂的案件,绝大多数案件均应由办案检察官和检察官办案组决定,同时改革内部绩效考核机制,为检察官办理非羁押案件

创造宽松环境。当前,酌定不起诉审前分流的功能并未得到有效发挥,可能导致的结果是非羁押案件起诉的比例并未得到控制,难以发挥对侦查机关使用非羁押诉讼的"倒逼效应"。调研显示,非羁押案件不起诉率不足10%,但轻缓刑罚率高达七成左右。原因在于各地检察机关将酌定不起诉决定权牢牢控制在检察长或者检察委员会手中,程序烦琐,办案检察官积极性不高。2016—2018年S省提请适用酌定不起诉的总人数为9936人,其中被否决358人,仅占比3.6%。办案检察官错误提请适用酌定不起诉的情形并不严重,绝大部分提请适用酌定不起诉的案件是正确的。然而,在最终决定酌定不起诉的案件比例中,由检察委员会讨论决定的高达63%,检察长决定的占26%。将酌定不起诉权赋予检察官独立行使,完全符合司法权运作的亲历性原则要求。当然,为了防止检察官司法恣意和滥用不起诉权,羁押案件和非羁押案件中少数疑难、重大、复杂案件的不起诉决定权仍应交由检察长或者检察委员会行使,以此发挥监督制约作用,防止检察官滥用权力。

目前在检察机关的内部考核指标中都设有"瑕疵逮捕"指标,目的是保证逮捕质量,防止错误逮捕。逮捕关口的把握,是推行非羁押诉讼的关键。然而,由于存在片面追求考核的现象,加之"够罪即捕"的传统做法,批捕率并未明显降低。《刑事诉讼法》和《关于完善人民检察院司法责任制的若干意见》均规定由检察长决定逮捕,导致提请和决定逮捕程序烦琐。检察机关应以司法责任制改革为契机,大胆放权,对办案检察官和检察官办案组充分

---

[1] 郑博:"构建与刑事案件速裁程序相配套的非羁押诉讼——访中国政法大学诉讼法学研究院教授顾永忠",载《人民检察》2017年第20期。

信任，同时辅以严厉的责任追究后果，保障批捕权的正确适用。

3. 非羁押案件被追诉人诉讼权利保障只能加强不能削弱

非羁押案件通常是被追诉人自愿认罪认罚的案件。如何保障认罪认罚的自愿性、真实性和合法性，辩护人和值班律师发挥着较大作用。如果没有作为专业人士的律师的参与和帮助，被追诉人又无阅卷权，何以保障认罪认罚的明智性？因此，在非羁押案件中，辩护律师和值班律师的介入是防止未来轻罪案件出现冤错的重要举措。鉴于非羁押诉讼中被追诉人及其家属委托律师辩护动力不足的现状，我们可以从以下两个方面解决：

第一，办案人员应告知被追诉人可以利用值班律师制度为其提供法律帮助，且获得值班律师法律帮助为不可放弃的权利。从域外立法经验看，法国立法者在借鉴美国辩诉交易制度建立庭前认罪答辩程序时，基于律师参与的必要性和重要性，为了防止检察官利用辩诉交易强迫被告人作出有罪答辩并防止无罪的被告人违心认罪，确立了较为完善的律师参与机制。《法国刑事诉讼法典》第495-8条第4款规定："（在庭前认罪答辩程序中）被告不得放弃律师协助权。"律师应在程序的任何阶段现场为被告提供咨询和帮助。[1] 由此可见，法国规定了被告人在协商程序中不得放弃获得律师帮助的权利，即实现所谓的"强制辩护"。与法国不同，在美国的辩诉交易制度中，被告人虽享有《美国宪法第六修正案》规定的律师帮助权，但这一权利为被告人可以放弃的权利。尽管如此，"被告人通常必须靠律师在答辩协商中代表他，并由律师提出是否认罪的建议。因此，确保他在答辩程序中接受了有效的律师帮助这一宪法权利非常重要"。[2] 这就不难理解为什么美国辩诉交易的协商主体通常是检察官和律师了。

第二，在程序选择上优先选择以普通程序进行审理，如此便可以借助"刑事案件律师辩护全覆盖"试点，获得免费的法律援助律师辩护的"全覆盖"。

4. 构建与刑事速裁程序相配套的非羁押诉讼机制

建立与刑事速裁程序相配套的非羁押案件诉讼机制已成为一项重要的司法改革任务。一是在审前阶段，对犯罪嫌疑人认罪认罚并且可能判处3年以

---

[1] 施鹏鹏：《法律改革，走向新的程序平衡？》，中国政法大学出版社2013年版，第158页。
[2] ［美］约书亚·德雷斯勒、艾伦·C.迈克尔斯：《美国刑事诉讼法精解》（第4版）（第2卷），魏晓娜译，北京大学出版社2009年版，第168页。

下有期徒刑、拘役、单处罚金或者免予刑事处罚的案件,尽量避免羁押。以不采取强制措施或者采取取保候审措施为原则,以羁押为例外。二是建立"刑拘直诉"制度。当前,认罪认罚从宽的效率价值并没有体现出来。非羁押案件检察环节办案期限高达 48 天,远高于速裁程序确立的 10 天期限。笔者了解到,部分地区的检察机关自主开展了"刑拘直诉"的试点工作。在 M 市 Q 县,检察院与公安局、法院、司法局会签了《Q 县关于试行刑拘直诉机制办理轻微刑事案件的若干规定》,对于可能判处有期徒刑以下刑罚,被告人自愿认罪的刑事案件,在遵循法定程序和期限、确保办案质量的前提下,公安机关对不符合逮捕条件且被刑事拘留的犯罪嫌疑人,不提请审查批捕、不变更强制措施,直接移送审查起诉,从而实现侦查、起诉、审判各环节的依法快速办理。遗憾的是,在该院办理 2 个刑拘直诉案件后,该机制的适用便搁浅了。抛开"刑拘直诉"机制的法理正当性与否,客观地说,该机制的司法意义不仅在于推动案件繁简分流、提高办理刑事案件质效,还在于保证诉讼顺利进行,解决司法"两难局面"。对不符合逮捕条件,采取取保候审、监视居住等措施又不足以防止发生社会危险性的犯罪嫌疑人,为保障诉讼进行而"构罪即捕",容易导致捕后轻刑率过高;如果不捕又容易发生犯罪嫌疑人脱逃或再犯罪。"刑拘直诉"机制能很好地解决这一"两难"局面,不仅可以快速处理危险驾驶案件,还可以很好地解决部分人员不到案的难题。三是对于可能判处 3 年以下有期徒刑的被告人认罪认罚案件,如果认罪认罚的自愿性和真实性可以得到保障,法院一般可以进行书面审理。但是,对于拟超出检察机关量刑建议适用刑罚的案件,法院应当开庭审理。四是对审前阶段没有被羁押的被告人,案件到审判阶段后一般不应适用羁押措施,以司法的理性文明提升其公信力,防止被告人对社会产生"敌意"和"对抗"。

(五) 结语

当下我国刑事案件总量和非羁押案件数量均呈持续上升趋势,这迫切要求司法人员牢固树立人权保障理念,改变"构罪即捕"的办案模式。目前我国羁押案件总量仍在高位运行,羁押率仍然比较高,羁押必要性审查并未发挥预期的功能。在认罪认罚从宽制度实施的大背景下,降低羁押率乃大势所趋。当务之急是通过构建与速裁程序相匹配的非羁押诉讼机制,程序上体现从快从宽。非羁押诉讼事关一国公民人权保障的水平,进一步扩大非羁押措施的适用,有效降低审前羁押率,仍是当前和今后一个时期司法改革的重点任务。

六、"少捕慎诉慎押"中的实体法问题

"少捕慎诉慎押"刑事司法政策多是诉讼法学者研究的问题,因为"捕"和"诉"属于程序法问题。但是,与"慎诉慎押"相适应,必然要求"慎刑"。而"慎刑"当然属于实体法问题。如果能在实体法上厘清罪与非罪,不仅检察机关与公安机关能够达成一致认识,减少彼此之间的摩擦,而且对于非罪案件,公安机关就不会提捕,这就从根本上解决了"少捕"问题,检察官的工作量也能得到减轻。由此看来,实体法问题在"少捕慎诉慎押"刑事司法政策落实中亦不容忽视。

(一)缘何要重视实体法问题

实体法问题涉及罪与非罪、轻罪与重罪的问题,其在"少捕慎诉慎押"刑事司法政策中具有基础性地位,发挥根本性作用。一是有助于减少沟通成本。目前,公安机关和检察院对一些案件是否构罪存在着较大分歧,经常需要就个案进行磋商交流,以统一认识。如果能够形成统一标准,或者达成一致认识,就无须对个案进行协调,可以节约人力和时间投入。二是诉源治理的重要体现。检察机关进行诉源治理就是要把好进入诉讼程序的案件"入口",而罪与非罪界限的明了可以"过滤"掉一部分进入刑事诉讼的案件,从诉源上解决问题。三是严格、准确执法的要求。一个人一旦被定罪,轻则失去自由,名誉和财产受到重大损失,重则失去家庭,乃至被剥夺生命。因此,对定罪问题不可不慎。刑事司法公正最根本的就是罪与非罪的准确认定。无论是公安机关还是人民检察院,都必须高度重视罪与非罪问题,不能随便出入人罪。这是必须坚守的司法底线。

(二)罪与非罪的模糊界限

刑事司法的理想境界是"无冤"。但是现实是残酷的,司法人员在罪与非罪的判断上经常发生分歧,立法和司法解释上标准模糊不清,尤其是治安处罚与刑事犯罪的界限较难把握。

第一,行政犯的入罪标准较难把握。有学者统计,在1997年《刑法》出台之后颁布的10个刑法修正案中,无论是新罪的增设,还是原有犯罪的调整,90%以上均围绕着行政犯罪展开。同时,《刑法修正案(十一)》(2020

年）增设的17个罪名全部为行政犯罪。[1]在一起意外被撞逃逸案中，行为人驾驶一辆拖拉机停靠路边，不久后被一辆高速行驶的小客车追尾，导致小客车司机当场死亡，行为人发现后，迅速驾车逃离现场。公诉部门认为，根据《道路交通安全法实施条例》第92条第1款的规定："发生交通事故后当事人逃逸的，逃逸的当事人承担全部责任。……"行为人原本对交通事故没有很大责任，但是存在逃逸行为，所以，要面对交通肇事罪的指控。问题在于，虽然依据行政法行为人应承担全部责任，但并不必然意味着其也要承担刑事责任。《道路交通安全法》追究逃逸者全部责任是基于管理交通秩序和提高行政效率的目的，防止肇事者逃逸后无人承担事故责任，因而单方面赋予逃逸者不利的后果。但是，刑事责任成立的前提在于，行为人实施了违反交通法规的不法行为，且行为与交通事故的后果具有因果条件和客观归属的关系。换言之，只有在能够将交通肇事伤亡的结果归责于行为人违反注意规范的行为时，才能认定刑事不法的成立。但在本案中，死伤结果并不是由行为人的不法行为引起的，而是由后车驾驶员追尾所致，当被害人实施自我损害或者导致自己陷入风险时，在客观归责的判断上不能将危害结果归责于他人，而应自我答责。因此，虽然行为人根据行政法的规定应负主要责任，但在刑事判断中，伤亡结果却不能归责于行为人逃逸的行为，因此不构成交通肇事罪。[2]

前几年天津的"赵某华摆摊打气枪案"是典型的行政犯案件，之所以引起较大争议，就是源于罪与非罪的认定。2021年春节期间，湖南省邵阳市两名男子因使用大炮仗（大型爆竹）炸死6条手指般大的小鱼被刑事立案并采取取保候审强制措施，引发了广泛热议。公众关注的是两名男子的行为可否以《刑法》上的"但书"条款"情节显著轻微，危害不大，不认为是犯罪"处理，可否由公安机关进行治安处罚？

第二，情节严重和兜底条款如何理解？《治安管理处罚法》对一些治安违法行为有"情节较重"的规定，而《刑法》中大量罪名均有"情节严重""情节恶劣"的表述。两者均使用了"情节"一词，该如何理解？此外，在《刑法》和公安部、最高人民检察院的"刑事立案标准"的规定中，在列举

---

[1] 参见田宏杰："知识转型与教义坚守：行政刑法几个基本问题研究"，载《政法论坛》2018年第6期。

[2] 参见马春晓："法秩序统一性原理与行政犯的不法判断"，载《华东政法大学学报》2022年第2期。

了若干项具体情形后,还在最后用"其他严重情节""情节恶劣的其他情形""其他特别严重情节"进行兜底。这些"情节"该如何理解和把握,事关罪与非罪问题。

第三,轻罪化趋势明显。刑法修正案增加的罪名大多是轻罪罪名,有些新罪名就是"脱胎"于之前的治安违法行为。由于罪状接近于治安违法行为,所以加剧了判断的难度。刑事"法网"的密集、入罪门槛的降低,确实为罪与非罪的认定带来了困难。

(三) 可能的判断思路

《刑法》涉及罪名众多,不可能一一辨析罪与非罪的界限。只能梳理归纳出一些通行的或者共用的判断规则或者思路,供参考。

1. 刑法谦抑精神的树立

刑法具有不得已性、最后保障性的特点,这决定了刑法的适用必须贯彻谦抑性精神。我国目前已进入行政犯的时代,行政违法性应当成为刑事违法性的前提。有学者甚至提出了"先行后刑"的思路。[1]在刑事违法性的判断方面,主要考察法益的侵害性、行为的可能性,要善于运用常识、常情、常理进行判断,不可机械执法。例如,对醉驾类危险驾驶案件,不能仅仅根据酒精浓度达到了法定的追诉标准就"入罪",还必须考量驾驶机动车的时间和路段。对此,一些地方通过内部指导文件规定在"乡村道路上"驾驶,即便达到了追诉标准也可以作出不起诉决定。因为,其"危险性"较小。还有,如果是凌晨两三点钟驾驶机动车在城市道路上,也可考虑作除罪化处理。

大众观念和心理在出入罪问题上的作用也必须予以重视。例如,在一起组织卖淫案中,行为人组织为他人提供手淫服务,被认定为组织卖淫罪。法院判决的依据是2001年公安部印发的《关于对同性之间以钱财为媒介的性行为定性处理问题的批复》的有关规定,即"不特定的异性之间或者同性之间以金钱、财物为媒介发生不正当性关系的行为,包括口淫、手淫、鸡奸等行为,都属于卖淫嫖娼行为"。针对全国范围"同案不同判"的混乱局面,最高人民法院认为,司法应根据刑法的基本含义,结合大众的普遍理解及公民的犯罪心理预期等进行认定,性交等"进入式"性行为属于刑法意义上的卖淫,

---

[1] 参见张泽涛:"构建认定行政违法前置的行政犯追诉启动模式",载《中国法学》2021年第5期。

而手淫等"非进入式"性行为则不能被认定为刑法上的卖淫。申言之，由于并不存在刑法意义上的卖淫行为，因此组织卖淫罪难以成立。[1]

2. 除罪化思维的养成

在以惩罚犯罪为导向的社会，司法人员的"入罪思维"根深蒂固。但是，在"尊重和保障人权"被写进《宪法》和《刑事诉讼法》的今天，尤其是在彰显公民人权的"少捕慎诉慎押"刑事司法政策实施的当下，公安司法人员应当养成"出罪"思维。当一个案件发生或者案头摆放一个案件时，首先考虑有哪些"出罪"因素，行为是否侵犯了刑法所保护的法益、性质、情节、后果等。例如，在袭警罪中，不能仅仅因为行为人与执法警察有拉扯行为或者行为人撕抓了警察，就认定构成袭警罪。毕竟，双方实力相差悬殊。警察通常佩带有枪支或者警棍，且受过特殊的体能训练，在实力上明显优于普通公众。

3. "情节"判断的相当性和同质性

"情节"问题的判断应当从两个方面进行：一是兜底条款中的"严重情节"应与前面列举的行为性质、程度相当；二是对于本罪没有规定情节严重、情节恶劣情形的，可以比照同类客体罪名中的情形适用。例如，《刑法》第267条抢夺罪规定有"数额特别巨大或者有其他特别严重情节的，处十年以上有期徒刑或者无期徒刑，并处罚金或者没收财产"。然而，该条规定并未言明何谓"其他特别严重情节"。对此，可比照《刑法》第263条规定的加重处罚情节，即"入户抢劫的；在公共交通工具上抢劫的；抢劫银行或者其他金融机构的；多次抢劫或者抢劫数额巨大的；抢劫致人重伤、死亡的；冒充军警人员抢劫的；持枪抢劫的；抢劫军用物资或者抢险、救灾、救济物资的"。因为两者侵害的法益大致相同，且量刑均在十年以上有期徒刑、无期徒刑的幅度内。

4. "疑罪从无"原则的贯彻

基于"无罪推定"原则，检控方需要承担证明被追诉人有罪的证明责任，且这种证明需要达到"排除一切合理怀疑"的程度。对于罪与非罪识别困难的案件，应当遵循"罪疑有利于被告人"的"疑罪从无"原则进行除罪化处

---

[1] 参见马春晓：“法秩序统一性原理与行政犯的不法判断”，载《华东政法大学学报》2022年第2期。

理。这是现代法治的基本要求。

5. 追诉中的检察终局观念

检察机关不仅是法律监督机关,而且是指控犯罪的机关。一般来说,检察官职业群体受过良好的专业教育,在罪与非罪问题上的判断更具优势。因此,当警检分歧出现时,应当尊重检察官的意见。这也符合以审判为中心刑事诉讼制度改革的精神,符合"公诉引导侦查"的改革方向。为此,侦查监督与协作配合办公室的职能应得到充分发挥。

七、"社会危险性"评价科学化的实现

根据我国《刑事诉讼法》的规定,逮捕应当具备三个条件:罪责条件、证据条件和社会危险性条件。但实践中往往以前两个条件代替后一个条件。"少捕慎押"要求检察机关应认真审查"社会危险性"条件是否具备。

有些地方的检察院将"无社会危险性不捕"作为重要的考核指标,意在促使检察机关加强对"社会危险性"要素的审查。

(一)独立的"社会危险性"要素审查的必要性

1. 轻罪比例的上升

近年来,我国犯罪结构发生了变化,重罪案件比例下降,轻罪案件比例上升。正如有学者所指出的:我国已经进入轻罪时代。重罪案件数量的减少改变了过去以罪责和可能的量刑轻重推定被追诉人具有较大的"社会危险性"而需要逮捕的局面。轻罪案件的大幅上升使得过去那种靠罪责条件进行"社会危险性"评价的传统做法失灵。

虽然轻罪案件是适用"少捕慎诉慎押"刑事司法政策的重点,但是这并不意味着轻罪案件的行为人均不具有"社会危险性"或者"社会危险性"较小。这就需要进行个案独立评价。

2. 改变评价的主观性和随意性

"社会危险性"评价更多地是根据基础事实对未来危害社会倾向的评价,具有较大的主观色彩和随意性。虽然实践中也要求公安机关对"社会危险性"进行评价,但在一张统一表格上打钩,形式化较为明显。由于缺乏类型化的"社会危险性"评价指标,同样的事实不同的检察官进行审查时结论可能不一致。

侦查机关较少移送独立的"社会危险性"证据,也加剧了检察官评价的主观性。即便是同一指标,由于赋予的权重不同,其结果也有较大差别。刑

事诉讼法逮捕条件中的"现实危险""可能""企图"都是一种事前主观判断，有可能在认识上发生偏差，导致不该逮捕而被逮捕的情况发生。

3. "少捕慎押"的需要

"少捕慎押"要求检察办案精细化，改变之前粗放型的办案模式。其中的"社会危险性"判断是实施该司法政策必须重视的问题。只有科学、准确地评价"社会危险性"因素才可能实现"少捕慎押"。目前一些检察官"跟着感觉走"的做法亟待改变，被追诉人是否具有"社会危险性"，检察官应加强说理。这样既可以减少被害人申诉，也可减少公安机关提请复议复核的案件数量，有效降低"案-件比"。

(二)"社会危险性"审查面临的问题

1. 公安机关希望能够批捕而几乎不收集并提供"社会危险性"证据

最高人民检察院、公安部联合发布的《关于逮捕社会危险性条件若干问题的规定（试行）》第3条规定："公安机关提请逮捕犯罪嫌疑人的，应当同时移送证明犯罪嫌疑人具有社会危险性的证据。对于证明犯罪事实的证据能够证明犯罪嫌疑人具有社会危险性的，应当在提请批准逮捕书中专门予以说明。对于证明犯罪事实的证据不能证明犯罪嫌疑人具有社会危险性的，应当收集、固定犯罪嫌疑人具备社会危险性条件的证据，并在提请逮捕时随卷移送。"

但是，笔者对6省市1021名检察官的问卷调查显示：在"在您的审查批捕经历中，是否见到侦查机关专门提出犯罪嫌疑人的社会危险性'证据材料'？"问题中有577名检察官表示"很少见到"，有51名检察官表示"从未见到"，两项合计628名，占从事审查逮捕检察官人数的68.18%。而在一项针对检察官的"您在审查批捕时通常会考虑哪些因素？"的问卷中，有高达95.30%的检察官表示会考虑"社会危险性"因素。

这就会导致对该因素的审查无据可审。公安机关之所以较少收集并移送独立的"社会危险性"证据，是因为公安机关提请批捕的案件，无一不希望检察机关予以批准，否则也就不提捕了。

2. "社会危险性"缺乏客观性评价标准

在美国，专门建立有审前服务机构，负责向法院提出保释或者羁押的建议。保释风险评估是其重要职责之一。审前服务官进行风险评估的最基本方法是"临床评估"（clinical assessment），即根据犯罪嫌疑人的相关信息和审前服务官自己的工作经验对犯罪嫌疑人的审前风险进行判断。

第二章 "少捕慎诉慎押"之"少捕"

为了实现审前风险评估的标准化和客观化,美国联邦司法部采用了"精算评估"(actuarialassess-ment)的方法。根据该评估方法,美国总结出了对联邦和州司法实践十分重要的9项影响犯罪嫌疑人审前风险的指标,分别是:①被捕时是否还面临其他待审指控,②曾因轻罪被逮捕的次数,③曾因重罪被逮捕的次数,④曾拒绝到庭的次数,⑤被捕时的就业状态,⑥居住状态,⑦被告人是否处于滥用药物状态,⑧主要指控的性质,⑨主要指控是重罪还是轻罪。

审前服务官根据上述指标进行调查,根据统计量化结果对被告人的保释风险进行等级(共5个等级)划分,并向法院提出是否适用羁押替代措施的建议,法官根据量化评估的结果决定是否继续羁押。

美国的审前服务机构是独立于控辩审三方设置的,具有相当的中立性和客观性。2016年《人民检察院办理羁押必要性审查案件规定(试行)》第16条明确规定,评估有无继续羁押必要性"可以采取量化方式,设置加分项目、减分项目、否决项目等具体标准"。"社会危险性"评估也应采取量化方式,以实现评估结论的科学性和准确性。目前,评价标准的不统一、客观化不足也是检察机关面临的难题。

3. 没有建立起容错机制导致检察官面临责任追究的压力

检察官在审查后若认为被追诉人不具有社会危险性或者社会危险性较小而不批捕或者建议变更为取保候审措施后,被追诉人一旦实施新的犯罪或者潜逃,检察官将面临责任追究的压力。轻者被追究司法责任,重者可能被追究刑事责任。

在这种压力下,指望检察官"作为""担当"谈何容易!如此一来,检察官在审查后便不会轻易认为被追诉人不具有"社会危险性",一般也不会提出建议变更强制措施。

(三)如何实现"社会危险性"评价的科学性

实现"社会危险性"评价的科学性需要从如下六个方面着手:

第一,建立全国统一的"社会危险性"评价指标体系。可考虑从事前(包括是否有固定职业、收入和住址,平时的一贯表现,有无违法犯罪前科等)进行评价;事中,对犯罪的动机、性质、情节和后果等因素进行评价;事后,包括是否投案自首、认罪悔罪、积极赔偿、取得谅解等。从以上三个维度进行评价可以较为准确地反映其将来的"社会危险性"程度。

第二，对常见多发犯罪制定类型化的"社会危险性"评价标准，尤其是注意区分暴力犯罪案件与非暴力犯罪案件的差别，不可以笼统地适用同一个标准。应注意"社会危险性"评价的个性化和差异化。

第三，运用大数据建立"社会危险性"评价的模型。将"社会危险性"区分为重新犯罪、自杀和妨碍证人作证等几个方面，分别寻找与其相对应的因果关系指标。通过大数据分析，发现其对"社会危险性"的影响大小，从而赋予不同的分值。

第四，采取听证式的准诉讼化模式。2021年8月最高人民检察院制定了《人民检察院羁押听证办法》，其目的是"依法贯彻落实少捕慎诉慎押刑事司法政策，进一步加强和规范人民检察院羁押审查工作，准确适用羁押措施"。其是人民检察院办理审查逮捕、审查延长侦查羁押期限、羁押必要性审查案件，以组织召开听证会的形式，就是否决定逮捕、是否批准延长侦查羁押期限、是否继续羁押听取各方意见的案件审查活动。采取听证形式审查案件，可以贯彻直接言词原则，体现检察机关作为司法机关的性质和特点，可以邀请人大代表、政协委员、人民监督员和律师代表、专家学者代表作为听证员，以提升审查结论的中立性和权威性。

第五，重视捕与不捕的说理性。无论是捕还是不捕，均应对被追诉人是否具有社会危险性进行详细说理。一方面，可以倒逼检察官重视对"社会危险性"因素的审查；另一方面，也是对律师辩护权的保障。

第六，在条件成熟时可以委托第三方机构进行"社会危险性"评估。这可以解决当前评估主体中立性不足的问题。但是，第三方机构的资质和评估费用的经费保障也是需要解决的问题。

第三章
"少捕慎诉慎押"之辩护和法律完善

一、"少捕慎诉慎押"刑事司法政策对刑事辩护带来的机遇与挑战

（一）"少捕慎诉慎押"对刑事辩护的影响

"少捕慎诉慎押"刑事司法政策实施和检察机关绩效考核指标的改变，将会给刑事辩护带来重大影响。一是程序性辩护将成为辩护常态。无论是"捕"还是"诉"的辩护，均属于程序性辩护，与实体性辩护并重。二是辩护活动提前。审查逮捕活动在刑事诉讼的侦查阶段，属于诉讼活动的早期，辩护律师应抓住最佳辩护时机，力争做到让侦查机关不提捕，检察机关不批准逮捕。三是辩护效果明显。如果辩护律师通过辩护可以实现不捕、不诉，不仅当事人羁押期限会缩短，而且可以尽快解除羁押措施，使其免受"牢狱之灾"，当事人及其家属对律师的辩护效果也会感到满意。四是律师应注重当事人认罪认罚和促成加害人与被害人之间的和解或者让当事人取得被害人的谅解。因为笔者在调研中发现不少检察官将认罪认罚作为不捕、不诉适用的前提条件。五是注重"社会危险性"要件的辩护性证明。逮捕要件中的"社会危险性"要件，无论是侦查人员还是负责审查批准逮捕的检察人员主观认识均较强，通常是以罪行轻重作为判断标准，以罪责评价代替"社会危险性"评价。为此，辩护律师可以有意识地收集这方面的证据材料，例如类似"社会调查报告"性质的证明材料和行为前的一贯表现、职业和家庭状况等，以此说明当事人不具有"社会危险性"或者"社会危险性"程度较低，通过辩护性证明达到当事人不被提捕、逮捕和变更羁押强制措施的效果。"少捕慎诉慎押"刑事司法政策实施后，不仅司法人员的工作量会增大，而且律师作为辩护人工作量也会加大。主要表现为律师与检察官的协商、与被害人一方的协商和收

集"社会危险性"证据等方面。总体上看，该政策实施后对刑事辩护是机遇大于挑战，应当是律师刑事辩护的"利好"。

（二）"少捕慎诉慎押"对刑事辩护带来的机遇

"少捕慎诉慎押"刑事司法政策给刑事辩护带来的机遇主要有三个方面：一是从庭审辩护走向庭前辩护。捕诉活动均在法院审判之前，因此辩护律师不能满足于和习惯于庭审中的辩护，被追诉人及其家属应当尽早委托律师。委托律师参与越早，辩护效果越好。不但律师的辩护舞台进一步拓宽，而且由此可能增加辩护收入。二是不捕、不诉辩护成功率会有较大提高。一方面是该政策实施使得检察官严把逮捕、起诉条件，另一方面是检察机关内部考核指标的"指挥棒"作用发挥。三是羁押必要性审查中的辩护将成为一项新的辩护"生长点"。这是"少捕慎诉慎押"政策实施中"慎押"的必然要求。今后律师申请解除当事人的羁押措施，可能不再向侦查机关、法院等办案机关提出，而是向作为羁押审查机关的检察机关提出，由其审查后提出建议。这种审查可能会采用听证方式，类似于庭审，律师将更多地出席听证会。四是律师辩护将有更大空间。"少捕慎诉慎押"刑事司法政策与认罪认罚从宽制度一并实施，或者前者以后者为基础，将是一种司法现实。因此，律师不能单纯就"少捕慎诉慎押"进行辩护，必须结合认罪认罚从宽制度进行程序从宽辩护。五是辩护效果尽早显现，辩护律师不必等到庭审后的轻缓判决乃至无罪判决，而是在庭审前即可实现不捕、不诉的辩护效果。即便当事人日后被追究刑事责任，但因诉讼给其带来的痛苦和工作、生活干预也将降至最低。同时，当事人早日解除羁押后调查取证能力增强，意味着其辩护能力提升，也有利于后续取得较为有利的实体判决结果。

（三）"少捕慎诉慎押"对刑事辩护带来的挑战

"少捕慎诉慎押"刑事司法政策对辩护律师来讲虽然利大于弊，但是仍有一系列挑战需要面对。对此，广大律师必须有清醒的认识。一是向检察官辩护比向法官辩护更加艰难。这是由两种职业的不同性质和职能决定的。法官从理论上讲应是中立的裁判者，而检察官的核心职能是指控和追诉犯罪。虽然检察官有客观义务，但这种义务具有较大的局限性。因此，辩护意见会更难被检察官所采纳。律师必须有理有据地进行辩护，尽量采取直接言词方式进行口头辩护，而非一纸书面辩护意见。二是诉前阶段未被羁押并不意味着法院不会羁押和不会判处实刑。犯罪嫌疑人在诉前阶段未被羁押可能有两个方面的原因：一是看守所基于客观因素而拒绝收押；二是检察机关内部有诉前羁押率的考核指标。但是，案件一旦被起诉至法院，法院往往会基于被告人到案保障审判活动顺利进行的需要，而直接采取逮捕措施，并且对被告人判处实刑。与之前刑事司法具有重大不同的是，以前可能判缓刑的案件才会对被追诉人适用取保候审措施，现在是对法院可能判处实刑的案件，对被追诉人仍可适用非羁押强制措施。所以，辩护律师不能"高兴太早"，即使当事人被取保候审，仍不可大意，仍要"一辩到底"。三是直接言词原则受到限制。在检察官面前的辩护，以书面为原则、以口头为例外。虽然《人民检察院审查案件听证工作规定》第4条规定了听证的案件类型，但是无论是审查逮捕案件、羁押必要性审查案件还是拟不起诉案件，均规定了"可以召开听证会"。由于缺乏强制性，加之员额制改革后"案多人少"的矛盾较为突出，是否采取听证形式，各检察院具有较大的自由裁量权。如果检察机关不召开听证会，那么律师很可能只有采用书面辩护方式，这一辩护方式的效果难以与口头辩护相比，由此决定律师辩护意见被采纳的可能性大大降低。四是律师工作量增大。如果律师收入不增加，而工作量增加，那么工作质量将难以得到保障。

二、"少捕慎诉慎押"刑事司法政策与《刑事诉讼法》修改

"少捕慎诉慎押"作为一项刑事司法政策，必然会对未来《刑事诉讼法》修改产生影响。这种影响不仅是理念性的，还包括基本原则，乃至具体制度都可能会发生变革。无论如何，刑事诉讼立法均会体现"少捕慎诉慎押"的精神。

（一）逮捕和羁押必要性审查听证模式的建立

根据《刑事诉讼法》的规定，目前的审查逮捕程序具有书面性、单方性和封闭性等特点。尤其是对逮捕条件之一的"社会危险性"判断过于主观化，标准模糊和不统一的问题较为突出。在域外，羁押与否的审查是由法官遵循司法程序作出的。我国的检察官在审前程序中承担了域外法官的职能，理应将审查逮捕程序适度司法化。最高人民检察院《人民检察院审查案件听证工作规定》第4条第2款规定："人民检察院办理审查逮捕案件，需要核实评估犯罪嫌疑人是否具有社会危险性、是否具有社会帮教条件的，可以召开听证会。"同时，第5条第2款规定："审查逮捕案件、羁押必要性审查案件以及

当事人是未成年人案件的听证会一般不公开举行。"审查逮捕程序实行"两造对抗，师听五词"的模式，更有利于保障审查的准确化，提高逮捕的权威性和公信力，也有利于"少捕慎诉慎押"刑事司法政策的实施。实体公正有赖于程序公正作为保障才能实现。

（二）羁押必要性审查制度的完善

据调研，不少地方检察官经过羁押必要性审查后向公安机关提出变更羁押措施建议的，公安机关多不予采纳。无奈之下，一些检察院的羁押必要性审查仅局限于审查起诉阶段的自行决定。这在很大程度上受制于2018年《刑事诉讼法》第95条之规定检察机关仅有"建议"权，即"犯罪嫌疑人、被告人被逮捕后，人民检察院仍应当对羁押的必要性进行审查。对不需要继续羁押的，应当建议予以释放或者变更强制措施。有关机关应当在十日以内将处理情况通知人民检察院"。"建议"的刚性不足，导致检察官审查后即便认为不需要羁押也仍不能改变羁押措施。从法理上讲，既然逮捕需要检察院批准，那么不需要羁押时也应由检察官直接作出决定，而非建议。鉴于此，笔者认为，未来《刑事诉讼法》修改时，应当将羁押必要性审查后的"建议"修改为"决定"。

除此之外，还应建立救济制度。对维持原逮捕决定或者建议变更羁押措施的，给予被审查人和侦查机关、人民法院一定的救济权。对此，可借鉴2018年《刑事诉讼法》第92条之规定："公安机关对人民检察院不批准逮捕的决定，认为有错误的时候，可以要求复议，但是必须将被拘留的人立即释放。如果意见不被接受，可以向上一级人民检察院提请复核。上级人民检察院应当立即复核，作出是否变更的决定，通知下级人民检察院和公安机关执行。"当然，被审查人拥有的是申诉权，而非申请复议复核权。羁押必要性事关一个人的基本权利——自由权——的剥夺与否，不可不慎，不能没有权利救济管道。设置救济程序势在必行。

（三）附条件不起诉范围的扩大

目前，我国的附条件不起诉仅适用于未成年人犯罪案件。2018年《刑事诉讼法》第282条第1款规定："对于未成年人涉嫌刑法分则第四章、第五章、第六章规定的犯罪，可能判处一年有期徒刑以下刑罚，符合起诉条件，但有悔罪表现的，人民检察院可以作出附条件不起诉的决定。……"当前企业合规审查作为检察机关推出的一项改革举措正在如火如荼地进行。在试点期间，对于企业和企业负责人认罪认罚，且积极进行合规建设的单位和个人不起诉，主要是适用相对不起诉。相对不起诉的适用条件是"犯罪情节轻微"，这就限制了对经过合规审查符合条件的企业予以从宽处理，也不利于调动企业进行合规整改的积极性。"改革必须于法有据，不能突破法律进行改革"，这是党的十八届三中全会提出的改革精神。因此，亟待通过修改《刑事诉讼法》，将附条件不起诉适用于经过合规审查、满足合规建设条件的企业。如此方能使企业合规审查行稳致远。

（四）容错机制的建立

由于"社会危险性"评估是检察官对被审查人未来行为的预测，既然是预测，便不能保证100%的准确率。"法律不能强人所难"，这是基本的法理。"检察官是人不是神"，不可能"料事如神"。因此，允许存在一定范围的差错，对于因变更羁押强制措施后被追诉人脱逃或者重新犯罪的，只要在审查当时被追诉人符合变更羁押措施的条件，便不能因此追究检察办案人员的责任。如果以事后的结果论，检察人员为避免被追责，即便符合变更羁押措施的条件，也可能不提出变更建议。一些检察院通过制发规范性文件的方式规定了容错条款，建立了容错机制，但是这仅对本院是否追究所属检察官有效力，其他机关尤其是上级机关并无遵守的义务。事实上，对本院检察官予以追责的往往是上级党委或者是上级检察机关。因此，容错机制需要被从立法上确立。如此方可解除检察官的后顾之忧，保证其大胆放手开展工作。"慎押"政策才能真正贯彻实施。

（五）无罪推定、比例原则等的立法确立

"少捕慎诉慎押"刑事政策的实施必须有坚实的社会基础。当前整个社会还是以"惩治犯罪"为基本基调，"少捕慎诉慎押"无疑是彰显人权的刑事政策。因此，必须改变整个社会"重打击、轻保障"的倾向。某人一旦被公安机关刑事拘留、逮捕，通常会被老百姓认定为罪犯。一旦取保候审，又认为该人"没事"了，甚至有人怀疑公安司法机关枉法办案。针对民众长期以来形成的思维定势和观念误区，有必要在《刑事诉讼法》中确立国际社会通行的无罪推定原则、比例原则和人权保障原则等。需要明确的是，我国《刑事诉讼法》第12条规定仅是在废除检察机关免予起诉权后统一法院的定罪权，并非无罪推定原则的规定。根据《世界人权宣言》第11条第1项之规定："凡受刑事控告者，在未经获得辩护上所需的一切保证的公开审判而依法证实有罪以前,有权被视为无罪。"《公民权利及政治权利国际公约》第14条第2款规定:"受刑事控告之人,未经依法确定有罪以前,应假定其无罪。"我国立法应采用国际上通行的规定。比例原则系公法上的"帝王条款"。刑事诉讼法乃典型的公法,亦应规定此一原则。

三、"少捕慎诉慎押"刑事司法政策下袭警罪追诉的正当程序问题

(一) 袭警罪由被害人所在公安机关进行追诉之弊害

我国的立案管辖采取属地原则,即由犯罪地的公安机关立案侦查。但是袭警案件有其特殊性:被害的人民警察一般是在该公安局的管辖区域内执法。一旦该执法警察遭到袭击,必然由该警察所在的公安机关立案侦查,由此会带来一系列问题。

1. 程序公正性问题

由于负责侦办该案的警察是被害执法警察的同事,在长期工作关系建立的"革命友谊"和为战友"报仇"的心理驱使下,往往难以使侦办案件的侦查人员保持理性、客观和中立。情绪化的入罪思维决定了该侦查人员可能更注重收集行为人有罪和罪重的证据,而忽视无罪和罪轻的证据。此类案件中的行为人很难被适用"少捕慎诉慎押"的刑事司法政策,被刑事拘留、提请批捕和移送起诉是必然的诉讼程序。如果公安机关提捕的犯罪嫌疑人没有被批准逮捕,也会导致公安机关与检察机关之间产生摩擦,"配合"关系将会破裂。在该类案件的办理过程中,侦查机关可能会"放大"行为人的过错,而有意无意地"缩小"警察的执法过错,或者对此视而不见。即便是侦办案件的警察保持了客观中立,公众也未必相信和理解。侦查人员基于前述原因,可能会想办法将行为人送上法庭,最终定罪。否则,将会落得个"无情无义"或者"打击不力"的骂名。为避免可能的此种指责和保障程序的公正性,刑事诉讼法规定的回避制度就是为了避免办案人员与案件当事人存在千丝万缕联系影响案件的公正办理而设置的,其价值在于实现程序公正和实体公正。虽然不是被害的警察办理本案,但是由其同事办理,仍不免给人以"原告抓被告"的印象,"既是运动员又当裁判员"的质疑难以消除。基于此,为了减少民众对警察执法办案的质疑,宜由该警察所属公安机关以外的机关办理此类案件。

2. 实体公正性问题

程序公正是实体公正的保障。同时，程序公正又是一种看得见的公正。袭警罪是《刑法修正案（十一）》增加的新罪名，一般认为属于轻罪。轻罪案件在罪与非罪上本就存在重大争议。以袭警罪为例，《治安管理处罚法》第50条规定："有下列行为之一的，处警告或者二百元以下罚款；情节严重的，处五日以上十日以下拘留，可以并处五百元以下罚款：……（二）阻碍国家机关工作人员依法执行职务的。……"这里的"情节严重"与袭警罪的界限确难以界分。由被害警察的所在单位进行侦办，往往倾向"入罪"认定。

（二）为什么袭警罪没有规定异地管辖

由于袭警罪是2020年12月《刑法修正案（十一）》新增加的罪名，而2018年《刑事诉讼法》修改时尚未有该罪名，因此对该罪并无特殊的程序设置。2018年《刑事诉讼法》仅对辩护人涉嫌妨害作证罪规定了回避制度，即第44条规定："辩护人或者其他任何人，不得帮助犯罪嫌疑人、被告人隐匿、毁灭、伪造证据或者串供，不得威胁、引诱证人作伪证以及进行其他干扰司法机关诉讼活动的行为。违反前款规定的，应当依法追究法律责任，辩护人涉嫌犯罪的，应当由办理辩护人所承办案件的侦查机关以外的侦查机关办理。辩护人是律师的，应当及时通知其所在的律师事务所或者所属的律师协会。"如果辩护人妨害作证案件由其他侦查机关办理，那么袭警罪更应由其他机关办理。两者的共同点在于案件的处理均会涉及侦查机关的利益，也就是案件或者案件当事人与原侦查机关存在某种利害关系。不同点有二：一是前者系辩护人所办案件由该侦查机关办理，而后者是受害人系侦查机关的工作人员；二是前者行为人采取的是隐匿、毁灭、伪造证据等方式妨害正常的司法秩序，妨害的是侦查机关正在办理的他人的案件，而后者受害人系侦查人员的同事，系侦查机关的一员。因此，后罪名所涉案件与公安机关关系更密切，也更直接。

（三）作为检察机关自侦案件的立法建议

"任何人不得作为自己案件的法官"，这是"自然正义"的基本要求。有人可能会提出借鉴辩护人妨害作证罪的追诉程序，由被袭击警察所在侦查机关以外的侦查机关办理。但是，即便是由其他侦查机关办理，被害警察和追诉警察仍属同一个"共同体"，且可能在同一个公安局长的领导之下，"上命下从"仍不可避免。因此，理想的方案是由异地的检察机关作为自侦案件立案侦查。一方面可以较好地保障程序和实体公正,另一方面也可表明对此类案件追诉的慎重,并且可以有效回应公众的质疑。因此,建议《刑事诉讼法》未来修改时立法机关可以注意到该类案件的特点,作出不同于普通刑事案件追诉程序的特殊程序设置。在域外,如果被告人在本辖区审理可能会造成不利的偏见,使被告人难以获得公正审理,则被告人可以申请将其移送其他地区审理。例如,《美国联邦刑事诉讼规则》第21条a项规定:"由于偏见。根据被告人的申请,如果法院有理由相信,在对被告人起诉的地区对被告人存在如此强烈的偏见以至于被告人在该地区不可能受到公正的审判,应当将此案移送其他地区。"[1]

---

[1] 参见《世界各国刑事诉讼法》编辑委员会编译:《世界各国刑事诉讼法(美洲卷)》,中国检察出版社2016年版,第630页。

第四章
"唐山事件"与"少捕慎诉慎押"的正确实施

"唐山事件"被社会公众吵得沸沸扬扬,虽是一个偶然发生的个案,但是对我们观察当今的社会治安状况,反思"扫黑除恶"的成效具有镜鉴价值,对如何正确实施"少捕慎诉慎押"刑事司法政策也具有重要的警示意义。

一、"少捕慎诉慎押"与宽严相济刑事政策的关系

有人认为,"少捕慎诉慎押"刑事司法政策实施后,之前的宽严相济刑事政策就不再适用或者废止啦,已经被新的刑事司法政策所代替。事实并非如此,2004年12月提出的宽严相济的刑事政策经过长期的实践检验,被证明是符合司法规律和社会现实,并得到人民拥护的好的刑事政策。其基本内涵是当宽则宽,该严则严,宽严有据,罚当其罪。该刑事政策不仅强调"宽"的一面,也强调"严"的一面。就"宽"的面向而言,既包括程序从宽,更重视实体从宽。而2021年4月提出的"少捕慎诉慎押"刑事司法政策则主要是从"捕"和"诉"的程序从宽方面进一步彰显人权保障的价值。由此可见,"少捕慎诉慎押"的刑事司法政策完全可以被宽严相济刑事政策所包含,该刑事司法政策是宽严相济刑事政策的深化和发展。这并不意味着宽严相济刑事政策已经过时,即便是在"少捕慎诉慎押"刑事司法政策提出后,其仍然具有旺盛的生命力,对刑事司法活动的开展仍具有指导意义。"少捕慎诉慎押"刑事司法政策对司法活动的指导意义仍有一定的局限性,例如,对实体上是从严还是从宽并没能提供指导,仍需借助宽严相济刑事政策寻找答案。当然,作为政策本身,无论是宽严相济还是"少捕慎诉慎押"均具有较大的不确定性和模糊性。这些政策的正确实施需要通过完善立法或者最高司法机关发布具有可操作性的规范性文件予以明确,才能真正发挥其指导司法实务的价值。

二、"唐山事件"中的犯罪嫌疑人不能适用"少捕慎诉慎押"刑事司法政策

笔者观看了"唐山事件"的视频监控，作为一个曾经的刑事法官，站在法官中立的立场进行评判，确实感到打人者气焰之嚣张、手段之恶劣、情节之严重。尤其是在公共场所，公然调戏、骚扰女性，在遭到拒绝后几个男子上来围殴，有的摔椅子，有的拳打脚踢，致被害女性重伤。根据有限的视频监控，可以认定该成员涉嫌黑恶犯罪。黑恶势力历来是我国打击的重点对象，涉黑涉恶犯罪为广大人民群众深恶痛绝。我们党的执政理念是以人民为中心，让人民有安全感、获得感和幸福感。安全感是基础，否则就谈不上获得感和幸福感。"唐山事件"大有"天怒人怨"之感，之所以引起广泛且持久的舆论，在很大程度上是该事件挑战了人们的安全底线和朴素的正义感。该事件在刑事政策方面给我们的启示至少有两点：一是宽严相济的刑事政策仍然适用，并在该案中应当体现"严"的一面；二是"少捕慎诉慎押"不是"不捕不诉不押"，对该案的犯罪嫌疑人"当捕当诉当押"。无论是实体从宽还是程序从宽均不是一味从宽，只讲"宽"的一面，仍需要区别对待，根据被追诉人的主观恶性、社会危险性和犯罪情节，当严仍要严。"少捕慎诉慎押"刑事司法政策不是"护身符"。刑事诉讼确是要平衡实体正义与程序正义的关系，不能顾此失彼。

三、辩证看待"少捕慎诉慎押"刑事司法政策

通过该案，我们更应辩证看待"少捕慎诉慎押"刑事司法政策，特别是惩罚犯罪与保障人权的关系、重罪与轻罪的关系、被追诉人权利保障与被害人权利保障的关系，更加明白"少捕慎诉"绝不是不捕不诉不判，否则就是放纵犯罪，就无法实现我们党的执政理念。最高人民检察院于2022年6月13日召开党组会指出：必须强调，"少捕慎诉慎押"与宽严相济的刑事政策是一脉相承、辩证统一的，绝不是一味从宽，而是依法当宽则宽，该严则严。对危害国家安全、严重暴力、涉黑涉恶等犯罪特别是严重影响人民群众安全感的犯罪，就要体现当严则严，该捕即捕，依法追诉，从重打击。扫黑除恶专项斗争转入常态化开展必须落实抓实。各级检察机关对涉黑涉恶、地痞流氓故意闹事的，手段恶劣的，伤害妇女儿童、老年人、残疾人等以及具有其他

恶劣情节的犯罪，必须坚决依法从严追诉、依法从严惩治。"唐山事件"使我们清醒认识到："少捕慎诉慎押"的适用重点是轻罪案件和主观恶性较小、社会危险性不大甚至能够认罪、悔罪的被追诉人，而非主观恶性较大、社会危害严重的犯罪案件和被追诉人，尤其是严重影响人民安全感的暴力犯罪。我们每个人都是潜在的被害人，谁能保证下一个受伤害的不是自己？因此，只有"惩恶"才能"扬善"，才能震慑和教育犯罪分子，给人民以安全感。为了防止有些狡猾的被追诉人"钻法律空子"，表面假装认罪认罚，甚至作出赔偿，其内心实际上是为了达到从宽处理的目的。对此，如果犯罪性质和后果严重，绝不能"不捕不诉不判"，仍要依法严惩。"唐山事件"中检察机关快速作出反应，将9名犯罪嫌疑人一一批捕，回应了民意，平息了舆情。但是，9名犯罪嫌疑人也应区分主从犯，也应保障其程序权利尤其是辩护权。例如，聘请律师的权利是否保障？审查逮捕过程中是否听取了律师的意见？"兵贵神速"，而"法不贵神速"，公正是司法的生命。对9名犯罪嫌疑人区别对待，也体现了宽严相济的刑事政策。

　　刑事政策具有明显的时空特点，在运用时应注意结合当地的社会治安状况和人民的普遍感受突出打击重点和从宽、从严重点。无论何时，均要保持对涉黑涉恶犯罪的高压态势，深挖背后的"保护伞"，还社会一个朗朗晴空。

第五章
"少捕慎诉慎押"对检察官的要求

一、"少捕慎诉慎押"刑事司法政策实施对司法的影响

"少捕慎诉慎押"作为新时期的一项刑事司法政策，必然会对刑事司法活动产生影响。这种影响涉及公安机关、人民检察院和人民法院，将会对公、检、法三机关的办案方式产生重大导向作用。至少包括以下七个方面：

（一）公安机关提捕率将会下降

随着以审判为中心刑事诉讼制度改革的深入推进，公诉引导侦查的功能加强。加之"少捕慎诉慎押"刑事司法政策对公安人员的传导作用，提请批准逮捕标准与批捕标准渐趋一致。提捕环节公安机关的分流功能得以体现。提捕率的下降既可能来自当地检察机关的压力，也可能来自"少捕慎诉慎押"刑事司法政策实施导致的公安人员理念变化。对"可捕可不捕"的案件，公安机关将不再提请批捕。这一方面减轻了检察官的工作量，另一方面检察机关批准逮捕的人数将会减少。

（二）逮捕率将进一步提高

公安机关与检察机关通过联席会、同堂培训和个案商谈提高了公安机关提请逮捕的案件质量。这意味着提请批捕的案件与检察机关掌握的批准逮捕条件大致相当，公安机关对于一些差距较大、条件不符合的案件可能不再提捕。其结果必然是提捕的案件大都是符合逮捕条件的案件。如此一来，检察机关的批准逮捕率将会大幅度提高。虽然逮捕率提高了，但是实际逮捕的人数将会下降，诉前羁押率将会呈下降趋势。

（三）羁押必要性审查的案件数量减少

与前一个问题相关，当提请逮捕的案件和批准逮捕的案件均符合逮捕条

件时，对于捕后进行羁押必要性审查也会带来影响，那就是羁押必要性审查的空间缩小，由此导致进入羁押必要性审查的案件数量减少。虽然羁押必要性审查的案件数量是目标考核的一项指标，但是检察机关基于空间的压缩不会作无效劳动。检察官在审查之前明知审查后不可能变更羁押措施，在"案多人少"矛盾日益加剧的情况下，自然不会去进行审查。所以在"少捕慎诉慎押"刑事司法政策实施过程中，"慎押"与"少捕"之间密切相关，"少捕"必然会影响到后续的"慎押"。

（四）法院逮捕人数将大幅增加

基于"少捕慎诉慎押"刑事司法政策和绩效考核的双重影响，审查起诉阶段的羁押率会明显降低。但是，案件到了审判环节，为了保证被告人能够及时到案，也为了保障法官可以及时结案并免受司法责任追究，法院通常会将检察机关提出实刑量刑建议或者认为可能判处实刑的被告人予以收监。因此，各部门基于自身利益的考量，会采取不同的措施。在庭审之前，法院作出逮捕决定自然可以理解。据调研，某基层法院2022年1月至5月决定逮捕的被告人高达140人。由于实践中法检两院"配合有余，制约不足"，不排除一些法院为了配合检察院而将检察机关未批准逮捕或通过羁押必要性审查变更羁押措施的犯罪嫌疑人予以逮捕。

（五）侦查监督与协作配合办公室的职能得到实质性发挥

根据最高人民检察院和公安部的统一安排部署，各地检察院与公安机关成立了侦查监督与协作配合办公室。最高人民检察院、公安部《关于健全完善侦查监督与协作配合机制的意见》规定："人民检察院、公安机关要加强刑事侦查与审查逮捕、审查起诉等诉讼环节的衔接配合，统一执法司法理念标准。"人民检察院在审查逮捕、审查起诉过程中，应当加强与公安机关的沟通，认为需要补充侦查、拟作不批准逮捕或者不起诉决定的，应当充分听取办案人员的意见，加强不批捕、不起诉说理。侦查监督与协作配合办公室在公安机关提捕前的案件分流功能加强，也有利于统一逮捕、起诉标准。经调研，多地侦查监督与协作配合办公室的职能得到了实质性发挥，尤其是在贯彻落实"少捕慎诉慎押"刑事司法政策的共同要求下。

（六）公检法三机关将更加注重制约

"少捕慎诉慎押"刑事司法政策的实施如同认罪认罚从宽制度实施一样，呈现出"中间热、两头冷"的局面。尽管一些地方在对公安工作进行考核时不再考核批捕率、起诉率，但是仍然考核刑拘人数。对于被刑事拘留的人员，公安机关多会提请批准逮捕。在政法队伍教育整顿活动开展期间，一些地方的公安人员为了免责，会将一些明知不会被批准逮捕的案件也提交检察机关审查，以此推卸责任，让检察官为自己的行为"背书"。但是，检察机关的绩效考核是以不捕率、不诉率为正向考评指标，由此导致检察机关对公安机关提捕的案件加大了审查力度。法官为避免承担司法责任，又对检察机关取保候审的嫌疑人予以逮捕。因此，"少捕慎诉慎押"刑事司法政策的实施有望解决长期以来存在于司法实践中三机关"重配合、轻制约"的问题。

（七）公安司法人员工作量增加

"少捕慎诉慎押"刑事司法政策无疑有利于加强对被追诉人权利的保障，但是决不能忽视被害人权利的同步保护。各地推行的赔偿保证金提存制度，正是加强被害人权利保障的行之有效措施。无论是实施"少捕慎诉慎押"刑事司法政策还是绩效考核的推动，办案人员更加重视认罪认罚从宽制度实施，积极促成加害方与被害方达成调解协议或者被害人取得谅解，从而为"少捕慎诉慎押"创造条件将不可避免。办案人员作为主持调解的第三方人员，工作量必然增加，"案多人少"的矛盾会进一步加剧。这是实施"少捕慎诉慎押"刑事司法政策必须要付出的代价。除此之外，受检察机关"案-件比"考核的影响，公安机关对于不捕案件提请复议、复核作为负向考评指标，只有降低，检察机关业绩考核才能得到更多加分。于是，检察官更加详细的释法说理便不可避免。由此也会增加检察人员的工作量。

二、检察官客观义务之坚守与"少捕慎诉慎押"

"少捕慎诉慎押"刑事司法政策不但体现了人权刑事司法保障的理念，也是检察官客观义务的必要要求。它是客观义务中"对犯罪嫌疑人、被告人有利情况注意"的体现。在当前我国的刑事司法中，高羁押率、高起诉率，不能不说与检察官客观义务得不到有效履行有一定的关系。

（一）在羁押和起诉环节检察官背离客观义务之问题

我国高羁押率的背后反映的是检察官客观义务的履行不足，一部分不符合逮捕条件的犯罪嫌疑人被逮捕。域外不仅审前羁押时限短，而且羁押率较低。例如，英国被羁押的被告人大约只占所有被告人的5%。在意大利，在开始审判前，被告人被羁押的比例一般不超过所有被告人的15%。一是对"社会危险性"条件审查不严。通常以罪名轻重代替该项审查,对犯罪嫌疑人有利的情节不够重视,对公安机关未提交单独的证明"社会危险性"证据情况不予退回。有学者研究表明:根据《刑事诉讼法》及相关解释的规定,逮捕事实过多,不逮捕的事实过窄,总共有20多种羁押事实构成论证逮捕的根据,相反不羁押事实只有9种,肯定羁押事实明显比否定性羁押事实种类更多。这样一种制度设计无疑会使逮捕较为容易,导致羁押率居高不下。二是对明显没有逮捕必要的轻罪案件、过失犯罪案件中的犯罪嫌疑人予以逮捕。轻罪案件、过失犯罪案件的犯罪嫌疑人社会危险性和人身危害性均不大,尤其是已经认罪认罚且退赃退赔、获得被害人一方谅解的案件,更没有羁押的必要。否则,不仅会浪费国家有限的司法资源,而且会造成"交叉感染"。三是羁押必要性审查在减少羁押方面未能发挥作用。长期以来,羁押必要性审查制度闲置,即便近年来激活了该制度,但适用比例仍然偏低,审查后多以建议"不变更"为主。四是起诉率过高,审前分流功能未发挥。长期以来,我国检察机关在绩效考核上控制不起诉率,在程序上不起诉案件需要报请分管检察长审批或者提交检察委员会讨论决定,程序较为繁琐,且容易招致他人的"闲言碎语"。因此限制了不起诉的适用。一些本应作出不起诉决定的案件,也被检察官"一诉了之"。据统计:2013年至2016年,S省的酌定不起诉适用比例分别为3.43%、3.81%、3.54%、3.69%。S省的各地区中,2013年酌定不起诉适用比例最高的是8.02%,最低的为0.98%,相差了7.04%;2014年最高的是6.34%,最低的为0.96%,相差了5.38%;2015年最高的是6.58%,最低的为1.88%,相差了4.7%;2016年最高的是10.88%,而最低的仅为1.55%,相差了9.33%。日本2000年酌定不起诉适用比例是44.9%,2002年是47.4%,2005年达到53.4%。

(二) 检察官客观义务为何履行不足

在逮捕、羁押和起诉环节,检察官背离客观义务可能与以下几个因素有关:

1. 检察官角色或者属性的局限性

"捕诉"检察官以追诉和惩治犯罪为其基本职能,要求其恪守中立,甚至关注对犯罪嫌疑人有利的情况,不具有"期待可能性"。"少捕慎诉慎押"与其角色定位和职业目标不相符合,难以期待检察官有所作为。并且,"不捕不诉"案件日后很容易成为案件评查和责任追究的重点目标。为了避免留下

"后遗症",检察官更倾向于逮捕和起诉。

2. 绩效考核的导向作用

长期以来,检察机关以"打击犯罪"为导向,逮捕、建议不变更逮捕措施、起诉等均体现了对犯罪的打击,在绩效考评中可以加分。因此,检察官具有内驱力,更容易在"指挥棒"的驱使下开展工作。

3. 减少办案阻力并获得指控成功的考虑

将犯罪嫌疑人羁押,切断其与外部的联系,可以有效防止串供和指使他人作伪证的风险,可以使侦控机关获得定罪证据变得更加容易。为了获得指控犯罪成功这一基本的职业利益,检察官更倾向于适用逮捕措施。不起诉意味着前期侦查工作和指控犯罪的失败,这也是检察官所不愿看到的。因此,适用率低,似乎可以理解。

4. 减少被害人一方上访的压力

在"稳定压倒一切"的政治话语下,上访自然是一种不稳定因素。检察官既是法律官员,也是政治官员。既然是政治官员,也肩负有"维稳"任务。逮捕、起诉自然可安抚被害人一方的情绪,满足其朴素的正义感,也可减少信访、上访压力。从这个意义上讲,检察官更愿意采用羁押措施和作出起诉决定。

(三) 如何实现"少捕慎诉慎押"

"少捕慎诉慎押"的贯彻是一项系统工程,需要多措并举,其中观念重塑、考核机制重设、制度重构和办案模式重建乃当务之急。

第一,重视考核机制重设。改变当前以打击犯罪为导向的绩效考评机制,也是贯彻"少捕慎诉慎押"的重中之重。考核机制重设除应考虑打击率外,还应重视保障率的问题。这既是检察官履行客观义务的需要,也是贯彻落实党的十八届三中、四中全会精神的需要。为此,有必要将不捕率、不诉率纳入检察官绩效考核体系。公安机关也应将报捕率纳入目标考评,实行负向考核,以此减少报捕率。

第二,制度重构。除了尽快建立容错制度、明确检察官办案的免责情形外,还应对审查逮捕和羁押必要性审查程序进行重构。一是在前期审查逮捕诉讼化改革试点基础上,总结经验,将试点中的成熟经验上升为法律,扩大值班律师的职能,将值班律师引入审查逮捕程序,为犯罪嫌疑人提供法律帮助。在我国,检察官掌控批准或者决定逮捕的权力,但长期以来采用一种行政化的书面审查模式。随着程序正当理念的高涨，近年来，检察机关引入审查听证模式，以直接言词方式进行听证，向诉讼化的方向前进了一大步。但因审查逮捕时间较短、律师参与面临困难、犯罪嫌疑人及其律师侦查阶段尚无阅卷权等问题，采用该种方式进行审查的案件比例较低。书面化、单方化和封闭式的审查具有高效率的特点，但其弊端也显而易见，那就是对犯罪嫌疑人有利的事实和情节难以得到全面展示，审查建立在侦查卷宗基础上，检察官无法做到"兼听则明"。二是羁押必要性审查应吸收人大代表、政协委员和人民监督员参与，以公开听证的方式进行，同时对"社会危险性"条件进行细化、量化，使之具有可操作性。

第三，赋予不服逮捕决定和羁押必要性审查结论的被追诉人以救济权，畅通救济管道。明确可由更高一级的检察机关提供救济。

第四，公安机关应收集并移送犯罪嫌疑人"社会危险性"的证据。办案模式重建。实行"少捕慎诉慎押"需要改变目前的办案模式，降低办案人员对口供的依赖。这样做虽然会增加办案成本，但有利于降低羁押率，实现司法的人权保障功能。面对互联网、大数据，检察办案人员应当顺势而为，善于运用技术手段获取和固定证据，发挥科学证据在定案中的作用。这对于应对被追诉人翻供、实现指控犯罪有力具有重要意义。办案模式重建还需要发挥检察官在审前程序中的主导责任，发挥公诉引导侦查的作用，切实做好重大案件侦查终结前讯问合法性核查工作，对于因非法证据排除后证据不足、达不到逮捕和起诉条件的案件，对犯罪嫌疑人不予批捕和不予起诉。

第五，重点突破。虽然2012年《刑事诉讼法》修改增加了羁押必要性审查制度，但是从实践情况来看，该项制度在降低羁押率方面并未发挥预期的作用。主要表现为适用率低、程序不规范。为了推动该项工作的落地落实，最高人民检察院近期部署开展专项检查活动，并明确了检查的重点案件，这对于降低审前羁押率具有重大意义。专项检查活动主要针对实践中存在的轻罪案件羁押率过高、构罪即捕、一押到底和涉民营企业案件因不必要的羁押影响生产经营等突出问题，以及羁押背后所反映的以押代侦、以押代罚、社会危险性标准虚置、羁押必要性审查形式化等不适应经济社会高质量发展需要等问题，相信随着专项检查活动的开展，上述问题可以得到较好解决，《刑事诉讼法》确立的新制度也能够得到有效实施。最高人民检察院、公安部《关于逮捕社会危险性条件若干问题的规定（试行）》第2条强调，公安机关侦查刑事案件，应当收集、固定犯罪嫌疑人是否具有社会危险性的证据，同时第3条要求公安机关"应当同时移送证明犯罪嫌疑人具有社会危险性的证据"。但据调研显示，在审查逮捕中有不少检察官表示"很少见到"证明是否具有社会危险性的证据，甚至有检察官表示"从未见到"。制度的落实不能大打折扣，更不能形同虚设。抓好既有制度的落实见效刻不容缓。针对大中城市和城乡接合部外来人口犯罪率较高和羁押率过高的问题，建议政府投资建立安置帮教基地，对于在流入地无固定住所而取保不能的现实，可以在其自愿取保后将其安置在帮教基地予以监管。如此可以较好地实现人权保障与保障诉讼顺利进行之间的平衡，以有效降低羁押率。

第六，建立容错机制。由于"社会危险性"评估是对被审查人未来行为的预测，既然是预测，便不能保证100%的准确。"法律不能强人所难"，这是基本的法理。因此，允许存在一定范围的差错，对于因变更羁押强制措施后被追诉人脱逃或者重新犯罪的，只要在审查当时被追诉人符合变更羁押措施的条件，便不能因此而追究检察办案人员的责任。如果以事后的结果论，检察人员为避免被追责，即便符合变更羁押措施的条件，也可能因此不提出变更建议。

第七，将"社会危险性"标准量化。尽管此前最高人民检察院、公安部联合颁布了《关于逮捕社会危险性条件若干问题的规定（试行）》，但实践中"社会危险性"标准仍难以把握，导致检察官对在审查后是否提出变更建议的自由裁量权过大。为此，可考虑从事前、事中、事后三个维度考察被追诉人社会危险性的大小，通过设计若干项评价指标，根据不同的得分，分别评定为"高""中""低"三个风险等级。对于属于"中""低"风险的，可以建议变更羁押强制措施，以此实现审查的科学性、相对客观性。

第八，保障审查程序参与亲历性。被审查人应参与审查活动，就不予羁押的理由发表意见。程序的参与性是程序公正性的要件之一，只有使被追诉人能够就自身基本权利的事项充分表达自己的意见，才能增强审查结论的可接受性。无论结果如何都具有吸纳不满的功能。因此，无论是否采取听证审查方式，检察人员均应听取被审查人的意见，且应保障其获得律师专业帮助的权利。被追诉人一方也可以提交社会调查报告，用于证明自己不具有社会危险性或者社会危险性较低。

第六章
"少捕慎诉慎押"实施问题

一、径行逮捕规定限制了"少捕慎押"的适用空间

（一）径行逮捕规定限制了"不捕"空间

2018年《刑事诉讼法》第81条第3款规定："对有证据证明有犯罪事实，可能判处十年有期徒刑以上刑罚的，或者有证据证明有犯罪事实，可能判处徒刑以上刑罚，曾经故意犯罪或者身份不明的，应当予以逮捕。"该规定被学界普遍认为系"径行逮捕"规定。对检察官而言，该规定没有自由裁量的余地，只要出现上述情形之一便必须予以逮捕。据调研，有的地方检察院上述三类案件和取保候审后再犯罪的情形合计占整个审查逮捕总量的80%以上，由此限制了"不捕"的空间。调研中一些检察官对此颇有微词，认为如果是曾经故意犯罪，前一个罪名是危险驾驶等轻罪，且距离后罪时间较长，而后罪又是一个被追诉人认罪认罚并取得谅解的轻罪，难道必须予以逮捕吗？有学者直言这是一个不合理规定。如果检察官在审查逮捕时对大多数案件均无自由裁量权，那么实现"少捕"谈何容易。立法上的规定已经"束缚"了检察官的手脚。在"少捕慎诉慎押"刑事司法政策背景下审视，确有可能抵消该政策的实施。有检察官试图突破法律规定进行个案权衡，对某犯罪嫌疑人不予逮捕，结果是在案件评查时该案件会被认定为"不合格"案件，并对办案检察官追究司法责任。因此，笔者认为，该规定即便不合理，在法律明文规定且生效的情况下，司法人员还是应忠实执行法律，而不允许按照个人的理解变通性地执行法律。

（二）径行逮捕规定导致少押难以实现

对于应当逮捕的上述三种情形，对于检察官可否进行羁押必要性审查，

实践中也存在不同认识。一种比较流行的观点认为：凡是应当逮捕的被追诉人，也应当予以羁押，无须进行羁押必要性审查。不少检察院基于此对径行逮捕案件明确要求不纳入羁押必要性审查范围。"慎押"系通过羁押必要性审查实现，如果不能进行审查，又何谈"慎押"？在笔者看来，对径行逮捕案件，一概不予羁押必要性审查并不合理。以"身份不明"情形为例说明之，实务上可能存在审查逮捕时犯罪嫌疑人不讲真实姓名、住址等个人身份信息，但是到了审查起诉阶段便讲明个人身份的情况。之前的"身份不明"已经变化为"身份明确"。如果其罪行性质、情节和罪后表现符合取保候审条件，难道不能对其进行羁押必要性审查吗？刑事诉讼是一个动态的变化过程，如果审查起诉或者审判过程中情形已经发生变化，还能墨守审查逮捕时的情形吗？"一日为贼"不能"终生为盗"。既然应遵循司法规律，动态变化就是最大的诉讼规律。办案机关和办案人员应尊重和善于把握该规律。为了实现"慎押"政策，必须统一认识，将径行逮捕案件纳入羁押必要性审查范围。三种情形均属于具有"社会危险性"推定，这种推定的基础事实并不牢固，既可能被推翻，也可能随着诉讼活动的进行而发生改变。真正的推定都是可以反驳的推定。

（三）法律上应当废除径行逮捕制度

如果径行逮捕制度不合理，那么在未来《刑事诉讼法》修改时就应当予以废止。理由如下：一是不利于"少捕慎诉慎押"刑事司法政策的实施，该制度既限制了少捕，也不利于"慎押"。二是阻碍了认罪认罚从宽制度的实施，如果后罪系故意伤害（轻伤），被追诉人认罪悔罪且积极赔偿损失，取得了被害人谅解，那么对其不按照认罪认罚从宽制度予以"不捕"或者"建议变更逮捕措施"，将不利于被追诉人认罪认罚，对其也是不公正的。三是没有认识到刑事诉讼是一个发展变化的过程，审查逮捕时无论是证据情况、身份情况，在此后的诉讼环节均可能发生变化。例如，可能判处十年以上有期徒刑刑罚变化为十年以下有期徒刑刑罚，"身份不明"状态改变为"身份明确"。四是推定具有"社会危险性"的基础事实并不牢固。虽然被追诉人"曾经故意犯罪"，但若是20年前的轻罪或者是5年前的危险驾驶罪，就可以推定其在后罪中必然具有"社会危险性"吗？随着时间的流逝，其社会危险性会减弱或者被"稀释"。假如后罪仅是一个过失犯罪或者故意犯罪的轻罪，有什么理由以"曾经故意犯罪"为由而对其予以逮捕呢？法律推定其实是一种拟制，这种拟制不能被反驳，但又明显不合理。全国人大常委会法工委权威人士在解释径行逮捕规定时指出：再犯一般都表明罪犯具有较强烈的反社会心理属性和较大的社会危险性，曾经故意犯罪的情况本身就已经表明了这种社会危险性的存在。实践中，很多身份不明的犯罪嫌疑人、被告人本身就是因为强烈的逃避追究的心理驱使而拒绝向办案机关承认自己的真实身份、住址等信息，导致身份无法查明。因此，对上述人员必须羁押。[1]可见，符合上述三种情形的径行逮捕是一种"社会危险性"推定。五是重罪案件的被追诉人未必会妨碍诉讼顺利进行。可能判处10年以上有期徒刑，系重罪案件。但是逮捕作为一种不得已的"恶"，是为了保障刑事诉讼的顺利进行，而非刑罚的预支。有些重罪案件的被追诉人未必一定会自杀、串供和干扰证人作证或者毁灭、伪造证据。例如，贪污犯罪或者受贿犯罪的被追诉人，因其有固定收入、固定住址和固定工作，实施妨碍诉讼进行行为的可能性较小。对其通过佩戴电子手表或者电子手环，令其不与特定人员接触，完全可以实现监控目的。且一个人一旦被逮捕羁押，不仅会增加国家财政投入，而且还会因被追诉人处于羁押状态而无法创造财富，对此隐性成本也应注意。因此，不能将法律规定的上述三种情形与"社会危险性"画等号。只有从法律上彻底废止该制度才可以让检察官解放出来，推动"少捕慎押"才有可能。

二、取保候审执行机关如何确定

2018年《刑事诉讼法》第67条第2款规定："取保候审由公安机关执行。"但是在实践中外来人口犯罪，对犯罪嫌疑人取保候审究竟是由办案地的公安机关执行还是由户籍所在地的公安机关执行，相关规定并不明确。虽然《公安机关办理刑事案件程序规定》第91条第1款规定："公安机关决定取保候审的，应当及时通知被取保候审人居住地的派出所执行。必要时，办案部门可以协助执行。"根据最高人民法院《关于适用〈中华人民共和国刑事诉讼法〉的解释》第3条第1款规定："被告人的户籍地为其居住地。经常居住地与户籍地不一致的，经常居住地为其居住地。经常居住地为被告人被追诉前已连续居住一年以上的地方，但住院就医的除外。"对于流窜作案的被追诉人，其离开居住地可能较久，交其户籍所在地派出所执行取保候审措施显然

---

[1] 参见王爱立主编：《中华人民共和国刑事诉讼法释义》，法律出版社2018年版，第185页。

面临不少问题。为此，有必要作一分析。笔者认为，取保候审的执行机关应是办案地的公安机关而非户籍所在地公安机关。理由如下：

（一）案件隶属于办案地公安司法机关

取保候审作为强制措施之一，附属于案件办理需要，而案件办理系公安司法机关的职责。由此，取保候审措施的适用与办案机关产生联系。如果将被追诉人交由户籍所在地公安机关执行，户籍所在地公安机关可能会因被追诉人离开户籍所在地多年没有固定住址，或自身非该案件办理机关、对案情并不熟悉等原因而责任心不强、动力不足。如果由办案地的公安机关执行，因《刑事诉讼法》规定的三机关"分工负责、互相配合、互相制约"，公安机关会与检察院、法院较好配合，而后者又可以对前者实施制约，从而较好地保障取保候审执行的顺利进行。根据《刑事诉讼法》第71条第3款的规定："被取保候审的犯罪嫌疑人、被告人违反前两款规定，已交纳保证金的，没收部分或者全部保证金，并且区别情形，责令犯罪嫌疑人、被告人具结悔过、重新交纳保证金、提出保证人，或者监视居住、予以逮捕。"因交纳保证金或者提出保证人均是向办案机关提出，重新交纳保证金或者提出保证人，无疑也只能向取保候审的决定机关提出。即便是因被取保候审人员违反规定被变更为监视居住或者逮捕措施，也是由办案机关采取。反推可知，取保候审应由办案地公安机关执行。被取保人员在执行期间的表现，也是捕与不捕、诉与不诉、提出实刑量刑建议还是缓刑量刑建议，乃至法院量刑考量的重要因素之一。例如，如果一个涉嫌盗窃犯罪的被追诉人签署了认罪认罚具结书，表示认罪认罚，但是在取保候审期间，仍继续实施盗窃行为，就不应认定为认罪认罚，之前的认罪认罚可被认定为虚假，同时应予以逮捕，并由检察机关提出实刑量刑建议。违反规定、情节严重的，可能会被监视居住或者逮捕。如果由办案地公安机关执行取保候审，因监视居住和逮捕均是由公安机关执行，所以便于沟通和衔接。如果由户籍地公安机关执行，那么取保候审决定机关会因与执行机关分离而遭遇信息交流不畅。且如果被取保人员在户籍地被逮捕，因需要到办案地接受讯问或者参与其他诉讼，押送的安全问题和成本问题也需要考虑，因此多半会移交办案地的看守所执行逮捕。与其如此，不如一开始就由办案地公安机关执行。

（二）便于监督和管理

根据2018年《刑事诉讼法》第71条第1款、第2款之规定："被取保候审的犯罪嫌疑人、被告人应当遵守以下规定：（一）未经执行机关批准不得离开所居住的市、县；（二）住址、工作单位和联系方式发生变动的，在二十四小时以内向执行机关报告；（三）在传讯的时候及时到案；（四）不得以任何形式干扰证人作证；（五）不得毁灭、伪造证据或者串供。人民法院、人民检察院和公安机关可以根据案件情况，责令被取保候审的犯罪嫌疑人、被告人遵守以下一项或者多项规定：（一）不得进入特定的场所；（二）不得与特定的人员会见或者通信；（三）不得从事特定的活动；（四）将护照等出入境证件、驾驶证件交执行机关保存。"显然，只有由办案地公安机关执行才可能在传讯时及时到案。无论是干扰证人作证还是毁灭、伪造证据或者串供，均会对案件办理产生影响，这无疑会与办案机关产生联系。因此，从被取保候审人员监督和管理的便利性、有效性角度论，宜由办案地公安机关执行。如果因取保候审人员实施妨碍证据的行为导致案件因证据不足或者证据存疑而使被追诉人被不起诉或者宣告无罪，公安机关有可能承担国家赔偿责任，侦查人员也会被追究司法责任。这无疑可以加强公安机关执行取保候审措施的责任心，以防止其出现干扰证人作证、毁灭、伪造证据等行为发生。上述规定中的"特定场所、特定人员"，也是办案机关根据案件情况确定。这里的"特定场所"只可能是犯罪地的某些场所。被取保候审人员是否违反规定等信息，也只有办案地公安机关才能够掌握。

（三）增加被取保候审人员往返办案地的成本

如果将被取保候审人员交由原籍公安机关执行，因案件尚在办理中，其可能需要多次往返于户籍地与办案地之间，交通费、住宿费等支出对被追诉人来说是一笔不小的支出。这对于经济条件不太好的被追诉人来讲无异于"雪上加霜"。如果由办案地公安机关执行，则被取保人员就可以省去该笔费用支出。因此，从节约被追诉人经济成本、便利诉讼角度看，也应由办案地公安机关执行。

当然，被取保候审人员若在办案地执行，需要其在此处有住所，否则取保候审便无法执行。在实践中面临的难题是：如果被追诉人在办案地无住所，公安机关由于办案经费紧张，不可能"挤出"资金为被取保人租赁房屋居住。对此，可考虑由当地政法委协调政府、财政部门联合建立安置帮教基地，将外地人员在征得其同意后，将其安置在该基地，并进行技能培训，使其获得一技之长，从而能够更好融入社会。权利是可以放弃的，因此在被追诉人知情同意的前提下，并不会带来侵犯人权的质疑。

三、"少捕慎诉慎押"中的证据问题

证据是裁判的基石。"少捕慎诉慎押"刑事司法政策的实施仍需以证据为根据，无论是犯罪嫌疑人及其辩护人提出不捕不诉的申请，还是检察机关作出决定，均需以证据作为事实认定基础。就"不捕不诉"事项作出决定，事实上检察官扮演了类似法官的角色。因此，无论是侦查机关提请逮捕还是辩护方要求不予逮捕，均需向检察官提出证据加以证明。

（一）为什么在"少捕慎诉慎押"中要重视证据问题

1. 适应听证审查案件的需要

最高人民检察院正在积极推动审查逮捕案件、羁押必要性审查案件和拟不起诉案件的听证审查，并且将其纳入绩效考核。听证审查是一种准庭审活动。按照《人民检察院审查案件听证工作规定》第15条第2项之规定："当事人及其他参加人就需要听证的问题分别说明情况。"《人民检察院羁押听证办法》第9条第6项更是明确规定："犯罪嫌疑人、被告人及其法定代理人和辩护人发表意见，出示相关证据材料。"可见，在羁押听证活动中，犯罪嫌疑人、被告人和辩护人等均可以举证。"巧妇难为无米之炊"，只有运用证据证明自己所主张的事实，才可以实现其目的。如果没有证据支持，仅提出观点，很难被检察机关采信。

2. 证据条件和社会危险性条件均需要证据加以证明

逮捕条件中除了罪责条件外，还有证据条件和社会危险性条件。逮捕的证据条件是"有证据证明有犯罪事实"。这一证据条件较低，但是侦查机关仍应收集较为充分的证据。仅有犯罪嫌疑人一个人的孤证而无其他独立来源的印证性证据便不能认定符合逮捕的证据条件。虽然公安部和最高人民检察院联合发文要求侦查人员收集独立的社会危险性证据，但是经调研很少有侦查机关收集这方面的证据，而是以罪责轻重代替"社会危险性"评价。但是，在轻罪占犯罪总量80%以上的情况下，以罪责条件代替"社会危险性"条件已经不能客观、准确地进行评价。随着犯罪结构的变化，独立的"社会危险性"证据的收集、移送更为急迫。受"案-件比"考核指标的影响，检察机关一般不愿意使用退回补充侦查手段，因此侦查机关应当一次性地将上述证据收集完毕，不要期待今后有补救机会。

3. 运用证据进行辩护能取得较好的辩护效果

根据现代国际社会普遍奉行的"证据裁判原则",所提主张必须有相应证据予以证实。从司法实务看,凡是取得较好辩护效果的有效辩护,均是运用证据进行的辩护。因此,辩护律师不能仅从侦控方编制的证据链条中寻找漏洞和薄弱环节,也要注意收集当事人不具有社会危险性和犯罪情节轻微的证据。虽然《刑法》第306条辩护人、诉讼代理人妨害作证罪对律师调查取证有一定影响,但是为了取得较好的辩护效果,律师还是要积极运用调查取证权,收集对当事人有利的证据。对于有被害人的案件,律师还应积极促成双方达成调解协议,以便取得被害人一方的谅解。谅解书、退赃退赔情节也是重要的不捕、不诉证据,律师应收集此类证据,以进行程序性辩护。

(二)证据对"少捕慎诉慎押"的影响

1. 侦查机关提捕和移送起诉如果没有充分证据支持其主张可能得不到支持

审查逮捕和审查起诉的过程其实也是侦查人员向检察官进行符合逮捕、起诉条件的证明过程。对此,侦查人员需要运用证据进行证明。既然是证明活动,就应当包含质证程序,即允许犯罪嫌疑人及其辩护人进行反驳。例如,证据是否系非法取得等。由于在审查逮捕阶段辩护人并无阅卷权,证据先悉权受限,因此质证效果可能会不太理想。目前,各地侦查监督与协作配合办公室相继成立,其作用应得到实质性发挥。该办公室派驻的检察人员应当享有阅卷权和对犯罪嫌疑人的讯问权,以保障其能够作到提捕前和移送起诉前的案件分流和"提前介入"引导侦查功能的实现。

2. 辩护方申请取保候审和不诉如果缺乏相应的证据其请求可能不被采纳

辩护方无论是在审查逮捕、羁押必要性审查中还是在审查起诉中,运用证据进行辩护均会取得较好的辩护效果。但是,在侦查阶段进行不捕或者无羁押必要性辩护均会面临收集证据难、信息不对称等问题,由此导致辩护效果难以尽如人意。首先,辩护律师在侦查阶段并无阅卷权,除了三类无罪案件(不在犯罪现场、未达法定刑事责任年龄、依法不负刑事责任的精神病人)外,辩护律师并无调查取证权。唯一可以获取证据信息的是会见犯罪嫌疑人。社会调查报告是较好的能够证明是否具有"社会危险性"或者"社会危险性"大小的证据。但是根据《刑事诉讼法》第279条之规定:"公安机关、人民检察院、人民法院办理未成年人刑事案件,根据情况可以对未成年犯罪嫌疑人、被告人的成长经历、犯罪原因、监护教育等情况进行调查。"《刑事诉讼法》仅规定公、检、法机关可以进行社会调查，而没有言明辩护律师是否有权进行调查。但是一方面根据控辩平衡原理，辩护律师也应有此项权利；另一方面依照"法不禁止皆自由"的权利理论，辩护律师当然可以进行社会调查，且不仅限于未成年人犯罪案件。如此一来，辩护律师可以收集被追诉人是否具有社会危险性的证据。有了这方面的证据，在审查逮捕和羁押必要性审查中进行辩护就会"言之有物""言之有理"。虽然侦查阶段证据尚未完全收集固定，辩护律师也无卷可阅，但是可赋予律师对于侦查机关重要取证活动的在场权，以弥补侦查阶段阅卷权之不足。

（三）专门机关和辩护方在"少捕慎诉慎押"中如何运用证据进行证明

1. 侦查机关应重视独立的"社会危险性"证据的收集和移送

根据最高人民检察院、公安部联合发布的《关于逮捕社会危险性条件若干问题的规定（试行）》第2条、第3条规定："人民检察院办理审查逮捕案件，应当全面把握逮捕条件，对有证据证明有犯罪事实、可能判处徒刑以上刑罚的犯罪嫌疑人，除刑诉法第七十九条第二、三款规定的情形外，应当严格审查是否具备社会危险性条件。公安机关侦查刑事案件，应当收集、固定犯罪嫌疑人是否具有社会危险性的证据。""公安机关提请逮捕犯罪嫌疑人的，应当同时移送证明犯罪嫌疑人具有社会危险性的证据。对于证明犯罪事实的证据能够证明犯罪嫌疑人具有社会危险性的，应当在提请批准逮捕书中专门予以说明。对于证明犯罪事实的证据不能证明犯罪嫌疑人具有社会危险性的，应当收集、固定犯罪嫌疑人具备社会危险性条件的证据，并在提请逮捕时随卷移送。"虽然轻罪案件是适用"少捕慎诉慎押"刑事政策的重点，但是并非所有的轻罪案件均一概不捕。此类案件证明犯罪事实的证据不能证明犯罪嫌疑人具有社会危险性。因此，需要收集并移送独立的具有社会危险性的证据。

2. 检察机关应注意制定逮捕和起诉证据标准并以此引导侦查

检察引导侦查符合以审判为中心刑事诉讼制度改革的要求。降低逮捕率和诉前羁押率，应当从降低提捕率入手。为此，在逮捕和起诉的证据标准上，侦查机关应当与检察机关保持一致。建议检察机关与公安机关共同制定"证据指引"，对定罪证据的规格和条件作出规定。做好该项工作可以减少个案中的"提前介入"，也可以减少退回补充侦查的机会，从而降低"案-件比"。对于对犯罪事实的证明不能证明社会危险性的案件，如果公安机关没有移送独立的"社会危险性"证据,那么检察机关应作出不逮捕决定,以此倒逼侦查机关收集该类证据。

3. 人民法院应加强对控辩双方提交的"犯罪情节"证据的审查判断

随着轻罪案件比例的上升,"犯罪情节"问题将成为诉与不诉的审查重点。对于犯罪情节较轻,依法可能判处免刑的案件,法院在审查后可以建议检察机关撤回起诉并作不起诉处理。对检察机关撤回起诉的案件,绩效考评不宜作负向评价,如此方可保障检察官客观义务的履行。在庭审过程中,法官应有意识地引导控辩双方围绕犯罪情节问题举证和质证。这不仅涉及诉与不诉问题,还涉及缓刑的适用问题。检察机关虽然提出实刑量刑建议,但是经审理符合缓刑适用条件的,仍可适用缓刑。

4. 辩护方应善于运用证据展开辩护

运用证据作不捕、不诉辩护首先需要辩护人手中掌握一定的有利于犯罪嫌疑人的证据。这些证据既可能是被追诉人有固定职业、固定收入和固定住址的证据,也可能是一贯表现良好、无犯罪前科的证据,包括社会调查报告,还可能是认罪认罚、积极退赃退赔并取得被害人谅解的证据。以前,此类证据在案件实体问题的辩护中不被重视,意义不是很大。但是,在"少捕慎诉慎押"语境下,此类证据应引起辩护人的重视,在审查逮捕和羁押必要性审查中将发挥重要作用。辩护律师应更加重视品格证据的收集和在证明中作用的发挥,因为品格证据大多属于证明"社会危险性"的证据。例如,一个人的身份、职业状况和一贯表现,尤其是所作的有益于国家和社会公共利益的义举善举等。

5. 辩护方运用证据进行"不捕不诉"的程序性辩护

第一,非法证据排除规则的运用。如果被追诉人及其辩护人发现有罪指控的证据是以暴力、严重威胁等酷刑手段取得的,可以提出"排非"申请。当有些证据被排除后,因定罪证据不足,被追诉人可能会被不予批准逮捕或者不予起诉。在申请"排非"过程中辩护方还应注意录音录像资料是否录制完整或者随案移送。最高人民法院《关于适用〈中华人民共和国刑事诉讼法〉的解释》(以下简称《刑事诉讼法解释》)第74条规定:"依法应当对讯问过程录音录像的案件,相关录音录像未随案移送的,必要时,人民法院可以通知人民检察院在指定时间内移送。人民检察院未移送,导致不能排除属于刑事诉讼法第五十六条规定的以非法方法收集证据情形的,对有关证据应当依法排除；导致有关证据的真实性无法确认的，不得作为定案的根据。"

第二，运用意见证据规则申请排除某些证人证言。《刑事诉讼法解释》第88条第2款规定："证人的猜测性、评论性、推断性的证言，不得作为证据使用，但根据一般生活经验判断符合事实的除外。"如果发现证人证言系推测性、评论性和推断性的证言，那么辩护方可以提出排除申请，建议不作为诉讼证据使用。由此可能导致证据不足而对被追诉人"不捕不诉"。

第三，根据口供补强规则，仅有被追诉人供述，没有其他证据的不应认定其有罪和处以刑罚。根据2018年《刑事诉讼法》第55条之规定："对一切案件的判处都要重证据，重调查研究，不轻信口供。只有被告人供述，没有其他证据的，不能认定被告人有罪和处以刑罚；没有被告人供述，证据确实、充分的，可以认定被告人有罪和处以刑罚。证据确实、充分，应当符合以下条件：（一）定罪量刑的事实都有证据证明；（二）据以定案的证据均经法定程序查证属实；（三）综合全案证据，对所认定事实已排除合理怀疑。"在认罪认罚从宽制度实施的背景下，口供的证明力必然增强，但是仍应注意审查是否有独立来源的基础事实予以佐证。同时对全案证据的审查应注意是否达到法定的证明标准，即"事实清楚、证据确实充分，排除一切合理怀疑"。如果达不到，辩护方可以提出本案属于"疑罪"的辩护意见，按照"疑罪从无"原则申请不捕不诉。

四、"慎诉"背景下两次补充侦查（调查）期间之外获得证据材料的证据效力问题

我国《刑事诉讼法》及其司法解释规定的补充侦查均以二次为限，那么由此带来的问题是超过二次补充侦查期间获得的证据材料是否具有证据效力？对此，实务部门在认识上存在分歧。笔者认为，超过二次补充侦查获得的证据材料不具有证据能力，应被排除在刑事诉讼之外。如果是对被追诉人有利的证据，可以采为诉讼证据使用。理由如下：

第一，保障程序刚性、维护程序尊严的需要。我国司法传统是，将实体违法认定为违法，应当追究相应责任，而不将程序违法认定为违法，责任追究可有可无。原因有二：一是程序违法的主体主要是公权力机关，我国对权力行使者予以高度信任。二是对于程序违法行为法律并未规定不利后果，导

致法律适用不明确。但是,如此一来《刑事诉讼法》规定的"补充侦查以二次为限"就会被频频违反,程序法的规制公权力行使的功能将无法落到实处。制裁是指那些侵犯他人权利、不履行法定义务或者违反法定禁令的人所应承受的消极性法律后果。[1]因此,为了维护刑事诉讼法的尊严,应当将超过法定次数的补充侦查获得的证据材料视为非法证据予以排除。也许有人会质疑我国的非法证据排除规则并不包括此种情形,否定其证据能力并无法定依据。的确,法律并未规定二次补充侦查以后获得的证据材料应作为非法证据予以排除。但是,"尊重和保障人权"作为2018年《刑事诉讼法》的任务已经确立,扩大非法证据排除范围有助于规范公权力的运行,从而实现"尊重和保障人权"的刑事诉讼法任务。法官不是"自动售货机",虽然其应忠诚于法律,但不是僵化司法、机械司法,在法律没有明确规定的情况下,应根据立法精神善意解释法律。

第二,域外立法例值得借鉴。很多国家的刑事诉讼法均明确规定"违法即无效"。对公权力违反刑事诉讼法规定获取的证据材料宣布无效,不得作为证据使用。例如,《俄罗斯刑事诉讼法典》第75条第1款规定:"违反本法典的要求而获得的证据不允许采信。不允许采信的证据不具有法律效力,不得作为指控的根据。"这就较好地解决了程序违法问题,避免其规定成为一纸空文。

第三,刑事诉讼法中的诸多义务性规范也并没有规定违反的后果,但是依然可以给予程序性制裁。例如,2018年《刑事诉讼法》第123条规定:"侦查人员在讯问犯罪嫌疑人的时候,……对于可能判处无期徒刑、死刑的案件或者其他重大犯罪案件,应当对讯问过程进行录音或者录像。录音或者录像应当全程进行,保持完整性。"虽然该规定没有明确违反的后果,但实务中选择性录制或者讯问笔录的内容与录音录像资料不一致的,经常会否定讯问笔录的证据能力。又如,2018年《刑事诉讼法》第118条第2款规定:"犯罪嫌疑人被送交看守所羁押以后,侦查人员对其进行讯问,应当在看守所内进行。"对于未在看守所内讯问的,除极少数例外情形,讯问笔录通常不得被作为诉讼证据使用。

第四,对非法证据排除规则中的"等"字进行解释,可以将该种情形包

---

[1] 参见陈瑞华:《程序性制裁理论》(第3版),中国法制出版社2017年版,第141页。

含在内。2018年《刑事诉讼法》第56条规定："采用刑讯逼供等非法方法收集的犯罪嫌疑人、被告人供述和采用暴力、威胁等非法方法收集的证人证言、被害人陈述，应当予以排除。……"这里的"等"字显然是未穷尽事项完毕的煞尾，随着公民基本权利司法保障水平的提高，"等"字仍可作进一步的扩大性解释。目前，可以将"超过二次补充侦查"视为"等外"的非法方法。既然刑事诉讼法规定"补充侦查以二次为限"，那么这就是公安机关应当遵守的义务性规范，违反此规范取证就属于"以非法方法收集证据"，理应予以排除。

第五，不能让违法者获利。但是，作为相对一方的被追诉人则不在此限。1988年我国批准的《联合国反酷刑公约》（即《禁止酷刑和其他残忍、不人道或有辱人格的待遇或处罚公约》）规定："每一缔约国应确保在任何诉讼程式中不得援引任何确属酷刑逼供作出的陈述为证据，但这类陈述可引作对被控施用酷刑逼供者起诉的证据。"借鉴国际法原理，不能因公权力主体的违法行为而使被追诉人利益受损。同理，非法证据排除规则只适用于公权力取证，而不包括私人取证。

2018年《刑事诉讼法》第175条第1款规定："人民检察院审查案件，可以要求公安机关提供法庭审判所必需的证据材料；……"有的检察官认为无论是在审查起诉阶段还是在审判阶段，检察机关均可要求公安机关提供证据材料，且不受补充侦查二次的限制。笔者认为这一理解有误。首先，法律明确规定"审查案件"，显然是审查起诉阶段，而非审判阶段。其次，"要求公安机关提供证据材料"，离不开公安机关补充侦查，因此也应以二次为限。这里的"要求公安机关提供法庭审判所必需的证据材料"，应当是在侦查或者二次补充侦查期间获得的证据材料，而这些证据材料尚未移送。不能作任意的扩大解释，否则《刑事诉讼法》规定的"补充侦查以二次为限"的义务性规范便将失去意义。据上述分析，如果检察机关向法庭提供的证据材料是超过二次补充侦查所获得，那么该证据材料便不具有证据能力，依法应予以排除。

在新冠疫情防控期间，一些公安机关没有严格执行二次补充侦查期间收集证据的规定。在二次补充侦查期间已经用完的情况下，仍然收集证据。严格讲，这些证据如果对犯罪嫌疑人不利，则无证据能力。这一问题关乎审查起诉的依据，是"慎诉"刑事政策下应予关注的问题。

五、如何解决"少捕慎诉慎押"中的合法性问题

为了降低诉前羁押率,扩大取保候审的适用率,各地纷纷使用了非羁码、电子手环和电子手表,通过电子监控手段加强对被取保人员的监控。还有一些地方建立了安置帮教基地,将被取保人员安置于此。这些措施确实具有提升监控能力的功效,在降低羁押率方面发挥了功用。但是,其合法性问题仍应予关注。

(一)"少捕慎诉慎押"中的合法性问题

根据2018年《刑事诉讼法》第78条的规定:"执行机关对被监视居住的犯罪嫌疑人、被告人,可以采取电子监控、不定期检查等监视方法对其遵守监视居住规定的情况进行监督;在侦查期间,可以对被监视居住的犯罪嫌疑人的通信进行监控。"可见,电子监控的适用对象是被监视居住的被追诉人。而对于取保候审对象法律则未规定可以采取电子监控手段。毕竟,电子监控涉及公民的行动自由和行动轨迹,这些均属于个人隐私的范畴。因此,在监控有效性与基本权利保障之间存在一定的张力。

在安置帮教基地中的被取保人员,其实是被限制了人身自由,有些监视居住的感觉。根据取保候审的意蕴,该强制措施的执行应当在其居所。然而,将被取保人员安置在帮教基地也缺乏明确的法律依据,面临合法性危机。

实践中,一些地方为了保障被害人的合法权利,推动"少捕慎诉慎押"刑事司法政策实施,探索建立了赔偿保证金提存制度。对此,我国《刑事诉讼法》并无规定,是否合法也是学界和实务部门关注的一个问题。

实践中有的被追诉妇女为了逃避打击,采取连续怀孕方式,有人担心对怀孕妇女采取逮捕措施有违法律规定,因此不敢大胆使用。这也涉及对怀孕妇女或者正在哺乳自己婴儿的妇女的逮捕是否合法的问题。

(二)"少捕慎诉慎押"中合法性问题的解决之道

上述前两个问题均涉及被取保人员的权利问题。根据法理学原理,权利既可以行使,也可以放弃。在放弃的情况下并不关涉侵权之质疑。在域外的搜查中,一般应当持有法官出具的搜查令状,执法人员才可以进行搜查。但是,在紧急情况下,经被搜查人员同意,也可以在没有令状的情况下进行搜查,这被视为合法,不会有侵权之说。道理很简单,被搜查人放弃了获得令状的权利。搜查是对个人基本权利的干预,性质、后果均比电子监控更严重。

据此，我国实践中采取的非羁码、电子手环或者电子手表等监控措施，只要有被取保人员知情同意的书面承诺书，即便没有法律规定，仍不会违反法律规定，也不会有侵权之质疑。同理，如果被追诉人签署了书面同意的材料，即便法律上没有规定，也不存在合法性问题。

（三）以公民权利是否受到限制或者克减以及是否增加义务来判断改革举措是否合法

根据《立法法》第 93 条第 6 款的规定：“没有法律、行政法规、地方性法规的依据，地方政府规章不得设定减损公民、法人和其他组织权利或者增加其义务的规范。”赔偿保证金提存制度一般以法院、检察院、公安机关和司法行政机关联合发布的规范性文件确立。规范性文件的效力层次低于地方政府规章。既然政府规章在涉及减损权利或者增加义务时必须有法律、法规依据，那么规范性文件也应如此，即须有上位法的明确授权。问题是，赔偿保证金提存制度并不涉及减损被追诉人权利或者增加其义务的问题。赔偿被害人的经济损失本来就是被追诉人的义务，获得经济赔偿也是被害人应有的权利。我国的刑事附带民事诉讼制度即为上述权利和义务的法律依据。鉴于实践中民事赔偿不能到位的问题，以"少捕慎诉慎押"刑事司法政策实施为契机，探索建立该项制度，目的是督促被追诉人积极履行赔偿义务，以减少"少捕慎诉慎押"实施的阻力，在被害人获得足额赔偿的前提下，对被追诉人的程序从宽可以顺利实施，从而预防减少被害人上访、信访事件的发生，实现法律效果与政治效果、社会效果的统一。因此，该项改革探索即便没有法律明确规定，仍具有合法性。

（四）正确运用法解释学方法贯彻落实"少捕慎诉慎押"刑事司法政策

2018 年《刑事诉讼法》第 67 条规定："人民法院、人民检察院和公安机关对有下列情形之一的犯罪嫌疑人、被告人，可以取保候审：……（三）患有严重疾病、生活不能自理，怀孕或者正在哺乳自己婴儿的妇女，采取取保候审不致发生社会危险性的；……"根据文义解释，并非"怀孕或者正在哺乳自己婴儿的妇女"一概都应采取取保候审措施。特殊时期的妇女仅是适用取保候审措施的条件之一，同时还需满足"采取取保候审不致发生社会危险性"这一条件。实践中办案机关常关注第一个条件而忽视了第二个条件。如果被追诉人以连续怀孕方式、在哺乳期内继续实施违法犯罪行为或者将哺乳期内的婴儿送人抚养，应认定为具有社会危险性。在后一种情形下，该妇女虽未实施违法犯罪行为，但是其不尽抚养义务本身可以推定为其具有社会危险性。而且，对该类人员之所以原则上不予逮捕，主要是考虑婴儿的利益。如果其将婴儿送人，已经不影响婴儿的利益，该妇女理应被逮捕，可以不予取保候审而逮捕。但是，婴儿作为无辜人员，仍应保障其权利。当其母亲为婴儿的唯一抚养人时，不宜对其予以逮捕。据此分析，可以明确，对怀孕和正在哺乳自己婴儿的妇女进行逮捕并无法律障碍。

六、"少捕慎诉慎押"刑事政策实施为什么"中间热、两头冷"？

笔者多次去公安机关、法院调研，发现侦查人员和法官对"少捕慎诉慎押"刑事司法政策反应冷淡、热情不高、实施动力不足。一些公安人员甚至认为该政策影响打击犯罪的效率和侦查取证能力，因此颇多微词。该项刑事政策的实施虽由检察机关牵头，但其自知没有公安机关和法院的配合支持，该政策就无法落地实施。因此，几乎所有的涉及"少捕慎诉慎押"的培训均是由检察机关邀请公安人员和刑事法官参加"同堂培训"。各地在实施该项政策过程中也基本上是检察院与公安机关会签文件，共同发力。该政策的实施与认罪认罚从宽制度实施一样呈现出"中间热、两头冷"的态势。这不禁令笔者思考这一现象背后的原因。

（一）公安机关和人民法院没有关于该政策实施的绩效考核

"捕"和"诉"都是检察机关的职能，与公安机关和人民法院的职权行使没有关系。检察机关为推动该司法政策的落实，设置了诉前羁押率、羁押必要性审查率等考核指标。有些地方公安机关考核逮捕率和起诉率，有些地方仅考核刑拘人数。法院行使审判职能，与"捕""诉"更无关系。公安机关希望被立案侦查的犯罪嫌疑人都能被"关"起来，实践中的"够罪即捕"即是明证，这与"少捕慎押"之间形成了张力。目前，公安机关的绩效考核指标与检察院关于"少捕慎诉慎押"指标之间形成冲突，因此无法形成共同推进的合力。法院应检察机关在审查起诉阶段的不捕、不押而顾虑庭审时被告人脱逃不能到案而往往在庭审前采取逮捕措施，增加了其工作量。因此，招致法官的不满。由于公安人员和法官均不太积极，甚至存在一定的抵触情绪，导致该项政策在实施中并不顺畅。

（二）职能定位使然

"少捕慎诉慎押"刑事司法政策无疑是对被追诉人的程序从宽，是彰显基本权利保障的司法政策。但是，公安机关天然以惩治犯罪、维护稳定为其基本职责，该项政策不仅不能给其带来侦查利益，甚至会阻碍其收集、固定证据活动的顺利开展，影响了其打击犯罪的效率。作为该政策实施保障的认罪认罚从宽制度，也与公安机关开展的专项活动强调"从严"的刑事政策格格不入。例如，盗窃犯罪嫌疑人可能是认罪认罚从宽制度实施的重要对象，但公安机关强调人民应有安全感，一般不会对此类犯罪的嫌疑人从宽处理，进而在更多时候使盗窃犯罪嫌疑人成为"严打"对象。"捕"和"诉"都是刑事诉讼中的追诉活动，法官是中立的裁判者，不承担追诉职能。但法官在诉讼活动中也有其自身的利益：一是被告人能够顺利到案，从而保障庭审和宣判后诉讼顺利进行；二是尽可能减少自身的工作负担，尤其是在员额制改革后"案多人少"矛盾突出的当下。

（三）面临责任追究的压力

如果被追诉人不捕和不羁押，一旦被追诉人重新犯罪，警察和法官可能要被追究责任。根据《人民法院工作人员处分条例》第 29 条的规定："违反规定，擅自对应当受理的案件不予受理，或者对不应当受理的案件违法受理的，给予警告、记过或者记大过处分；情节较重的，给予降级或者撤职处分；情节严重的，给予开除处分。"被告人在案是案件审理的条件，一旦被告人被取保候审后联系不上，人民法院通常不会受案，这在很大程度上是受责任追究的影响。由于没有建立容错机制，一旦被追诉人因未被羁押脱逃或者重新犯罪，公安人员和法官将会被追究责任。这也是一些司法人员对"少捕慎诉慎押"比较抵触的原因。这种惧怕追责的心理不仅在侦查人员、法官中比较普遍，即便是检察官对此也很有顾虑。这也是经过羁押必要性审查后一些检察官不情愿变更逮捕措施的原因。因此，实施该政策必须建立配套措施，特别是容错机制的建立。

（四）惩罚犯罪的惯性思维

从学理上讲，法官应是中立的裁判者，客观公正、不偏不倚，但是鉴于我国刑事司法"流水线式"的体制，法院也肩负着打击犯罪、保一方平安的职责。因此，难以苛求法院成为独立、中立的裁判者。公安机关作为追诉犯罪的机关将惩罚犯罪作为其核心职能似乎无可厚非。但是，作为司法机关和公权力的行使者，司法机关应履行客观义务，对不利和有利犯罪嫌疑人的情形一律注意。

"少捕慎诉慎押"刑事司法政策的有效实施，需要公、检、法、司各机关认识统一、标准统一、步调一致。为此，除了进行"同堂培训"外，还需统一考评指标。推行该政策并非检察机关一家之力可为，改善和优化外部环境一样不容忽视。

七、实施"少捕慎诉慎押"刑事司法政策任重而道远

2021年4月，中央全面依法治国委员会提出了"坚持少捕慎诉慎押刑事司法政策，依法推进非羁押强制措施适用"的重大改革举措。从此，"少捕慎诉慎押"已经上升为党和国家的新的刑事政策。该项政策顺应了社会发展和制度变迁的需要，是司法领域改革的重大举措。

第一，我国犯罪结构发生了重大变化。目前，我国的轻罪案件比例大幅度上升，故意杀人、抢劫等重大犯罪案件比例下降，由此导致羁押的必要性、紧迫性降低。最高人民检察院原检察长张军在2021年最高人民检察院工作报告中指出："犯罪结构明显变化，重罪占比持续下降，轻罪案件不断增多。判处不满三年有期徒刑及以下刑罚案件，从2000年占53.9%升至2020年的77.4%。"第二，认罪认罚从宽制度实施，使刑事司法由对抗走向合作，一旦真诚认罪悔罪，被追诉人的人身危险性和社会危害性便会降低。第三，保障民营企业家合法权益和合规不起诉政策和制度的实施，进一步催生公安司法机关"少捕慎诉慎押"的需要。第四，社会监控能力提升。随着现代科技手段在刑事司法中的运用，例如"电子手环"和"非羁码"的使用，实名制推广、路面监控、手机定位、移动支付等现代科技的广泛应用大大提升了国家的监控能力，为取保候审的适用提供了广阔的空间。第五，人权保障理念的勃兴。党的十八届三中全会决定指出："完善人权司法保障制度"；党的十八届四中全会决定更是明确要求"加强人权司法保障"。随着程序正义、无罪推定理念的普及，为贯彻"少捕慎诉慎押"扫除了观念障碍。尤其是我国已经加入《公民权利及政治权利国际公约》，按照该公约的要求，羁押只能成为一种例外。基于为实施公约创造条件，我国也应逐步降低审前羁押率。如果审前羁押率在50%以上，很难说"羁押是例外"。

为贯彻落实"少捕慎诉慎押"刑事司法政策，各地进行了积极有益的探索，且取得了一定的成效。例如，山东省东营市人民检察院探索发明了电子手表，尝试建立保证金提存制度；浙江省杭州市人民检察院借鉴"健康码"

发明了"非羁码"。最高人民检察院于2021年12月初发布了贯彻"少捕慎诉慎押"的5个典型案例。不久,最高人民检察院牵头联系中央政法各机关拟联合发布贯彻"少捕慎诉慎押"刑事司法政策的规范性文件。最高人民检察院开展羁押必要性审查专项活动,后又宣布延长一年,从2021年7月1日延至2022年12月31日,且审查范围从原来的三类重点案件,扩展至所有在办羁押案件。据统计,自该项活动开展以来,2021年下半年,诉前羁押率降至40.47%,比上半年下降近5%,比2020年同期下降3%;第四季度诉前羁押率降至36.31%。同时,各地公安司法机关理念逐步发生变化,并在工作中认真落实,取得了明显成果。2020年全国各级检察机关对依法可不批捕和犯罪情节轻微、不需要判处刑罚的,不批捕8.8万人、不起诉20.2万人,占已办结案件比例分别增加0.8%和3.9%。捕后认罪认罚可不继续羁押的,建议释放或变更强制措施2.5万人。

尽管如此,我们仍要充分认识到贯彻"少捕慎诉慎押"并非可以一蹴而就,具有长期性、艰巨性和复杂性特点。不可否认,我国的羁押率和起诉率长期以来偏高。第一,我国长期以来"重打击、轻保障"的理念影响极大。"够罪即捕""以捕代侦"等传统思维和惯常做法,并非一朝一夕可以改变。整个社会弥漫着严惩犯罪的风气,被害人一方的感受、"维稳"压力等,将影响该项政策的实施。第二,"口供中心主义"的办案倾向加剧了对口供的依赖,"口供是证据之王"仍然是被不少办案人员奉为圭臬。只有将犯罪嫌疑人、被告人羁押起来,才能获得稳定的口供,才能有效防止翻供、串供行为发生。第三,我国公安司法机关的绩效考核设置也是以打击率作为正向考评指标,为考核而办案的倾向在公安司法机关不同程度地存在。高羁押率、高起诉率是严惩犯罪的重要体现。因此,若内部考评机制不发生改变,"少捕慎诉慎押"刑事政策的落实将非常困难。第四,检察官能否恪守客观义务直接关乎该项政策的实施效果。检察官的职责既是"除暴",又有"安良"。但是,目前"除暴"职责履行有余,而"安良"职能体现不足。在刑事司法活动中,"安良"就是"不捕、不诉"。检察官作为犯罪的追诉者,在基本权利保障方面应当加强。第五,不捕、不诉程序繁琐和羁押必要性审查未能发挥制度功效也是需要重视的问题。在实行司法责任制的背景下,很多检察机关对于不捕、不诉案件仍规定由检察长甚至检察委员会决定,层层报批,程序复杂,诉讼时间拖延,令办案检察官"望而生畏",不如"一捕、一诉了之"

更加便捷省事，还避免了同事"说闲话"和领导的不信任。第六，政策之间相互冲突，令检察官无所适从。政法队伍教育整顿期间，许多地方将"不捕、不诉"案件作为重点案件予以评查，导致不少检察官为避免留下"后遗症"而"一捕了之""一诉了之"，免得日后被追究司法责任。

贯彻落实"少捕慎诉慎押"刑事司法政策非一时之功。若要将过高的比例降下来，需要统筹兼顾、多方发力，才能久久为功。第一，全社会理念的转变。"少捕慎诉慎押"不仅需要公安司法人员理念的变化，更需要社会公众对实施该项政策的理解、支持和关心。降低羁押率和不诉率，其实是在价值取向上"尊重和保障人权"的体现。在一个强调安全、秩序价值的国度，提倡"少捕慎诉慎押"需要民众观念的转变，逐步形成"无罪推定"、程序正义理念，从"重打击"转向"打击与保障并重"。因此，"少捕慎诉慎押"刑事司法政策并非检察机关一家可为。第二，改革目前的绩效考核机制。改变当前以打击犯罪为导向的绩效考评机制，这是贯彻"少捕慎诉慎押"刑事司法政策的重中之重。考核指标的设置除应考虑打击率外，还应重视保障率。这既是基于检察官履行客观义务的需要，也是贯彻落实党的十八届三中、四中全会精神的需要。为此，有必要将不捕率、不诉率纳入检察官绩效考核体系。公安机关也应将报捕率纳入目标考评，实行负向考核，以此减少报捕率。第三，减少办案人员对口供的依赖。实行"少捕慎诉慎押"需要改变目前的办案模式，降低办案人员对口供的依赖。这样做虽然会增加办案成本，但有利于降低羁押率，实现司法的基本权利保障功能。面对互联网、大数据时代的到来，办案人员应当顺势而为，善于运用技术手段获取和固定证据，发挥科学证据在定案中的作用。这对于应对被追诉人翻供、实现指控犯罪有力具有重要意义。办案模式重建还需要发挥检察官在审前程序中的主导责任，发挥公诉引导侦查的作用，切实做好重大案件侦查终结前讯问合法性核查工作，对于因非法证据排除后证据不足、达不到逮捕和起诉条件的案件，对犯罪嫌疑人不予批捕和不予起诉。第四，充分发挥羁押必要性审查制度在降低羁押率方面的作用。虽然 2012 年《刑事诉讼法》修改增加了羁押必要性审查制度，但是从实践情况看，该项制度在降低羁押率方面并未发挥预期的作用。主要表现为适用率低、程序不规范。据笔者调研，不少检察院每年适用的案件数量在个位数范围内，即使经审查建议变更羁押措施，也难以发挥替代功能。为了推动该项工作的落地落实，最高人民检察院近期部署开展专项检查活动，并明确了检查的重点案件，这对于降低审前羁押率具有重大意义。专项检查活动主要针对实践中存在的轻罪案件羁押率过高、构罪即捕、一押到底和涉民营企业案件因不必要的羁押影响生产经营等突出问题，以及羁押背后所反映的以押代侦、以押代罚、社会危险性标准虚置、羁押必要性审查形式化等不适应经济社会高质量发展需要等问题，相信随着专项检查活动的开展，上述问题可以得到较好的解决，刑事诉讼法确立的新制度也能够得到有效实施。第五，不起诉的审前分流功能未得到完全发挥。不起诉适用程序繁琐、适用率的问题普遍存在。一个人一旦被起诉，就由犯罪嫌疑人变为被告人，不受无理和无根据指控是被追诉人的一项基本权利。与域外相比，我国的起诉率仍然偏高。因此，检察机关应在"慎诉"上着力，切实贯彻刑法谦抑精神，以真正落实宪法规定的"国家尊重和保障人权"原则。

第七章
"少捕慎诉慎押"实施应处理好的关系

一、认罪认罚从宽制度与"少捕慎诉慎押"刑事司法政策的关系

贯彻落实"少捕慎诉慎押"刑事司法政策，必然离不开认罪认罚从宽制度的推行。那么，两者究竟是什么关系？如何在实施认罪认罚从宽制度时体现"少捕慎诉慎押"政策精神？或者在落实刑事政策时如何发挥认罪认罚从宽制度的价值功能？这是本章需要研究的问题。

（一）认罪认罚从宽制度与"少捕慎诉慎押"刑事司法政策的区别

认罪认罚从宽制度与"少捕慎诉慎押"刑事司法政策的区别表现在以下五个方面：一是认罪认罚从宽制度是我国《刑事诉讼法》确认的一项制度，并且在基本原则中有所体现；而"少捕慎诉慎押"仅是一项刑事司法政策，显见于中央文件中。二是制度具有明确性和可操作性，而政策更多是一种价值导向、理念要求和形势方向，可操作性不强；三是认罪认罚从宽制度依托于相关的子制度或者程序得以落实，例如值班律师制度、具结书签署制度和速裁、简易、普通程序的适用；而"少捕慎诉慎押"刑事司法政策的实施并未有相关的配套制度跟进，其实施的重点、范围和对象以及实施中的问题，多是通过最高人民检察院相关文件或者负责人解读指导下级检察机关贯彻落实。认罪认罚从宽制度贯穿于刑事诉讼的侦查、审查起诉和审判阶段，因此是公、检、法三机关共同的使命和任务；而"少捕慎诉慎押"刑事司法政策主要是检察机关的工作内容。但由于我国三机关的办案模式，该项政策顺利实施，离不开公安机关和人民法院的支持配合。四是认罪认罚从宽不仅是"少捕慎诉慎押"，也包括检察机关量刑建议的从宽和法院刑罚裁量的从宽，即实体从宽。五是认罪认罚从宽制度的适用，需要被追诉人既认罪也认罚，而"少捕慎诉慎押"可能只需要被追诉人认罪,未必要求认罚,有时甚至连认罪都不需要。例如,被追诉人的行为不构成犯罪或者犯罪证据不足。

(二) 认罪认罚从宽制度与"少捕慎诉慎押"刑事司法政策的联系

认罪认罚从宽制度不仅体现在实体从宽方面,还体现在程序从宽方面,而程序从宽的体现就是"少捕慎诉慎押"。无论是制度还是政策,均要求在确已构罪的情况下,被追诉人真诚悔罪、积极退赃退赔,取得谅解或者达成和解协议。从实践情况看,认罪认罚和"少捕慎诉慎押"政策一样,主要适用于轻罪案件和未成年人、老年人、在校学生、过失犯、偶犯、初犯等。犯罪嫌疑人犯罪情节较轻、认罪认罚且取得谅解,可能会被"不捕不诉",这本身也是"少捕慎诉慎押"刑事司法政策在认罪认罚案件中的体现。因此,二者具有一定的重合性。"大量认罪认罚案件需要国家采取有别于不认罪认罚案件的诉讼模式,为犯罪嫌疑人、被告人的认罪认罚提供制度性激励,少捕慎诉慎押因而具备了深厚的实践基础。认罪认罚是犯罪嫌疑人、被告人的选择,从宽是国家兑现的承诺,减少羁押和处刑则是从宽的具体体现。认罪认罚从宽制度拓宽了少捕慎诉慎押的适用空间,少捕慎诉慎押应当利用好认罪认罚从宽制度培育的实践土壤。"[1]"少捕慎诉慎押"刑事司法政策若要取得成效,必然需要以认罪认罚从宽制度有效实施为前提和基础,要充分发挥好认罪认罚从宽对"少捕慎诉慎押"的制度支撑作用。两者具有内容一致性和目标同向性。正如重庆市人民检察院检察长贺恒扬所言:"少捕慎诉慎押刑事司法政策与认罪认罚从宽制度天然契合,二者都包含强化司法人权保障、降低司法成本、减少矛盾对抗、促进社会和谐等价值功能。"[2]甚至可以说,认罪认罚从宽制度做得好的地方,"少捕慎诉慎押"贯彻得也好。无论是制度从宽还是政策推行,均离不开公安、检察人员司法理念的转变,那就是逐步树立人权保障,尤其是被追诉人人权保障的观念,将"重打击、轻保护"转变为"打击与保护并重"。除此之外,还应注意公安机关和检察机关目标考核的一致性,并且祛除违反司法规律的考核指标。例如,公安机关以起诉率作为评价工作业绩的指标,但是为了追求高起诉率,公安机关侦查终结移送起诉的案件比例将会提高。捕后不诉是对检察业务部门的负向考评指标,为了避免

---

[1] 参见贺恒扬:"少捕慎诉慎押刑事司法政策五大关系论纲",载《人民检察》2022年第3期。

[2] 参见贺恒扬:"少捕慎诉慎押刑事司法政策五大关系论纲",载《人民检察》2022年第3期。

第七章 "少捕慎诉慎押"实施应处理好的关系

不利的考评结果，检察官往往倾向于作出起诉决定。只有公安机关与检察机关在"少捕慎诉慎押"上考评指标一致才能同心同向、共同发力，而不至于造成相互之间力量的抵销。在调研过程中，曾有检察官向笔者提出：考核不应只对检察机关，公安机关和人民法院也应被一并纳入绩效考核，如此才可避免"中间热、两头冷"的问题。当然，若要对公、检、法三机关一并进行考核，需要中央政法委员会牵头实施，而非最高人民检察院一家在检察系统推行。

（三）实务上如何协调二者关系

一是将认罪认罚从宽制度和"少捕慎诉慎押"刑事司法政策一同部署、同步实施。既然两者具有交叉性，就具有共同实施的可能性。如此一来，可以收到"一举两得"之功效，在两项工作的考评中均具有优势。例如，检察官可以花时间做好加害方与被害方的和解、谅解工作，以为制度实施和政策推行创造条件。二是注意保障被追诉人认罪认罚的自愿性和真实性。被追诉人认罪悔罪既是从宽制度适用的条件，也是"少捕慎诉慎押"刑事司法政策落实的前提。正如我国一些学者所指出的，我国的认罪认罚从宽制度是"权力主导型"或者"压制型"的，因此不能仅以具结书上有被追诉人的签字即证明认罪认罚的自愿性和真实性。实践中，不少地方的检察官在与被追诉人的协商中曾威胁：不认罪认罚便提出实刑量刑建议，认罪认罚可以提出缓刑量刑建议。为了避免遭受牢狱之灾，一些本认为自己无罪的被追诉人只有无奈地认罪认罚并签署具结书。为了保障协商的平等性，对被追诉人应尽量"不捕少捕"。如果检察机关既掌握了被追诉人的自由权，又与其进行协商，其实不是真正意义上的协商。三是"少捕慎诉慎押"刑事司法政策并不以被追诉人认罪认罚为前提。对于法定无罪和指控证据不足的案件，有什么理由让被追诉人认罪认罚呢？即使被追诉人没有认罪，仍然可以对其不捕、不诉。四是不能将被追诉人正当的辩解、辩护视为"态度不老实"，不认罪认罚而不予以从宽处理。辩解、辩护是《刑事诉讼法》和《宪法》赋予被追诉人的基本权利，不能因为认罪认罚从宽制度和"少捕慎诉慎押"实施而克减其基本权利。辩护权是公正审判权的基本要求，是"兼听则明"实现司法公正的保障。四是为了避免办案人员与案件"捆绑"在一起，产生利害关系，尽可能少刑拘、逮捕人。我国刑事司法的现实表明：刑事诉讼一旦发动，只能冲破阻力，"一往无前"。五是检察官更应恪守客观义务。无论是认罪认罚从宽制度还是"少捕慎诉慎押"刑事司法政策，检察官均具有主导地位，承担主导责任。"主导"意味着"控制""决定"，也意味着检察权的扩张。根据"权力义务相统一"的基本法理，权力越大，义务要求就越高。因此，检察官应切实履行客观义务，尽量矫正犯罪追诉者的角色定位，使审前程序中的"准法官"角色得以实现。

二、"少捕慎诉慎押"刑事司法政策实施中的十对辩证关系

"少捕慎诉慎押"刑事司法政策实施无疑是程序从宽的体现，体现了司法的文明进步和人权保障精神。该项刑事司法政策实施一年多来，取得了较大成效。最高人民检察院原检察长张军2022年所作的工作报告显示：2021年全年不批捕38.5万人、不起诉34.8万人，比2018年分别上升28.3%和1.5倍；诉前羁押率从2018年54.9%降至2021年42.7%。[1]2022年1月至3月全国检察机关共批准和决定逮捕各类犯罪嫌疑人14.3万人，同比下降27.3%；不捕8.6万人，同比上升21.2%，不捕率38.1%，同比增加11.1%。受理审查起诉49.8万人，同比下降1.8%；共决定起诉32.9万人，同比下降9%；决定不起诉8.3万人，同比上升42.9%，不起诉率20.1%，同比增加6.3%。[2]虽然成绩比较显著，但是这并不意味着不分案件类型、地区差异和社会接受度而一味、一概从宽，乃至将案件"该捕不捕""该诉不诉"。虽然该项刑事司法政策是由检察主导，但必须由其他办案机关支持配合、形成共识、步调一致。"少捕慎诉慎押"刑事司法政策实施，也需要为检察官"松绑"，激发其愿意使用、敢于运用"少捕慎诉慎押"刑事司法政策的工作积极性和动力。"少捕慎诉慎押"刑事司法政策牵一发而动全身，其顺利有效实施需要司法理念、考评制度、协作和容错机制等建设，更需要公、检、法司密切合作，共同发力。总之，需要辩证看待和处理以下十对关系。

（一）惩罚犯罪与保障人权的关系

惩罚犯罪和保障人权是刑事诉讼的两大目的。长期以来，公安司法机关均是以惩罚犯罪作为首要和核心目标，在刑事司法领域显现出了"重惩罚、

---

[1] 2022年3月8日，张军作最高人民检察院工作报告，载https://www.chinanews.com.cn/tp/hd2011/2022/03-08/1022921.shtml，2022年4月29日访问。

[2] 蒋安杰："少捕慎诉慎押刑事司法政策落实一年间"，载《法治日报》2022年4月27日。

轻保障"的现象。体现在强制措施适用和审查起诉方面就是逮捕措施的常态化适用、羁押率和起诉率过高。根据历年《中国法律年鉴》提供的官方统计数据，自1996年《刑事诉讼法》实施以来，全国平均捕诉率虽然整体上呈现出持续下降的趋势，但仍始终处于高位，整体上呈不断增长态势，2013—2019年全国平均捕诉率高达62%。广西A市2019—2020年连续两年审前羁押率均在95%以上，2021年1月至9月，审前羁押率虽然有所下降，但仍然处于83.79%的高位。[1]由于以惩罚犯罪为导向，起诉率和定罪率比较高。为了实现高起诉率和高定罪率，对被追诉人予以羁押，以防止其串供或者妨碍证人作证成了办案者的首要选择。只有将被追诉人逮捕、羁押，才能保持证据链的稳定性，检察机关追诉犯罪的困难才会变小。事实上，"口供中心主义"之所以长期以来在司法实践中比较盛行，无不与此有关。公安机关"以捕代侦"的办案模式都是基于对口供的依赖。此外，以惩罚犯罪为导向的绩效考评具有"指挥棒"的功能，指引办案主体为完成目标考核任务或者评先、评优而采取适当的行动。例如，公安机关对"少捕慎诉慎押"刑事司法政策较为冷淡，可能与绩效考评中的刑拘率、批捕率和起诉率等指标有关。而这些考评指标都是惩罚犯罪的指标。为了追求较为满意的考核结果，拘留人数和报捕人数必然是越多越好。

虽然我国《宪法》和《刑事诉讼法》均规定了公、检、法三机关的"配合制约"原则，但实践中"配合有余、制约不足"的问题仍较为突出。一方面是长期工作关系形成的紧密联系，使彼此之间产生了一种相互帮助的心理；另一方面绩效考评通常是以后一阶段的处理结果来决定前一阶段诉讼行为的成败。如此一来，高报捕率必然催生高逮捕率。检察机关虽然进行了羁押必要性审查，但通常倾向于不予变更。

一些外来人口较多的城市，对于在本地无固定住址、无稳定收入的外来人员涉嫌犯罪的，即便符合取保候审条件，也不采取该强制措施，也是出于被追诉人逃跑进而妨碍诉讼顺利进行的顾虑。由此导致外来人口比较集中的城市批捕率和羁押率较高。这也是惩罚犯罪思维的体现。

惩罚犯罪要求有罪必罚，有罪必罚体现在审查起诉阶段就是有罪必诉。

---

[1] 参见孙长永："少捕慎诉慎押刑事司法政策与人身强制措施制度的完善"，载《中国刑事法杂志》2022年第2期。

当前不起诉的分流功能并未体现出来。"慎诉"要求检察官要考量起诉的公共利益和起诉必要性，而非构罪即诉。目前正在推行的认罪认罚从宽制度和企业合规审查改革试点，为不起诉适用率的提高提供了契机。与域外相比，我国起诉率仍然偏高。以日本为例，2000年酌定不起诉适用比例是44.9%，2002年是47.4%，2005年达到了53.4%。〔1〕以江苏省苏州市为例，虽然不起诉率在全省最低，也达到了19.5%。S省的各地区中，2013年酌定不起诉适用比例最高的是8.02%，最低的为0.98%；2014年最高的是6.34%，最低的为0.96%；2015年最高的是6.58%，最低的为1.88%；2016年最高的是10.88%，而最低的仅为1.55%。2013年至2016年，S省法院判处三年以下有期徒刑的比例分别为83.22%、83.87%、85.29%、86.84%，特别是非实体刑判决比例分别为37.31%、34.78%、33.14%、35.77%。〔2〕这说明，有相当部分的案件检察机关完全可以作不起诉处理，也说明我国的不起诉仍有较大的适用空间。

据笔者调研，公安机关之所以对该项司法政策反应比较冷淡，一方面是公安机关承担的基本职责就是打击犯罪，强调"少捕慎诉慎押"会动摇其基本职能；另一方面是证据难以收集、固定，由此会给定罪带来困难。当然，被害人一方的压力，或者说"维稳"压力也使公安司法机关不敢、不愿使用该刑事政策的一个重要原因。一旦被追诉人被不批捕、不羁押、不起诉，被害人一方便会信访、上访，指责办案机关办"关系案""人情案"和"金钱案"。为避免落得个"打击不力"的指责，不如"一捕了之""一诉了之"。

在落实"少捕慎诉慎押"刑事司法政策的过程中，观念因素最为重要。在一项对1021名检察官的问卷调查中，可以发现"有罪推定"和"够罪即捕"理念排序第一，有455人将其作为排名第一的因素，占比44.56%。长期以来，我国的刑事司法以打击犯罪为导向，"重打击、轻保障"的观念影响较大。而实行非羁押措施无疑是"重保障"的体现。"实践中还存在重刑的思维，追求高速捕率、起诉率、定罪率，甚至在很长一段时间是一个常态。"〔3〕公安检察人员在上述观念的支配下，在羁押问题上采取"以捕代侦"和"构

---

〔1〕 参见宋英辉："国外裁量不起诉制度评介"，载《人民检察》2007年第24期。

〔2〕 参见张树壮、周宏强、陈龙："我国酌定不起诉制度的运行考量及改良路径——以刑事诉讼法修改后S省酌定不起诉案件为视角"，载《法治研究》2019年第1期。

〔3〕 贾宇、王敏远、韩哲："少捕慎诉慎押'三人谈'"，载《检察日报》2021年6月7日。

第七章 "少捕慎诉慎押"实施应处理好的关系

罪即捕",从而导致我国的羁押率偏高。这种观念在很大程度上来源于办案机关对口供的高度依赖。在调研过程中,一些检察人员反映:无论是侦查人员还是检察人员,对羁押必要性均重视不够,存在求稳思维,对在押人员变更强制措施或多或少地存有脱逃、串供等担心,掌握标准过严,均有不变更、少变更倾向。将被追诉人羁押在看守所,既不必担心其串供、干扰证人作证,办案人员获取口供也更为便利。在观念上,无罪推定原则尚需进一步落实,一旦一个人涉嫌犯罪成为犯罪嫌疑人,人们便会认为其是真正的罪犯,因此此人被羁押便属理所当然。审前羁押在我国当前的司法实践中被广泛使用,绝大多数被追诉人是在被羁押的状态下等待审判的。[1] 会出现"够罪即捕"的现象在很大程度上与司法办案人员人权保障观念不强有关。一是无罪推定原则在我国宪法和法律中并未真正确立。《刑事诉讼法》第12条的规定仅是明确了法院统一定罪权。二是检察官客观义务具有相当的局限性,"除暴"职能得以凸显,而"安良"功能并未得到发挥。三是将犯罪嫌疑人羁押起来,使其失去与外界的联系,可以使证据固定,防止因串供和翻供而导致的定案困难,从而使办案变得更加容易。四是担心犯罪嫌疑人在取保状态下脱逃或者重新犯罪而被追究司法责任和负向的目标考核。五是来自被害人一方和社会的压力,尤其是被害人一方上访的"维稳"压力,避免落得个"打击不力"的指责。

从过去固有的惩罚犯罪思维转向保障基本权利,不啻思想深处的一场革命。思维定势决定行为模式。虽然基本权利保障代表了司法的理性、文明,贯彻落实"少捕慎诉慎押"刑事司法政策并不容易。不仅有司法办案人员理念转变的问题,还有全社会能否接受这项刑事司法政策的问题。如果公众没有培养起基本权利保障、比例原则等理念,推行该项刑事司法政策便会缺乏社会基础。社会基础系文化的组成部分。制度变迁容易,但观念文化的变革绝非一朝一夕之功。"少捕慎诉慎押不仅需要公安司法人员理念的变化,更需要社会公众对实施该项政策理解、支持和关心。降低羁押率和不诉率,其实是价值取向上'尊重和保障人权'的体现。提倡少捕慎诉慎押需要民众观念的转变,逐步形成'无罪推定'、程序正义理念,从'重打击'转向'打击

---

[1] 参见陈卫东、刘计划:"谁有权力逮捕你——试论我国逮捕制度的改革(下)",载《中国律师》2000年第10期。

与保障并重'。"[1]

人权保障的一个重要方面是审查逮捕和羁押必要性审查的程序公正性。当前，逮捕羁押的适用随意性较大，如果不当使用甚至滥用，其危害后果甚大。一是被追诉人不受任意逮捕的宪法性权利难以保障；二是被追诉人的人格尊严也同样难以保障，因为人格权的基础是人身自由权；三是被追诉人可能因不当逮捕羁押引发对公权力机关的怨恨，招致司法公信力下降；四是被追诉人从事社会活动、安排自身生活的自由被剥夺；五是增加国家的羁押成本和劳动力资源的浪费。随着程序正当理念的高涨，近年来，检察机关引入审查听证模式，以直接言词方式进行听证，往诉讼化方向前进了一大步。但因审查逮捕时间较短、律师参与面临困难、犯罪嫌疑人及其律师侦查阶段尚无阅卷权等问题，采用该种方式进行审查的案件比例较低。书面化、单方化和封闭式的审查具有高效率的特点，但其弊端也显而易见，那就是对犯罪嫌疑人有利的事实和情节不易得到全面展示，审查建立在侦查卷宗基础上，检察官无法做到"兼听则明"。[2]限制人身自由应当遵守正当程序是一项国际公认的刑事司法准则，通过程序的公正实现是否羁押结果的公正，有利于减少不当逮捕羁押。《公民权利及政治权利国际公约》第9条、《儿童权利公约》第37条和第40条、《保护所有遭受任何形式拘留或者监禁的人的原则》第11条至第18条均作了规定。这些国际公约和文件对刑事诉讼中剥夺个人人身自由提出了以下六项基本要求：①任何人被拘捕时，均应被告知拘捕的理由，并被迅速告知对其提出的任何指控；②任何人被拘捕、羁押或指控时，都有权为自己进行辩护，必要时依法由律师协助；③任何人被拘捕后应被迅速带见审判官或者其他经法律授权行使司法权力的官员；④未经得到司法机关或者其他当局审问的有效机会，任何人不受羁押；⑤对于任何羁押命令及其理由，被羁押人及其律师有权获得及时完整的通知；⑥任何因拘捕或羁押被剥夺自由的人，均有资格向法庭提起诉讼，以便法庭能不拖延地决定拘禁其是否合法以及如果不合法时命令予以释放。这些要求得到了相关缔约国的普遍

---

[1] 韩旭："两高改革年鉴④｜学者谈'少捕慎诉慎押'：任重道远，需改革绩效考评机制"，载"澎湃新闻"2022年3月7日。

[2] 参见韩旭："'少捕慎诉慎押'彰显人权保障精神"，载《检察日报》2021年7月21日。

遵守，对于遏制恣意的或者无根据的拘捕、羁押起到了积极作用。[1]

所谓"人权"，是人之所以为人的权利，在刑事诉讼中的人权最主要的是作为被追诉人的人权。被追诉人的人权在刑事诉讼过程中最重要的是人身自由权和不受无理追诉的权利。这两项权利是公民人格尊严的基础。而保障上述权利，恰需要"少捕慎诉慎押"刑事司法政策的贯彻落实。正是基于对包括被追诉人在内的公民人权保障的加强，"少捕慎诉慎押"刑事司法政策才应运而生。但是，推行该项政策必然会遇到不小阻力，社会接受度是一个不能不考虑的问题。因此，需要包括执法司法者在内的全民理念的转变，需要人权保障精神的深入人心。否则，政策的根基缺乏或者不牢，必然难以使该项政策的落实行稳致远。

当前，最高人民检察院正在推行合规审查制度，这对减少逮捕、羁押和起诉具有重要价值。2021年，最高人民检察院等机关颁布的《关于建立涉案企业合规第三方监督评估机制的指导意见（试行）》第14条规定，应当将第三方组织合规考察的合规材料作为检察机关依法作出批准或者不批准逮捕的重要参考。一些地方检察机关也出台了规范性文件，旨在为积极配合合规的涉案人员提供更多采取非羁押强制措施的规范保障。例如，《深圳市检察机关企业合规工作实施办法（试行）》第11条规定，对在押的犯罪嫌疑人，在决定对企业开展合规考察后，检察机关应当同时启动羁押必要性审查程序，及时决定是否变更强制措施。《宁波市检察机关关于建立涉罪企业合规考察制度的意见（试行）》第8条规定，对于适用合规考察的企业犯罪案件，相关人员被羁押的，除属于累犯或系缓刑、假释考验期内犯罪等不宜释放的情形外，应当取保候审。广东省深圳市宝安区公检法等机关联合颁布的《关于企业合规工作衔接机制（试行）》第30条规定：对于积极开展企业合规的涉案企业、相关责任人员，可根据具体情况对涉案企业、相关责任人员作出不捕不诉等从宽处理决定。湖南省人民检察院《关于充分发挥检察职能依法服务和保障民营企业改革发展的指导意见》第4条规定，需要犯罪嫌疑人主持企业作过渡性经营的，如果犯罪嫌疑人犯罪情节较轻，没有逮捕必要，应当不予逮捕。因此，企业合规审查在减少逮捕和羁押必要性审查中发挥着重要作用。

---

[1] 参见孙长永："少捕慎诉慎押刑事司法政策与人身强制措施制度的完善"，载《中国刑事法杂志》2022年第2期。

政策的指引已经落实到行动中。不久前,广东省高级人民法院颁布的《关于刑事诉讼中规范民营企业负责人取保候审指引》第 3 条,明确规定对于可能判处十年以下有期徒刑,犯罪事实已经查清,证据确实、充分,认罪态度较好,积极赔偿或者退赃,采取取保候审能够保证诉讼顺利进行的,均可取保候审。[1]这既体现了"少捕慎诉慎押"刑事司法政策与企业合规审查改革的关系,也有利于实现对企业经营者权利的保障。过去,企业合规审查更多地关注于"诉与不诉"的问题,今后我们也应将视野放在"捕与不捕"问题上。

为了体现逮捕制度的人权保障功能,即保证逮捕权不随意行使或者滥用,对逮捕条件中的"有证据证明有犯罪事实"的"证据"要件进行限制。应明确此处的"证据"并非单个证据。根据"孤证不能定案"的实践规则和《刑事诉讼法》规定的口供补强规则,"有证据"至少应当有两个以上的证据,且证明方向一致。在认罪认罚从宽制度实施的背景下,尤其应防止仅凭被追诉人的口供定案。逮捕具有预定案的功能,应适用较高的证明标准。之所以强调证据在人权保障中的限制功能,是因为我国的审查逮捕主体并不独立、中立,且审查逮捕程序未实现诉讼化。如果不提高证据条件,就易导致逮捕权的恣意滥用。在羁押问题上,应当顺应国际社会普遍做法,将逮捕羁押权交由法官行使。这是降低羁押率的必要改革之措。

(二)检察主导与公检法司协作配合关系

与认罪认罚从宽制度的实施情况相类似,"少捕慎诉慎押"刑事司法政策的实施也呈现出"中间热,两头冷"的局面。目前的政策实施主要靠检察机关主导和推动。笔者参与的多次多地的讲座,都是检察机关邀请公安、法院乃至律师进行"同堂培训"。这充分说明检察机关已经意识到仅靠"一家之力"必然难以推进。事实也是如此,如果公安机关报请批捕的人数较多,批捕率必然推高。因此,降低批捕率,首先需要从降低报捕率做起。如果检察机关在审查起诉阶段将犯罪嫌疑人变更为取保候审的强制措施,而法院在庭审之前又变更为逮捕措施,那么羁押率必然难以降低。又如,如果检察机关经羁押必要性审查后提出了变更逮捕措施的建议,而公安机关和法院不采纳

---

[1] 目前,最高人民检察院权威观点将判处 3 年以下有期徒刑称为轻罪。参见张军:"最高人民检察院关于人民检察院适用认罪认罚从宽制度情况的报告——2020 年 10 月 15 日在第十三届全国人民代表大会常务委员会第二十二次会议上",载《检察日报》2020 年 10 月 17 日。

第七章 "少捕慎诉慎押"实施应处理好的关系

该建议拒不变更为取保候审措施，"慎押"目标也无法实现。目前，公、检、法司尚未完全形成落实"少捕慎诉慎押"的合力。例如，"有的公安干警对抓获的犯罪嫌疑人不羁押表示不理解，担心其逃跑会影响案件进程；有的法官担心被取保候审的被告人开庭时不能到案，判决后不能及时收监"。[1]

实践中，如果被追诉人具备社区矫正条件，公安司法机关就倾向于采取非羁押强制措施。而一个人是否具备社区矫正条件，需要司法行政机关出具"社会调查报告"。如果报告记载被追诉人在可能判处管制、缓刑或者系正在怀孕和正在哺乳自己婴儿的妇女、生活不能自理等情形，具备社区矫正条件，办案机关一般会采取取保候审强制措施。所以，司法行政机关的配合也决定着该项政策的实施效果。

作为司法行政体系的律师，在担任被追诉人的辩护人后，如果能积极提出羁押必要性审查申请，"慎押"政策的实施就有了助推力量。在"少捕慎诉慎押"刑事司法政策实施后，辩护人若申请变更强制措施，主要靠申请检察机关进行羁押必要性审查来实现。需要注意的是，在"少捕慎诉慎押"刑事司法政策实施需要考核推动的情况下，为了获得较高的考核业绩，检察机关的不捕率会升高。按照以往的经验，不予批捕可能意味着将来法院判决有很大可能会适用缓刑。但是，在该项政策实施后，情况会发生变化。是否适用逮捕措施与将来是否适用缓刑并不能完全画等号。即便是不予批捕的案件，将来法院判决时也可能判处实刑。尽管如此，辩护律师仍应积极参与并推动该政策的实施。毕竟，律师们将迎来一个程序性辩护的契机，比之前更容易争取到不捕、不诉的结果。

"少捕慎诉慎押"刑事司法政策的实施最需要的是公安机关的配合。这固然与公安机关承担打击犯罪的职责有关，但是以惩罚犯罪为导向的指标考评体系如果不改变，也难以指望公安机关有动力实施该政策。当刑拘数、逮捕数和起诉数作为正向考评指标时，的确难以企及公安机关不拘留人。尤其是当出现不捕、不诉案件时，侦查人员还可能承担相应的司法责任。这是侦查人员所不愿看到的。毕竟，非羁押强制措施的适用使被追诉人活动的自由度扩大，串供等妨害证据的危险加大，这会导致定案的困难。如果定案证据不足，被追诉人可能会被公安机关撤销案件，或者被检察机关作不起诉处理，

---

[1] 贺恒扬：“少捕慎诉慎押刑事司法政策五大关系论纲”，载《人民检察》2022年第3期。

或者被法院宣告无罪。这不但会使公安机关和公安人员在绩效考核中获得负面评价，也会落得个"打击不力"的骂名。检察机关进行羁押必要性审查后，认为需要变更羁押强制措施的，按照《刑事诉讼法》规定仅是提出建议，至于建议能否被公安机关采纳，还需要看公安机关是否配合、支持。毕竟，"建议"不是"决定"，如果公安机关和检察机关合作较好，该建议被采纳的概率较高。否则，公安机关可能不予配合。这就会使"慎押"政策难以落实。

"少捕慎诉慎押"刑事司法政策的实施，绝非检察机关一家之力可以奏效，需要公、检、法、司各家形成共识、统一标准，相互理解支持和配合，共同发力。只有各家凝心聚力，"步调一致"才能取得胜利。"在我国特有的刑事诉讼模式下，单纯依靠检察机关一家的力量，要想把少捕慎诉慎押刑事司法政策完全落到实处，是不太可能的。只有检察机关充分履行主导责任，同时其他政法机关积极协作配合，各政法机关做到认识一致、行动协调、互相支持，才能取得最佳效果。"[1]"落实少捕慎诉慎押刑事司法政策，降低审前羁押率，减少逮捕羁押是一项长期的系统工程，涉及刑事诉讼各个环节，需要公安机关、检察机关、审判机关、司法行政机关在统一司法尺度、优化程序衔接等多方面强化部门协作，形成工作合力。"[2]

我国《宪法》和《刑事诉讼法》虽然规定了公、检、法三机关"配合制约"原则。希望在公民基本权利保障上、也能做到相互"配合"，而非各自为政，相互掣肘。最终不至于因为认识不统一、行动不一致而导致该政策的实施功亏一篑。

对于检察机关提出实刑量刑建议，而犯罪嫌疑人又被取保候审的案件，即便在庭审前法院采取逮捕措施，也难以送看守所顺利羁押，由此引发法官的颇多怨言。对此，可从两个方面寻求对策：一是检察机关对可能判处实刑单独犯罪嫌疑人，尽量不适用取保候审措施；二是法院对于此种情形的被告人尽可能判处缓刑。虽然强制措施的适用具有独立性，并非实体处罚，但是在适用时不能不考虑实体处理结果。对于故意杀人、抢劫等重罪案件，公安司法机关大多采取羁押措施，这实际上既是对"社会危险性"因素的考量，

---

[1] 孙长永："少捕慎诉慎押刑事司法政策与人身强制措施制度的完善"，载《中国刑事法杂志》2022年第2期。

[2] "最高检苗生明解读'少捕慎诉慎押'刑事司法政策"，载 https://news.66law.cn/a/20161011/159698.html，2021年3月6日访问。

也是对未来可能量刑结果的预测。不仅中国的司法机关如此，域外国家司法机关在强制措施具体种类的适用上也会考虑可能的实体结果。这也符合"比例原则"的要求。

公安机关与人民法院在思维模式上存在差别，这也是影响"少捕慎诉慎押"刑事司法政策实施的重要因素。公安机关开展侦查活动以"有罪推定"为其基本思维方式，由此固定和收集证据，且该证据都是有罪或者罪重的证据。而人民法院则要遵循"无罪推定"原则，由控方承办被告人有罪的证明责任，并且要证明到"排除合理怀疑"的程度。虽然2018年《刑事诉讼法》第52条规定："审判人员、检察人员、侦查人员必须依照法定程序，收集能够证实犯罪嫌疑人、被告人有罪或者无罪、犯罪情节轻重的各种证据。……"但是，实践中侦查人员收集无罪证据的情形较少。无罪证据和犯罪情节较轻的证据恰是不予逮捕和不予起诉的证据基础。因此，"少捕慎诉慎押"需要公、检、法、司形成统一的思维方式，没有认识的相对一致性，各个环节之间必然因相互掣肘而难以形成合力。

在检察主导下，检察机关为了推进"少捕慎诉慎押"刑事司法政策的实施，会设计不捕、不诉和羁押必要性审查的正向考评指标。但是，如果公安机关、法院的考评指标仍是以惩罚犯罪为导向，那么即便是在检察主导下推进，其效果也不会理想。因此，公安司法机关配合支持也需要考评指标具有一致性，从而不至于因指标相互冲突导致力量的抵消。

（三）被追诉人权利保障与被害人权益保护的关系

法律就是平衡的艺术，是价值权衡和选择的结果。"少捕慎诉慎押"刑事司法政策无疑是对被追诉人的程序从宽。但是，只有被害人合法权益保障加强才能减少实施的阻力。否则，被害人一方信访和上访也是办案人员顾虑的问题。实践中，被追诉人一旦被变更为取保候审措施，被害人一方往往会认为司法机关办案不公，甚至认为办案人员收取了被追诉人一方的钱财才会将其"释放"。所以，"少捕慎诉慎押"刑事司法政策虽是适用于被追诉人，但不能忽视对被害人合法权益的保障。只有妥善处理好二者的关系，才能推动该政策的落实。

公安司法机关在办案中要善于利用认罪认罚从宽制度中的赔礼道歉、赔偿损失、取得谅解和刑事和解制度，将上述制度与"少捕慎诉慎押"结合起来才能取得实质性的效果。山东省东营市人民检察院联合该市法院、公安局和司法局试点的"赔偿保证金提存"制度值得学习借鉴，浙江省各政法机关以联合会签文件形式在全省范围内推广，他们在2021年8月即出台了《轻微刑事案件赔偿保证金制度的通知》。该通知明确要求：犯罪嫌疑人、被告人主动表明赔偿意愿并向办案单位、公证机构或双方认可的调解组织等第三方缴存一定数额的赔偿保证金后，可以对其作出不批准逮捕决定或变更为非羁押强制措施。从适用范围来看，主要是故意伤害（轻伤）案，主要指因婚姻家庭、邻里纠纷等民间矛盾激化引起的轻伤害案件；一般案件，主要包括交通肇事案及过失致人重伤、死亡案等；其他轻微刑事案件，这与最高人民检察院有关人员提出的"少捕慎诉慎押"适用的案件范围保持一致。[1]这项制度的推广实施可以有效解决被害人合法权益长期被忽视、保障不到位的问题，取得了双赢、共赢的效果，也为"少捕慎诉慎押"刑事司法政策的实施扫清了障碍。

长期以来，刑事诉讼中的人权保障主要是对犯罪嫌疑人、被告人权利的保障，被害人处于被遗忘的境地，被害人的合法权益更是无法保障。被害人通常作为证据来源，其当事人地位并未得到司法确认。被害人一方提起的刑事附带民事诉讼赔偿，有70%不能执行到位就说明了该问题的严重性。我们可以"少捕慎诉慎押"刑事司法政策实施为契机，加强对被害人合法权益的保障。

除了保障被害人获得经济损失赔偿权之外，还应保障被害人的程序参与权。在认罪认罚案件中，应保障被害人的协商权。程序具有吸纳不满的功能，主要体现在当事人以程序参与权为代表的主体地位的确立和巩固。在协商过程中，被害人可以感受到犯罪嫌疑人、被告人是否真诚悔罪，是否积极筹措款项进行赔偿，以此决定是否谅解。对于取得被害人谅解的被追诉人，可以在程序上从宽——"少捕慎诉慎押"。

做好被害人工作也是减少被害人申诉、降低"案-件比"的有效举措。[2] 2018年《刑事诉讼法》第180条规定："对于有被害人的案件，决定不起诉的，人民检察院应当将不起诉决定书送达被害人。被害人如果不服，可以自

---

〔1〕参见"最高检苗生明：少捕慎诉慎押的精准理解与正确适用"，载 https://xw.qq.com/amphtml/20220214A063G500，2022年5月1日访问。

〔2〕最高人民检察院将被害人申诉作为"案-件比"的考核因素，实行负向考评。

第七章 "少捕慎诉慎押"实施应处理好的关系

收到决定书后七日以内向上一级人民检察院申诉,请求提起公诉。人民检察院应当将复查决定告知被害人。对人民检察院维持不起诉决定的,被害人可以向人民法院起诉。被害人也可以不经申诉,直接向人民法院起诉。人民法院受理案件后,人民检察院应当将有关案件材料移送人民法院。"被害人申诉、起诉数量的减少也是实现"案结事了"和诉源治理的有效路径。

被害人一方通常代表人民群众,"让人民群众在每一个司法案件中感受到公平正义"是衡量司法是否公正的标志。只有取得被害人一方的支持理解,"少捕慎诉慎押"刑事司法政策才有实施的社会基础,政策根基才能牢固。毕竟,我们的司法人员既是法律官员,也是政治官员,不可能不考虑办案的社会效果和政治效果,尤其是在强调"要将办案的法律效果与政治效果、社会效果统一起来"的语境下。因长期司法实践的惯性和法治普及的不足,群众往往把"捕与不捕"当作"罪与非罪"的象征,取保候审往往被误解为"没事了"。被害人及其家属认为不捕就是司法不公,甚至申诉上访。这给司法机关适用取保候审措施带来了无形压力。[1]如果没有被害人一方的理解,被害人一方到处信访、不停上访,降低羁押率、实行非羁押诉讼云云,可能会流于空谈。

对被害人权利进行同步保护,并不意味着可以迁就被害人一方的无理要求。根据"两高三部"《关于适用认罪认罚从宽制度的指导意见》第18条"被害方异议的处理"规定:"被害人及其诉讼代理人不同意对认罪认罚的犯罪嫌疑人、被告人从宽处理的,不影响认罪认罚从宽制度的适用。……"同样,对被害人不同意"不捕""不诉""不押"使用的,只要被追诉人符合使用条件便仍然可以使用。办案机关应做好释法说理和安抚工作。不能因被害人一方反对就拒绝"少捕慎诉慎押"刑事司法政策的适用。

(四) 不同地域之间的关系

各地经济发展程度不同、人口结构不同,也会导致"少捕慎诉慎押"刑事司法政策的实施效果。东西部地区经济发展水平的差异会导致该政策的实施状况存在不平衡情况。毋庸置疑,东部地区财政状况和司法办案经费较为充足,可以研发用于监控的新软件和新产品。例如,杭州市人民检察院研发的"非羁码"。但是,西部地区财力有限,有的地方连办案经费都保障不了,又何

---

[1] 参见庄永廉等:"少捕慎诉慎押刑事司法政策的内涵功能及其落实",载《人民检察》2021年第15期。

谈有多余的资金购买"电子手表"或者"电子手环"。由此必然造成不同地区司法机关社会监控能力强弱的差异。总体上来看,东部地区的社会监控能力较强。这大概与东部地区经济较为发达,人权保障意识较强和现代科技手段得到充分运用有关,因此其社会监控能力较为强大,不过分依赖于羁押手段进行社会治理。西部地区硬件和软件设施明显落后于东部地区,且恶性犯罪案件占比较大。省会城市经济比较活跃、人口流动频繁、犯罪形态多元、犯罪率相对较高,由此决定了羁押的必要性和紧迫性,审前羁押率明显高于其他地区。

此外,不同地区人口结构也存在一定的差异。在流动人口比较多的城乡接合部地区,基于保障诉讼顺利进行的需要,对流动人口涉嫌犯罪的,由于其在本地无固定收入、无固定住址,公安司法机关通常不愿意采取取保候审措施。而对于本地常住人口较多地区,可能逮捕、羁押的比例会降低。"大中城市流动人口犯罪率较高,成为影响当地社会治安的重要顽疾。而这部分人员由于在本地无常住户口、无固定住所,甚至无固定职业,一旦其涉嫌犯罪,公安司法机关更倾向于采用羁押措施,由此导致羁押率的上升。"[1]

因此,应当辩证看待"少捕慎诉慎押"刑事司法政策在不同地区的实施状况。同时,重罪与轻罪的比例也是需要正视的问题。对于毒品犯罪较为集中的地区,逮捕率和羁押率高是必然的;而一个地方的犯罪结构中危险驾驶、盗窃、轻伤害案件占大多数,不捕率和非羁押率高也是必然的。在评价一个地方推进该政策实施成效时,需要综合上述差异分类考评,不可"一刀切"。需要注意的是,一些地方审前羁押率虽然较低,但是危险驾驶案件比例较高,由此拉低了审前羁押率。在考察"少捕慎诉慎押"实施效果时,应注意剔除该因素。只有如此,方能客观评价该政策的实施效果。

我国幅员辽阔,各地发展不平衡问题比较突出,这是我国的基本国情。"少捕慎诉慎押"刑事司法政策的实施必须考虑中国国情,区别对待、客观看待。

"少捕慎诉慎押"刑事司法政策属于上层建筑的内容,根据马克思主义"经济基础决定上层建筑"的原理,该项政策的实施需要置放于特定的经济环境中进行考察,不能脱离经济因素而谈"少捕慎诉慎押"。东西部地区无论是犯罪总量还是犯罪类型和犯罪结构均存在较大差异,东部地区毒品犯罪和严

---

[1] 韩旭、陶涛:"羁押必要性审查面临问题与破解之道",载《检察日报》2021年4月16日。

重暴力等恶性犯罪比例较低，较多地适用非羁押诉讼完全可以保障刑事诉讼的顺利进行。这种差异也必然会影响"少捕慎诉慎押"刑事司法政策的实施。"少捕慎诉慎押"刑事司法政策的实施，可以减少羁押人员，解决看守所被羁押人员的权利保障问题。而西部地区犯罪率相对较低，看守所羁押人员相对较少，解决"少捕慎诉慎押"问题并不迫切。

（五）轻罪与重罪的关系

虽然"少捕慎诉慎押"刑事司法政策的适用并无轻罪、重罪的限制。但是，重罪案件不仅危害性较大，而且被追诉人的社会危险性相对较高、可能的量刑较重。2018年《刑事诉讼法》规定了逮捕的三个条件：证据条件、刑罚条件和社会危险性条件。刑罚条件其实就是区分轻罪与重罪的一个标识。显然，可能判处徒刑以上刑罚的犯罪性质要比最高法定刑为拘役6个月的危险驾驶案件更为严重。从逮捕这一条件可以看出，罪行的轻重也是考量是否逮捕的一个重要因素。我国2018年《刑事诉讼法》第81条第2款规定："批准或者决定逮捕，应当将犯罪嫌疑人、被告人涉嫌犯罪的性质、情节、认罪认罚等情况，作为是否可能发生社会危险性的考虑因素。"在德国，当一个人具有实施谋杀罪、杀人罪、故意伤害罪、重型纵火罪或恐怖组织成员的重大嫌疑时，不需要特别的理由就可以进行审前羁押。一个人一旦被定罪可能被判处长期监禁，便可以推定为存在逃亡危险。[1]对于轻罪案件，即使证明嫌疑人有罪的证据充分，但若涉嫌的犯罪是法定刑在一年监禁以下的轻罪，如果罪过较小，而且不存在必须提起公诉的公共利益，检察官可以撤销案件。检察官还可以撤销案件为条件换取嫌疑人作出特定的行为，这种选择在所有轻罪案件中都存在，除非嫌疑人的行为具有强烈的可谴责性。检察官可以向嫌疑人提出的特定条件有：向被害人、国家或慈善组织支付一定数额的金钱，或从事社区劳动。[2]日本在逮捕必要性条件中强调必须有"逮捕必要性"。对于轻罪案件就认为没有逮捕必要，从而对某些轻罪案件，限制逮捕措施的

---

[1] 参见［德］托马斯·魏根特：《德国刑事程序法原理》，江溯等译，中国法制出版社2021年版，第161页。

[2] 参见［德］托马斯·魏根特：《德国刑事程序法原理》，江溯等译，中国法制出版社2021年版，第50页以下。

适用。[1]按照最高人民检察院权威人士的解释，"少捕慎诉慎押"刑事司法政策适用的重点是可能判处3年以下有期徒刑的轻罪案件。因此，区分轻罪与重罪是中外刑事司法适用逮捕（羁押）措施需要考量的因素。

与重罪案件相比，对被追诉人逮捕的紧迫性和必要性大大下降。根据"比例原则"，采取强制措施的种类应当与犯罪的性质、情节相适应。而"犯罪性质"其实就是判断重罪与轻罪的依据。

对于重罪案件，域外推定被追诉人具有较大的社会危险性，有逃匿的意图和可能，因此有必要羁押。对于认罪认罚的案件，尤其是取得谅解的案件，由于被追诉人有悔罪表现，积极赔偿并取得被害人的谅解，据此也可以"程序从宽"。对此，《人民检察院刑事诉讼规则》第270条第1款规定："批准或者决定逮捕，应当将犯罪嫌疑人涉嫌犯罪的性质、情节，认罪认罚等情况，作为是否可能发生社会危险性的考虑因素。"这其实也是对重罪与轻罪的考量。

羁押必要性审查制度的激活是落实"慎押"政策的重要装置。实践中，羁押必要性审查的重点也是轻罪案件。虽然都是检察院主导"少捕慎诉慎押"刑事司法政策，但是在其内部也应辩证看待、区别对待。重罪案件办理部门批捕率、起诉率、羁押率必然高于其他刑事检察业务部门。因此，考评时不应采用相同的标准。

"少捕"不是一概不捕，"慎诉"也不是一律不诉，而是要区分案件类型或者性质，明确适用的重点。虽然我国刑法没有区分重罪与轻罪的标准，但是一般认为被追诉人可能判处3年以下有期徒刑的刑罚的，即认为是轻罪；可能判处3年以上有期徒刑刑罚的案件，通常被认为是重罪案件。如此区分轻罪与重罪简单明了，便于操作。最高人民检察院有关负责人也认为："在犯罪嫌疑人、被告人可能判处3年有期徒刑以下刑罚的案件中，除有证据证明犯罪嫌疑人、被告人人身危险性较大的，原则上不适用逮捕；二是罪行较轻的案件，如可能判处3年有期徒刑以上刑罚但系过失犯罪，初犯、偶犯，共同犯罪中的从犯、胁从犯等，应当慎用逮捕。"[2]

"少捕慎诉慎押"刑事司法政策主要适用于轻罪案件，并非意味着重罪案

---

[1] 参见[日]田口守一：《刑事诉讼法》（第7版），张凌、于秀峰译，法律出版社2019年版，第95页。

[2] "最高检苗生明：少捕慎诉慎押的精准理解与正确适用"，载 https://xw.qq.com/amphtml/20220214A063G500，2022年5月1日访问。

件就不能适用该政策。对于重罪中的共同犯罪案件的从犯、胁从犯仍可区别对待，宽大处理。反之，轻罪案件中如果被追诉人犯罪情节比较严重、社会影响较大且不认罪认罚，仍然可以逮捕、羁押和起诉。

（六）一人犯罪案件与共同犯罪案件之间的关系

共同犯罪案件中，除了需要证明各被追诉人构成犯罪外，还需要证明每个人在共同犯罪中的地位作用。很多时候，各被追诉人之间的口供在能够相互印证的情况下，也被直接作为证据使用。如果其中一人或者多人被取保候审，可能会有串供、串证的危险，这就给定案带来困难。正是基于指控犯罪难度的考量，公安、检察机关一般更不愿意让共同犯罪案件中的被追诉人取保。相比于共同犯罪案件，一人犯罪案件就不会产生上述顾虑，更容易被取保候审。虽然我国 2018 年《刑事诉讼法》第 55 条第 1 款规定："……只有被告人供述，没有其他证据的，不能认定被告人有罪和处以刑罚；没有被告人供述，证据确实、充分的，可以认定被告人有罪和处以刑罚。"但实践中通常将同案被告人供述作为证明同案人犯罪的证人证言看待。如此一来，同案人对其他人犯罪的口供证明力增强，司法办案更依赖于同案人供述。此种实践模式导致公安司法机关在办案中一般不会对同案人取保候审。实务上，公安机关通常采取将涉嫌共同犯罪的其他人员"另案处理"，将同案人员转化为"证人"身份用以指证其他人的犯罪行为。

实现共同犯罪案件有效定罪，并非只有靠多"关人"实现，有时"放人"同样可以实现有效定罪的目标。在共同犯罪案件中，对于认罪认罚的从犯、胁从犯，给予程序从宽，通过"少捕慎诉慎押"更容易取得指控主犯或者首要分子的口供。这种"辩诉交易"在国外司法实践中比较盛行。

需要注意的是，尽管同案人供述对证明案情具有较大价值，但是为了防止同案人为获得从宽处理不惜诬陷其他同案人，对其口供的证明力不能给予过高的评价。尤其是对已经充当警方"线人"的被追诉人，更不应轻易相信其口供。在毒品类犯罪案件中更应警惕。

实践中，虽然不是同案处理，犯罪之间却具有对偶性的犯罪仍作为共同犯罪看待。例如，行贿犯罪与受贿犯罪、购买毒品犯罪与贩卖毒品犯罪等。在这类案件中，有时其中一案可能是"另案处理"，但犯罪之间存在关联，办案机关倾向于对各被追诉人予以羁押，以防止串供。

因此，在适用"少捕慎诉慎押"刑事司法政策时，应区分一人犯罪案件与共同犯罪案件。在前一种情况下,可以对被追诉人较多地适用"少捕""慎押",而对后一种情形的案件,在适用时应当更加审慎。毕竟,法律是一种平衡的艺术,刑事司法机关不能不考虑诉讼顺利进行和定罪的证据因素。当前,"少捕慎诉慎押"刑事司法政策适用的也主要是一人犯罪案件,而对多人实施的共同犯罪案件,如果被追诉人属于专项斗争中的"严打"对象,该政策更难以适用。这可在一定程度上反映出办案人员的价值判断与取舍。在共同犯罪案件中,对于社会危害性较小,且认罪认罚的被追诉人,仍可不捕、不诉、不押。以达到各个击破、分化瓦解的目的,同时也可体现认罪认罚从宽制度的精神。

(七) 程序从宽与政策从严的关系

"少捕慎诉慎押"刑事司法政策无疑是对被追诉人从宽的体现。但是,现有的各种"严打"和"专项斗争"又是以"从重从快"为导向。例如,扫黑除恶专项斗争、打一场禁毒的人民战争、保持反腐败的高压态势、惩治网络电信诈骗犯罪,等等。

地方公安机关在某一时期本地某一类犯罪突出时,会通过各种名义的"专项斗争"进行治理。该类活动均是以"严打"为基调,犯罪嫌疑人通常很难获得"少捕慎诉慎押"的机会。否则,公安司法机关会面临"打击不力"的指责。这也是当前"少捕慎诉慎押"刑事司法政策实施过程中面临的较大阻力之所在。

落实"少捕慎诉慎押"刑事司法政策,各地应尽量避免开展各种各样的专项整治活动,即便是不得已要开展该类活动,也不是"一刀切"地一律不予取保或者不变更羁押措施。公安司法机关应当区分犯罪的性质、情节、人身危险性和社会危害性等因素,对于符合"少捕慎诉慎押"条件的,也应给予程序上的从宽处理。例如,一些地方开展的"扫黄打非"和"两抢一盗"专项斗争中的认罪认罚的从犯、胁从犯,也可以不捕、不诉,以体现"宽严相济"和"惩办与宽大相结合"的政策。

在政法队伍教育整顿活动中,当地党委政法委员会将"不捕、不诉"案件作为案件评查重点,"倒查30年",并进行严格的责任追究。一些检察官为了避免日后被追究责任而选择"一捕了之""一诉了之"。对于"可捕可不捕"的予以逮捕,"可诉可不诉"的均予起诉。

程序从宽与政策从严之间存在着张力,妥善处理二者之间的关系是"少捕慎诉慎押"刑事司法政策有效实施的关键。考虑到我国当前逮捕率、羁押率、起诉率过高的现实，从加强人权保障的角度出发，也应该积极贯彻"少捕慎诉慎押"的刑事司法政策，且该政策是党中央提出的。因此，党其他各项政策与"少捕慎诉慎押"刑事司法政策发生冲突时，应当优先适用"少捕慎诉慎押"刑事司法政策。

无论是"从严"还是"从宽"都必须在法治的轨道上进行，即严格依法而为。既然我国《刑事诉讼法》规定了逮捕、起诉的条件和羁押必要性审查制度，公安司法人员便应当认真贯彻实施，这是根本遵循。政策是一种导向，规范性、稳定性不及法律规定。政策仅是在法律规定的幅度范围内基于某种价值判断的考量。即便是倡导实施某项政策，也不能代替法律。这是办案人员运用法治思维和法治方式开展工作的根本要求。政策与法律虽然同为上层建筑的组成部分，但是政策的局限性也显而易见。例如，"可捕可不捕的不捕""可诉可不诉的不诉"等。但是，什么是"可捕可不捕""可诉可不诉"的案件，并没有一个明确的指引，办案人员据此也难以操作。因此，只有政策转化为法律，办案人员才能有据可依。笔者认为，所谓"可捕可不捕"是指对是否逮捕存在认识分歧的案件，尤其是对"社会危险性"因素认识不一致。所谓"可诉可不诉"案件，是指犯罪情节相对较轻，对起诉是否符合公共利益认识存在差异的案件。在捕与不捕、诉与不诉问题上，有时并非泾渭分明，存在一定的灰色地带，此时特别需要政策指引。

（八）监控手段传统与现代的关系

监控能力的大小也会对"少捕""慎押"产生影响。随着科技的发展及其在刑事司法领域的运用，例如，运用"电子手环""电子手表"进行电子监控，确实比传统的保证人、保证金担保手段更为有效。但是，其却面临合法性危机。我国2018年《刑事诉讼法》第78条规定："执行机关对被监视居住的犯罪嫌疑人、被告人，可以采取电子监控、不定期检查等监视方法对其遵守监视居住规定的情况进行监督；……"按照法律规定，运用电子手表、电子手环进行电子监控的适用对象是被监视居住人员，而非被取保候审人员。在当前贯彻"少捕慎诉慎押"刑事司法政策的过程中，电子手表、电子手环等电子监控手段大量运用是否具有合法性，是否是对个人隐私权的侵犯都会引发质疑。张军在2022年最高人民检察院工作报告中提出："山东、浙江等地探索运用电子手环、大数据等科技手段监管，取保候审无一人失联。"这也进一步印证了在取保候审案件中对被取保人员较为普遍地使用了电子监控手段。

如果电子监控手段被限制使用,那么由于传统的保证手段比较乏力,出于对被取保人员逃匿乃至实施新的犯罪的顾虑,可能会影响"少捕""慎押"刑事司法政策的执行。根据程序法定原则,电子监控尚不具有法定性,且适用范围有限。在大多数地区并未推广使用。由此,必须改革完善我国的取保候审制度。对于脱逃人员或者违法犯罪人员,加大惩戒力度,例如,再次犯罪时可以加重处罚。此外,在社会信用体系建立之后,可以考虑将其记入失信人员"黑名单"。我国2018年《刑事诉讼法》第70条规定了保证人的义务及其违反义务的法律后果,对仍旧解决不了的保证人保证作用有限的问题,可通过加大对保证人的罚款金额来督促其履行保证职责。

考虑到"少捕慎诉慎押"刑事司法政策的贯彻落实,以及实践已经走在理论和制度前面的客观现实,下一步有必要通过修改《刑事诉讼法》,明确将电子监控手段适用于被取保人员。同时,对于在工作地无固定住所的外来人员,可以通过建设观护基地、安置帮教基地等技能培训场所。一方面,可以让其学习谋生技能,使其更好回归社会;另一方面,可以对其实施有效管控,以防止发生违反取保候审规定的行为。可能有人会担心采用此种手段会涉嫌侵犯人权,但是只要被取保候审人员同意并在相应文书上签名,就不会有上述担忧。因为权利是可以放弃的,只要被取保人员系自愿放弃某些权利,便不存在所谓的侵犯人权问题。目前,一些大中城市城乡结合部流动人口犯罪问题比较突出,对不少符合取保条件的外来人员,基于对其外逃、妨害诉讼顺利进行的担忧,便拒绝使用取保措施。保障诉讼的顺利进行仍是当前公安司法人员在适用强制措施时的首选。上述方案可以有效解决外来人口涉嫌犯罪取保候审使用率低的问题,能够促进"少捕慎诉慎押"刑事司法政策的平等使用。

上述所说的"赔偿保证金提存"制度也可起到较为有效的担保作用,可以在探索完善的基础上扩大使用。总之,"少捕慎诉慎押"刑事司法政策贯彻落实,不能不考虑监控能力的问题。应当立足于传统的保证手段,积极探索新的有效的保证种类和方式。只有监控能力提升了,办案人员才会大胆运用"少捕""慎押"政策。两者呈现出一种彼消此长的关系。

为了保证经济能力薄弱的被追诉人也能交付得起保证金,立法上应当明确"不得收取过高的保证金"。同时,应当动员社会力量成立取保候审保证服务公司，由该公司向经济困难的申请人提供保证金，然后由该申请人分期支付。

(九) 降低羁押率与缩短羁押期限的关系

"少捕慎诉慎押"不仅是尽可能少地逮捕和羁押人，而且要求缩短羁押期限。我国不仅逮捕和羁押率较高，而且羁押的期限也较长。我国每10万人口中受到未决羁押的人数占比在全世界也处于高位。根据英国伦敦大学犯罪与司法政策研究所2020年4月2日发布的研究报告《世界审前羁押清单》(第4版)：截至2020年2月底，在全球217个国家和地区中，未决羁押总人数为290余万人，其中有52%的国家和地区每10万人口中的未决羁押人数在40人以下，世界均值为38人。[1]英国被羁押的被告人大约只占所有被告人的5%。在意大利，在开始审判前，被告人被羁押的比例一般不超过所有被告人的15%。[2]我国从2000年到2019年逮捕人数从715 833人增加到1 088 490人，增幅为52.06%，远远高于同期世界未决羁押人数的增幅（38%），也远远超过同期我国人口增幅（10.46%）。[3]据笔者调研了解到，某西部大省即便在"少捕慎诉慎押"刑事司法政策实施背景下，审前羁押率仍高达40%以上，省会城市更是居高不下。逮捕后侦查羁押期限经延长最多可达7个月，审查起诉羁押期限最长6个半月，一审羁押期限最长20个月（二审发回后再次一审20个月），二审羁押期限最长5个月10天，几项合计超过3年。[4]在域外，未决羁押的平均期限一般不超过6个月。例如，德国75%左右被批准待审羁押的被追诉人，从拘捕到判决的实际在押期限在6个月以内，其中43%以上的被追诉人在押期限不超过3个月。2016—2020年期间，日本几乎100%犯罪嫌疑人的诉前羁押期限被控制在20日以内。同一时期，日本法院对适用普通程序审结的一审被告人批准羁押的人数超过一半的被告人羁押期限在2个月以内，75%至78%的被告人羁押期限在3个月以内，在押被告人在判决以前因保释或其他事由被解除羁押的占六成左右。[5]我国的逮捕既具有强制到案

---

[1] 参见孙长永："少捕慎诉慎押刑事司法政策与人身强制措施制度的完善"，载《中国刑事法杂志》2022年第2期。

[2] 参见郎胜主编：《欧盟国家审前羁押与保释制度》，法律出版社2006年版，第54页。

[3] 参见孙长永："少捕慎诉慎押刑事司法政策与人身强制措施制度的完善"，载《中国刑事法杂志》2022年第2期。

[4] 参见童伟华："谨慎对待'捕诉合一'"，载《东方法学》2018年第6期。

[5] 参见孙长永："少捕慎诉慎押刑事司法政策与人身强制措施制度的完善"，载《中国刑事法杂志》2022年第2期。

作用，又具有持续剥夺嫌疑人或被告人人身自由的功效，大体上相当于英美法中的"有证逮捕"和"羁押"的总和。[1]《公民权利及政治权利国际公约》第9条规定，等候审判的人受监禁不应作为一般规则，也就是"保释（取保）是原则，羁押是例外"。我国已经加入"公约"，贯彻"少捕慎诉慎押"刑事司法政策也是为公约在我国的实施作准备。

缩短羁押期限，需要从限制延长羁押期限入手。我国侦查羁押期限的延长仅需要上一级检察院或者省级检察院批准或者决定即可。[2]我国的羁押期限服务于办案期限，因此延长侦查期限实际上等于延长羁押期限。我国逮捕及其附随的羁押状态完全服务于侦查、起诉活动的需要，因此羁押期限并不独立于办案期限，完全随着诉讼活动的进行而相应延长。[3]但是，延长羁押期限毕竟属于剥夺个人人身自由的行为，应当予以适度司法化。然而，实践中延长羁押期限，不仅采取书面审查决定的方式，而且随意性较大。凡是提出申请的，几乎很少不予批准或者决定。我们可以"少捕慎诉慎押"刑事司法政策实施为契机，通过最高人民检察院正在推行的羁押听证制度，使审查方式具有两造对抗、直接言词的诉讼化特质，以实现程序的相对公正性。延长羁押期限，对被追诉人来说是一项重大事项，是刑事诉讼中的关键环节，应当由律师提供帮助。对于没有委托律师参与的被追诉人，国家应当提供法律援助律师予以帮助。

还可考虑办案期限与羁押期限的分离，借鉴域外羁押定期审查制度，对办案期限终结案件尚未办理完毕的，可对被羁押人员变更强制措施，以此缩短羁押期限。当然，缩短羁押期限尚需改变"以口供为中心"的办案模式，减少办案人员对口供的依赖，彻底改变"一押到底"的问题。

---

[1] 参见陈瑞华：《刑事诉讼中的问题与主义》，中国人民大学出版社2011年版，第170页。

[2] 我国2018年《刑事诉讼法》第156条规定："对犯罪嫌疑人逮捕后的侦查羁押期限不得超过二个月。案情复杂、期限届满不能终结的案件，可以经上一级人民检察院批准延长一个月。"第158条规定："下列案件在本法第一百五十六条规定的期限届满不能侦查终结的，经省、自治区、直辖市人民检察院批准或者决定，可以延长二个月：（一）交通十分不便的边远地区的重大复杂案件；（二）重大的犯罪集团案件；（三）流窜作案的重大复杂案件；（四）犯罪涉及面广，取证困难的重大复杂案件。"第159条规定："对犯罪嫌疑人可能判处十年有期徒刑以上刑罚，依照本法第一百五十八条规定延长期限届满，仍不能侦查终结的，经省、自治区、直辖市人民检察院批准或者决定，可以再延长二个月。"

[3] 参见陈瑞华：《刑事诉讼的前沿问题》（第5版·下册），中国人民大学出版社2016年版，第720页。

第七章 "少捕慎诉慎押"实施应处理好的关系

"少捕慎诉慎押"刑事司法政策的实施，人们更多地认为是少捕人、少押人、少诉人，而忽视了缩短羁押期限也是题中应有之义。"慎押，是指在少捕的基础上，通过落实捕后羁押必要性审查制度等，保障被逮捕人及其法定代理人、近亲属和辩护人申请变更或者解除强制措施的诉讼权利，尽量缩短审前羁押期限，减少审前羁押人数。"[1]但是，羁押必要性审查的案件数量有限、检察人员对该项制度重视不够、审查后建议变更的案件数量有限、批准逮捕人员与审查人员的角色混同从而使审查者难以保持客观中立等，均使得该项制度在降低审前羁押率方面作用有限。以至于最高人民检察院不得不通过专项活动推进该项制度的实施。因此，实行审查逮捕主体与羁押必要性审查主体的分离、扩大审查的案件范围、借鉴域外制度采行定期审查方式、加强维持羁押措施的说理、明确不服变更或者维持原逮捕措施的救济渠道均是下一步的努力方向。总之，少捕人、少押人与缩短羁押期限均属于"少捕慎诉慎押"的内容，两者同等重要，不可偏废。

（十）司法责任追究与建立容错机制之间的关系

根据《关于完善人民检察院司法责任制的若干意见》第35条之规定："检察人员在司法办案工作中有重大过失，怠于履行或不正确履行职责，造成下列后果之一的，应当承担司法责任：……（四）涉案人员自杀、自伤、行凶的；（五）犯罪嫌疑人、被告人串供、毁证、逃跑的；……（八）其他严重后果或恶劣影响的。"可见，被追诉人因被采取逮捕措施或者变更为取保候审措施后逃跑、串供或者实施新的犯罪的，办案人员是要被追究司法责任的。司法责任制犹如悬在检察官头上的一柄"达摩克利斯之剑"，令检察官在审查批捕和进行羁押必要性审查时心有余悸。检察官慑于被追究责任的压力，会不敢作出不捕、建议变更决定。如此一来，"少捕""慎押"的司法政策将很难落实。因此，需要建立容错机制，为检察官依法履行职责"松绑"。

容错机制的核心要义是只要检察官在审查批捕和进行羁押必要性审查时，被审查人符合不批准逮捕条件或者变更羁押措施条件，未来无论是被审查人逃跑还是重新犯罪，均不应追究承办检察官及其所在检察院的责任。毕竟，检察官是人不是神，不可能"料事如神"。尤其是作为逮捕和羁押必要性条件

---

[1] 参见贺恒扬："少捕慎诉慎押刑事司法政策五大关系论纲"，载《人民检察》2022年第3期。

的"社会危险性"因素,是检察官对未来的预测,应允许检察官有一定的判断误差。只要办案人员在主观上没有故意或者重大过失,就不应追究其责任。只有容错机制建立,检察官才会没有顾虑地"放手"开展工作。"社会危险性的判断不是单纯的事实判断,司法办案人员无法作出完全准确的预测,被追诉人是否逃跑、实施串供串证毁灭证据等妨害诉讼的行为,是否实施新的违法犯罪行为,具有不确定性。因此,对于不捕后出现犯罪嫌疑人脱逃或者又犯新罪等情形的,应当根据审查逮捕时案件具体情况和条件进行评判,对办案人员履行法定程序,尽到审查责任,只要没有故意或者重大过失,不应给予否定性评价,原则上不追究司法责任。"[1]《关于完善人民检察院司法责任制的若干意见》第33条第1款规定:"司法办案工作中虽有错案发生,但检察人员履行职责中尽到必要注意义务,没有故意或重大过失的,不承担司法责任。"

但是,检察官仍应尽到必要的审查义务。无论是审查逮捕还是进行羁押必要性审查,办案人员均应加强对被追诉人是否具有"社会危险性"的证据进行审查。根据最高人民检察院、公安部《关于逮捕社会危险性条件若干问题的规定(试行)》的要求,人民检察院办理审查逮捕案件,应当全面把握逮捕条件,应当严格审查是否具备社会危险性条件。公安机关侦查刑事案件应当收集、固定犯罪嫌疑人是否具有社会危险性的证据。公安机关提请逮捕犯罪嫌疑人的,应当同时移送证明犯罪嫌疑人具有社会危险性的证据。人民检察院审查认定犯罪嫌疑人是否具有社会危险性,应当以公安机关移送的社会危险性相关证据为依据,并结合案件具体情况综合认定。但是,笔者对6个省1000余名检察官的调研显示:多数公安机关并非收集和移送独立的"社会危险性"证据,这就使检察官的审查失去了依托。最高人民检察院、公安部《关于逮捕社会危险性条件若干问题的规定(试行)》第2条强调,公安机关侦查刑事案件,应当收集、固定犯罪嫌疑人是否具有社会危险性的证据,同时第3条要求公安机关"应当同时移送证明犯罪嫌疑人具有社会危险性的证据"。但据调研显示,在审查逮捕中有不少检察官表示"很少见到"证明是否具有社会危险性的证据,甚至有检察官表示"从未见到"。实践中大多是以罪行轻重来决定"社会危险性"评价,主观性色彩较为浓

---

[1] 贺恒扬:"少捕慎诉慎押刑事司法政策五大关系论纲",载《人民检察》2022年第3期。

厚。为此，需要通过事前、事中和事后行为进行评价。事前主要是看被追诉人是否有预谋、分工；事中主要是考察犯罪的形态、手段、动机、情节和危害后果等；事后主要是对被追诉人是否积极赔偿、赔礼道歉、是否认罪认罚等进行评价。当前亟待改变"社会危险性"评价主观性较强、客观性和准确性不足的问题，建议结合社会调查报告，由定性分析转向定量分析，通过细化和类型化，实现评价的科学性。目前，一些地方检察院积极探索，采用量表形式进行计分，在此基础上区分"低风险、中风险和高风险"等级，对判定为"低风险"等级的，不予逮捕或者建议变更羁押措施。一般来说，过失犯罪的主观恶性小于故意犯罪，因此对过失犯罪案件的被追诉人可以直接判定为"低风险"，并将其作为"少捕慎诉慎押"的适用重点。在大规模监控、大数据侦查普遍应用的背景下，侦查机关的取证能力大大提升。逮捕的证据条件很容易满足，对逮捕的"社会危险性"要件是否满足进行审查更迫切。为此，负责审查批捕的检察官可依据2018年《刑事诉讼法》第90条之规定，依法退回公安机关补充侦查。羁押必要性审查具有"准司法"性质，"任何人不得作为自己案件的法官"是"自然正义"的基本要求。为此，在"捕诉一体"改革后，负责羁押必要性审查的检察官应与负责审查批捕的检察官进行主体分离。否则，先入为主的"前见"对后续的羁押必要性审查难免造成障碍。让一个人改变自己先前的决定不免有些"强人所难"。

为了便于将来的案件质量评查和对是否具有免责情形作出判断，检察官的不批捕决定书和建议变更强制措施文书均应详细载明理由。建立容错机制必然要求检察官说理论证的充分性。除此之外，审查批捕和羁押必要性审查采用听证方式，不仅可以显示程序的公正性，以保证实体结论的公正，而且具有风险分担的功能。容错机制的建立，不仅需要考量实体性标准，而且应关注程序标准，例如，是由承办人员一人决定还是由听证方式充分听取意见或者集体讨论决定。对于捕与不捕的决定、是否变更羁押措施，若承办检察官提出了正确意见，但分管检察长或者检察长改变了检察官正确的决定，也应对办案检察官免责。这是符合司法责任制改革精神的。

（十一）结语

在"少捕慎诉慎押"刑事司法政策的实施过程中，还有一系列的关系需要处理。例如，检察官追诉犯罪与客观义务的关系、强制措施的预防保障功能与刑罚预支的惩罚功能的关系、逮捕依赖与认罪认罚从宽制度适用的关系、严格起诉条件与照顾侦查人员情面的关系，等等。检察官的基本职能定位应是犯罪追诉者，客观义务要求其对被追诉人不利与有利的事项一律注意。"少捕慎诉慎押"政策的实施要求检察官更加注意客观义务的履行，应当重视对被追诉人有利的事实和证据。新修订的《检察官法》第5条也要求检察官恪守客观义务。如果检察官仅局限于事实上"当事人"一方的角色，那么"少捕慎诉慎押"只能流为华丽的辞藻。强制措施具有保障刑事诉讼顺利进行的功能，如果将其作为刑罚的提前预支功能看待，那么必然催生"构罪即捕"的思维观念和行为模式。如果被追诉人最终被作出不起诉或判处缓刑处理，则审前羁押本身就是该被追诉人在刑事程序中承担的最严厉后果，相当于已经被判处实刑。基于考核的需要，为了提高认罪认罚从宽制度适用率，将犯罪嫌疑人予以逮捕羁押，以此增加侦控人员手中的"筹码""以捕促和""以押促赔"，促使其认罪认罚和对被害人进行经济赔偿。这就会使逮捕措施的适用与认罪认罚从宽制度的适用挂起钩来。在"少捕慎诉慎押"的诸多关系中，上述十对关系是核心关系、基本关系。如果不能辩证看待，妥善处理，并达至一种平衡状态，那么该政策的实施必然会大打折扣。

第八章
"少捕慎诉慎押"之"慎诉"

一、对"可诉可不诉的不诉"的理解与适用

"慎诉"要求"可诉可不诉的不诉"。然而，何谓"可诉可不诉"的案件？其可适用的不起诉类型是什么？域外是如何处理起诉问题的？这些问题的厘清会对检察官办案实践具有指导作用。

（一）"可诉可不诉"的案件范围

"可诉可不诉"的案件应属于检察官裁量范围的案件，这就排除了法定不起诉、证据不足不起诉和附条件不起诉的适用。因为，一旦具备上述情形，检察官自无裁量余地，必须作出不起诉决定。由此看来，只有酌定不起诉或者相对不起诉、特殊不起诉案件才属于"可诉可不诉"的案件范围。根据2018年《刑事诉讼法》第177条第2款之规定："对于犯罪情节轻微，依照刑法规定不需要判处刑罚或者免除刑罚的，人民检察院可以作出不起诉决定。"第182条第1款规定："犯罪嫌疑人自愿如实供述涉嫌犯罪的事实，有重大立功或者案件涉及国家重大利益的，经最高人民检察院核准，公安机关可以撤销案件，人民检察院可以作出不起诉决定，也可以对涉嫌数罪中的一项或者多项不起诉。"可见，"可以"是检察官行使自由裁量权的授权条款。相对不起诉中的"犯罪情节"是否轻微是酌定不起诉的决定因素，特殊不起诉中的是否作出起诉决定、是起诉其中一项还是数项，也是检察官的权力，对此检察官拥有自由裁量空间。对"犯罪情节"的判断需要结合行为的动机、性质、形态、后果和犯罪后是否认罪认罚、退赃退赔、取得谅解等因素进行综合考量。情节是刑罚裁量的事实根据之一，情节的正确适用，对于刑罚裁量具有重要意义。情节可以分为法定情节和酌定情节，前者如犯罪未遂、中

止、自首、立功等，后者如犯罪动机、手段、时间和地点、犯罪结果、犯罪对象、犯罪分子的一贯表现、犯罪后的态度等。[1]可能判处的刑罚即法定刑范围是判断犯罪情节是否轻微的关键因素。原则上只有法定刑在3年以下有期徒刑的案件才可能属于"可诉可不诉"的案件范围，如果法定刑在3年以上刑罚幅度范围，说明犯罪的性质或者后果较为严重，理应排除在"可诉可不诉"的案件范围之外。对于可能判处3年以下有期徒刑的刑罚，且犯罪嫌疑人系未成年人、在校学生、老年人、过失犯、偶犯初犯者等，可以作为"可诉可不诉"的案件进行裁量。我国的缓刑适用也是根据判处的刑罚，即3年以下有期徒刑作为前提条件。3年以下的刑罚通常被认为是轻罪案件，这也符合"少捕慎诉慎押"刑事司法政策的适用对象。最高人民检察院相关负责人指出："少捕慎诉慎押"适用的对象主要是可能判处3年有期徒刑以下刑罚的轻微犯罪案件；犯罪嫌疑人、被告人认罪认罚，没有其他恶劣情节的案件；未成年人、老年人、在校学生、重大科研项目关键岗位的科研人员、没有社会危险性的企业经营者等，不予羁押不致产生社会危险且更符合社会公共利益的案件。政策导向不能取代个案裁量，上述案件中的犯罪嫌疑人、被告人是否逮捕、羁押、追诉不能一概而论，而是要综合审查，作出决定。同时，对于严重犯罪案件，虽然罪行较轻，但情节恶劣、人身危险性大、拒不认罪的案件，还要体现当严则严的政策要求，该捕即捕，依法追诉。[2]个案考量和利益权衡，应当是"可诉可不诉"案件的处理原则。

（二）起诉裁量权行使的域外实践

起诉法定主义是域外起诉的基本原则，但是近年来起诉便宜主义呈发展之势。且不论英美国家和部分传统大陆法国家的辩诉交易制度和准辩诉交易制度的盛行。仅以对我国有借鉴意义的日本和德国为例，其刑事诉讼中检察官起诉裁量权也逐渐扩大，在"可诉可不诉"问题上，检察官拥有决定权。

在日本，虽然存在犯罪嫌疑和诉讼条件，但在不必要起诉时，由检察官裁量作出不起诉决定，这就是起诉裁量主义。《日本刑事诉讼法》第248条规定："根据犯人的性格、年龄及境遇、犯罪的轻重、情节及犯罪后的态度，认

---

[1] 参见陈兴良：《刑法适用总论》（下卷），法律出版社1999年版，第300页以下。

[2] 参见贺恒扬等："坚持少捕慎诉慎押刑事司法政策，依法推进非羁押强制措施适用"，载《民主与法制》2022年第4期。

第八章 "少捕慎诉慎押"之"慎诉"

为不必要追诉时，可以不提起公诉。"关于该条规定的适用，日本学界给出了所谓的"起诉犹豫"标准，主要包括以下三个方面的事项：一是有关犯人的事项内容。"性格"，包括品行、癖好、习惯、健康状况、前科劣迹、常习性等；"年龄"，包括年少、年老等；"境况"，包括家庭环境、职业、人际关系等。二是有关犯罪事实的事项。"犯罪的轻重"，包括法定刑的轻重、受害程度；"犯罪的情况"，包括犯罪动机、方法、与被害人的关系、犯罪的社会影响等。三是有关"犯罪后的情况"事项。有无悔改之意、有无逃跑及销毁证据、有无对被害人赔偿、是否谢罪、是否达成和解、被害人受害感情的情况、时间经过的长短、社会形势的变化、法令修改等。检察官根据上述多种因素，从各种不同角度综合考虑，例如刑事政策方面、维持社会秩序、诉讼经济原则等，然后决定是否对犯罪嫌疑人起诉犹豫。起诉犹豫的适用对象原则上是较轻犯罪。实行起诉犹豫也可以减轻司法的财政负担。[1]

《德国刑事诉讼法》第153条至154条e规定的一系列例外是对起诉法定主义的突破。便宜主义使得刑事追诉取决于一些合目的性考量，特别是政治、经济上的考量。在诸多例外当中，最重要的是该法第153条。即在轻罪情况下，如果犯罪人罪责轻微且不存在追诉的公共利益，检察官可以不予追诉。在评判是否存在追诉的公共利益问题上，应注意刑法的一般预防和特殊预防目的。是否为初犯还是有前科，以及是否危害小，这些问题具有决定意义。[2]此外，在轻微犯罪案件中对检控和司法资源的节约。也是需要考量的重要因素。起诉十分轻微的刑事案件变得明显没有意义，因为施加的刑罚与起诉和裁判案件所需要耗费的资源不成比例。对此，检察官可以撤销轻罪案件。有时，法律会允许检察官在有充足证据定罪的情况下撤销案件。例如，当被追诉人完成了法律指定的积极行为，向被害人完成一定的经济补偿或者寻求和解、向国库或者慈善组织交付一笔款额，向特定人支付赡养费，或者履行社区服务后才能撤销案件。在非常严重的案件中，起诉便宜主义也会得到贯彻。例如，对"污点证人"进行豁免不予起诉。又如，在毒品犯罪案件中，如果被追诉人为警方提供了富有价值的情报，则检察官可以不对该"污点证人"起

---

[1] 参见 [日] 田口守一：《刑事诉讼法》（第7版），张凌、于秀峰译，法律出版社2019年版，第198页以下。

[2] 参见宗玉琨译注：《德国刑事诉讼法典》，知识产权出版社2013年版，第47页。

诉。在德国，法律规定的例外中的绝大多数只适用于轻罪，就重罪而言，起诉法定主义仍占主导地位。[1]在我国的特殊不起诉制度中，也可借鉴德国经验，从公共利益、政治、经济角度考虑起诉与否。

域外经验给我们的启示有四点：一是起诉裁量的案件主要是轻罪案件，无论日本还是德国，均是如此；二是在认罪认罚从宽制度中认罪悔罪、积极赔偿、取得谅解或者达成和解协议，应当作为不起诉的考量因素；三是我国应尽快建立"污点证人"不起诉制度，以鼓励毒品类等严重犯罪案件中的证人提供情报，解决对首要分子或者主犯定罪证据不足的问题；四是刑事诉讼中的比例原则应当重视。诉讼经济、司法成本问题尚未成为我国不起诉的考量因素，未来应当重视这一问题。

（三）"可诉可不诉"案件的程序适用

在"可诉可不诉"案件中，检察官享有较大的自由裁量权。因此，应当加强程序控制，以提升该类案件的程序正当性。域外的制度实践给我们以镜鉴，德国不同地区的检察官在裁量权的行使上缺乏一致性，导致相同的案件可能有不同的结局。[2]程序适用应当体现在两个方面：其一，外部可检验性；其二，程序公开性。循此思路，在程序安排上可作如下考虑：一是对该类案件在诉与不诉问题上，可采取审查听证方式。通过邀请人大代表、政协委员、人民监督员参与听证的方式，接受外部监督和检验。二是提交检察官联席会议或者检察委员会讨论，通过集思广益，充分听取各种意见，以保证决定的准确性。三是加强诉与不诉决定的说理。这类案件本就存在争议，容易引起社会对检察官裁量权滥用的质疑，加强说理是回应质疑的有效方法。司法官本是一个说理的职业，充分的说理可以解开心结、化解矛盾。四是该类案件诉与不诉的决定权仍应交由检察长行使。在司法责任制改革背景下，检察权向员额检察官转移是大的趋势。但是，对于此类案件，权力下放仍应慎重。检察长或者分管副检察长仍应行使最终决定权，以保证政策把握和起诉标准的一致性。

---

[1] 参见［德］托马斯·魏根特：《德国刑事诉讼程序》，岳礼玲、温小洁译，中国政法大学出版社2004年版，第45页以下。

[2] 参见［德］托马斯·魏根特：《德国刑事诉讼程序》，岳礼玲、温小洁译，中国政法大学出版社2004年版，第45页以下。

二、"慎诉"背景下从"纸面合规"走向有效合规

由检察机关推动的企业合规建设是企业治理和国家治理现代化的一项重要内容。但是,以"纸面合规"为典型代表的合规形式化问题应当引起重视,如果任其发展,将不利于企业合规建设初衷和目标的实现。"纸面合规计划"不仅对企业"去犯罪化"改造毫无意义,也会变相鼓励企业投机、盲目模仿、逃避罪责甚至引发腐败风险,从而对司法公信力和罪刑法定的刑法原则造成冲击和影响。由此,有效合规或者合规有效性问题将显得异常重要。可以说,有效合规是企业合规建设的核心。它主要包括两个方面的内容:一是合规计划的有效性;二是合规计划实施的有效性。虽然各地已经陆续建立"第三方机制",在一定程度上解决了合规审查的有效性、客观性问题,但主要是解决了评估考察主体的中立性、专业性不足问题,并不能完全解决合规有效性问题。基于此,笔者拟结合域外实践,谈谈我国企业合规有效性的实现路径。

(一)域外合规有效性的判断标准

之所以先讨论这一问题,一方面是因为我国企业的合规审查刚刚起步,而域外从20世纪60年代即已开始探索,目前已发展到相对成熟阶段;二是我国大型跨国企业需要"走出去",就不得不关注域外的审查标准。1991年美国联邦量刑委员会制定发布的《美国量刑指南》确立了有效合规计划的七项标准:①明确的合规标准和程序;②高级管理层对合规的知识、承诺、监督和支持;③在招聘和晋升中过滤不道德的员工;④持续的教育和培训;⑤监视、审核和报告要求以及对计划有效性的定期自我评估;⑥纪律处分和奖励措施;⑦发现违法犯罪行为后采取的纠正措施。2011年《英国反贿赂法》确立了合规有效性的六项标准:①程序相称;②高层承诺;③风险评估;④尽职调查;⑤有效沟通;⑥监控评估。2016年法国通过《萨宾第二法案》确立了七项合规有效性标准:①行为准则;②内部预警系统;③风险评估;④会计控制程序;⑤培训体系;⑥惩处机制;⑦内部控制和评价制度。除此之外,2014年亚太经合组织领导人非正式会议发布的《亚太经合组织有效和自愿的企业合规计划基本要素》提出了十一项评价合规有效性的要素:①开展风险评估;②管理层的全力支持和参与;③制定和遵守公司行为准则;④建立合规管理组织架构;⑤提供反腐败培训;⑥教育讲座和持续指导;⑦开展尽职调查;⑧审计和内部会计控制;⑨合规机制和报告要求;⑩激励、惩处

和定期审查;⑪测试。

根据上述域外国家和地区的合规有效性标准,可以发现以下五项是共同的普遍要求:一是明确、完备和持续更新的合规计划;二是管理层尤其是高层的承诺、重视和支持;三是对管理层、企业员工和第三方交易主体进行企业合规知识的培训;四是对合规风险的评估和审计、会计制度的建立;五是激励和惩戒措施的保障。

域外标准或者评价要素对我国合规有效性的启示是:一是企业合规计划应根据企业发展规模、风险点的不同而进行持续审查、不断更新,而非一成不变、一劳永逸。二是企业应建设合规文化,将合规理念、价值融入其中,这是合规建设持续并深入人心的基础。企业经营者应遵循商业伦理,诚信经营。三是企业需要建立合规经营的激励、奖励机制,对违法违规行为予以惩处。四是企业应组建专门负责合规计划实施的独立、权威、高效的合规力量和组织体系,并且给予足够的经费支持。五是合规计划能够防范类似违规违法事件发生。六是对企业发生的违规违法事件有及时识别能力。

(二)我国企业合规有效性的实现路径

合规计划是否有效是指执法部门在对涉案企业作出是否宽大处理的决定时,对其合规管理体系能否发挥防范、监控和应对违规行为的作用的一种评估。改革试点实践中已有涉罪企业合规计划被认定为不具备有效性的案例。实现我国企业合规有效性需要从以下五个方面着力。

1. 书面合规计划的完备性和针对性

合规计划是合规整改的前提和基础。"企业合规计划绝不只是一套写在纸面上的合规文件,而应得到真实的应用。"合规计划应当精心制作,吸收"第三方机制"参与,听取外部意见,尤其是相关专家意见。合规计划其实是合规整改的方案,既要全面,也要突出重点。全面性,即完备性,要求该计划至少应当建立独立、权威的合规组织体系、明确的奖惩机制和有效识别违规行为机制以及快速采取纠正和自我报告措施。突出重点应当是对重点环节、重点领域、重点人员的防控机制的建设,既包括预警机制,也包括发现和救助机制。《中央企业合规管理指引(试行)》第12条规定:"中央企业应当根据外部环境变化,结合自身实际,在全面推进合规管理的基础上,突出重点领域、重点环节和重点人员,切实防范合规风险。"合规计划的有效性主要体现在对类似违规行为的防范上，这是检验合规计划有效性的"试金石"。合规计划还应根据企业的性质、规模、经营模式和合规风险而"量身打造"，具有个性化，而非统一模式。例如，匿名举报系统在大型企业可以建立、成立独立的合规部也不是问题，但是对小微企业未必合适。毕竟，合规是需要成本的。

合规计划的制定还应注意不同行业、不同罪名的类型化差异。当前，需要推进以行业领域和犯罪类型为标准的专项合规计划建设。如通用的反贿赂合规计划、税务合规计划、票据合规计划、反不正当竞争合规计划等，以及特殊的如环保合规计划、数据合规计划、安全生产合规计划等。

2. 合规计划执行的保障性和可预防性

合规计划的执行除了企业高层的重视和承诺、支持外，还需要建立专门的组织系统，该系统人员应具有相对独立且权威的地位，能够推动合规整改。企业除了具有定期报告整改状况义务外，还应接受"第三方"组织的检查调查。合规计划执行中最重要的一项功能是堵塞漏洞，防止"再犯"，发挥预防功能。如果计划的执行不具有该项功能，则证明该计划是无效的，合规整改也是失败的。最高人民检察办公厅等九部门联合发布的《涉案企业合规建设、评估和审查办法（试行）》（2022年）（以下简称《办法》）第5条规定："涉案企业制定的专项合规计划，应当能够有效防止再次发生相同或者类似的违法犯罪行为。"为了防止合规计划在执行中"变形走样"，"第三方机制"应当认真审查计划内容与执行的一致性。"第三方机制"在撰写书面考察报告时应当实事求是、全面客观反映执行或者整改的效果。因为考察报告是检察机关决定是否逮捕、是否起诉和是否变更强制措施的重要依据。《办法》第14条规定，"第三方组织对涉案企业专项合规整改计划和相关合规管理体系有效性的评估"。对此，可以通过制定一套指标体系通过量化打分的办法予以科学化评估。

3. 合规文化建设的长期性和普遍性

以合规精神、合规理念和合规价值建设企业文化，是企业合规建设的重要方面，也是企业合规的重要保障。文化合规比制度合规更具持久性和生命力。合规文化的建设除了企业高层的重视和培育外，还需要开展经常性的企业合规知识培训和知识竞赛、测试等。对经测试不合格的员工，让其重新参加培训。为了让合规理念深入人心，企业的网站、微信和宣传栏应当增设

"合规文化"板块。同时，注重奖惩措施的兑现，对那些守规矩的员工给予物质和精神上的褒奖，对违规经营者，即使经济效益较好，也应予以惩罚。企业经营者应当宣誓对违规活动的"零容忍"。当然，文化建设并非一朝一夕可以完成，需要企业持久发力、久久为功。"唯有对合规行为加以奖励，对违规行为加以惩戒，才能在整个企业内部建立一种合规和道德的文化。"只有将诚信和合规经营的理念在企业内部管理层和企业员工之间形成一种常态的文化风气，才可能防范违规行为发生。《办法》第6条规定："涉案企业实际控制人、主要负责人应当在专项合规计划中作出合规承诺并明确宣示，合规是企业的优先价值，对违规违法行为采取零容忍的态度，确保合规融入企业的发展目标、发展战略和管理体系。"此乃企业合规文化建设的内容。

4. 行刑衔接的顺畅性和常态性

企业违规犯罪一般先是从企业行政违法开始，鉴于此，应当重视合规建设中的行刑衔接问题。尤其是对经合规整改后作不起诉决定的涉案企业，更应重视行政手段的运用。对此，《关于建立涉案企业合规第三方监督评估机制的指导意见（试行）》第14条第3款规定："人民检察院对涉案企业作出不起诉决定，认为需要给予行政处罚、处分或者没收其违法所得的，应当结合合规材料，依法向有关主管机关提出检察意见。"加强对涉案不起诉企业的监管，检察机关由于案多人少，力所不及，需要相关行政机关进行常态化的监管。因此，企业合规审查，检察机关并不能"包打天下"，需要借助行政力量的介入，才能取得长久的实效。

5. 监管考察期限的适当性和协调性

根据2018年《刑事诉讼法》第172条之规定："人民检察院对于监察机关、公安机关移送起诉的案件，应当在一个月以内作出决定，重大、复杂的案件，可以延长十五日；……"由于我国的合规审查期限依赖于办案期限，在最长45天期限内无法完成对涉案企业执行合规计划和企业整改的考察。对企业整改的考察通常都在6个月以上。因此，企业整改的有效性很难在1个半月期限内作出认定。鉴于此，《刑事诉讼法》未来修改，应当适当延长合规考察期限，使之与审查起诉期限相协调。同时，目前我国合规不起诉适用的主要是相对不起诉，但相对不起诉适用的是"犯罪情节较轻"的案件，这就限制了企业合规审查的案件范围。"改革必须于法有据"，笔者建议在未来《刑事诉讼法》修改时，能将合规不起诉纳入附条件不起诉，通过扩大附条件不起诉的案件范围，使合规审查不受局限。

（三）对我国企业合规有效性的评价不能"一刀切"

由于我国合规审查改革起步较晚，制度上尚不成熟，实践中建立合规审查的企业仍比较少。因此，对企业合规有效性的要求不应与域外完全对应。根据域外合规制度发展的经验可知，合规制度越成熟，合规有效性标准越高。域外合规审查主要是针对大型跨国企业，而我国虽然在中央国有企业先进行改革试点，但是大量的小微企业被纳入了企业合规审查范围。国际上一般不强制要求小微企业进行合规审查。因此，应区别小微企业与大型国有企业的差别，尤其是跨国企业与国内中小微企业的差别。跨国企业因为要"走出去"，因此必须适应和适用国际规则和经营国的规则，可以采取较高的有效性标准。西门子公司的有效合规计划是大型跨国企业合规有效性的典范，对国内涉罪大型跨国企业建立合规审查计划具有借鉴意义。西门子公司的合规计划中除了商业准则之外，还包括系统性合规计划。具体包含四个部分，分别是合规管理组织、防范体系、监控体系以及应对体系。而对于国内的中小微企业，考虑到成本的支出和合规审查制度尚处于初级阶段的现实，尤其是涉罪小微企业通常人数少、管理层级单一，若要按照高标准来设立合规部门是不现实的。因此，不宜采用较高的国际标准。这绝不是有意降低我国企业合规有效性标准，而是尊重客观规律的体现。随着我国企业合规审查制度的成熟，将来也可以逐步提高有效性标准。这也符合国内学者所倡导的"涉罪合规计划有效性标准应注重差异化"和警惕合规计划"模板化"的要求。前述《办法》第17条规定："人民检察院对小微企业提交合规计划和整改报告的审查，重点包括合规承诺的履行、合规计划的执行、合规整改的实效等内容。"可见，小微企业并不实行"第三方机制"的监管方式。

企业合规审查是一个循序渐进的过程，检察机关应结合企业合规整改情况作出司法决定，对于合规计划缺乏有效性或者合规计划执行不到位，难以预防违规行为的，仍然可以作出逮捕、起诉决定，而非纳入合规整改的案件一律从宽处理，不捕、不诉。"少捕慎诉慎押"刑事司法政策虽应在合规审查中得到落实，但应当结合合规计划及其执行的有效性，准确进行评判和实施。唯有如此才能达到企业合规审查的目的。当然，企业合规审查的前提是企业和企业的实际控制人应当认罪认罚，且自愿接受合规整改。没有认罪认罚的企业或者不愿接受合规整改的，不能通过合规审查获得从宽处理。

三、证据不足不起诉案件一定需要补充侦查（调查）吗？

对于证据不足不起诉案件，是否一定需要退回补充侦查或者补充调查？对此存在不同认识。有的检察官认为需要，有的检察官认为不需要。为慎重起见，实践中若要对犯罪嫌疑人作不起诉处理，大多需要退回补充侦查二次。退回补充侦查似乎体现了"慎诉"刑事政策，但是由于退侦后犯罪嫌疑人羁押期限延长和诉讼拖延，不仅不利于人权保障和诉讼经济原则的实现，而且检察机关自主决定是否起诉的权力被侦查（调查）机关所"裹挟"。为澄清该问题，有必要作进一步分析。

根据2018年《刑事诉讼法》第175条第2、3、4款的规定："人民检察院审查案件，对于需要补充侦查的，可以退回公安机关补充侦查，也可以自行侦查。对于补充侦查的案件，应当在一个月以内补充侦查完毕。补充侦查以二次为限。补充侦查完毕移送人民检察院后，人民检察院重新计算审查起诉期限。对于二次补充侦查的案件，人民检察院仍然认为证据不足，不符合起诉条件的，应当作出不起诉的决定。"又根据《人民检察院刑事诉讼规则》第367条的规定："人民检察院对于二次退回补充调查或者补充侦查的案件，仍然认为证据不足，不符合起诉条件的，经检察长批准，依法作出不起诉决定。人民检察院对于经过一次退回补充调查或者补充侦查的案件，认为证据不足，不符合起诉条件，且没有再次退回补充调查或者补充侦查必要的，经检察长批准，可以作出不起诉决定。"虽然上述规定强调了经过一次、两次退回补充侦查或者调查后证据仍然不足，可以或者应当作出不起诉决定，但是解读不出不起诉决定的作出必须经过补充侦查或者调查。结合《人民检察院刑事诉讼规则》第368条之规定："具有下列情形之一，不能确定犯罪嫌疑人构成犯罪和需要追究刑事责任的，属于证据不足，不符合起诉条件：（一）犯罪构成要件事实缺乏必要的证据予以证明的；（二）据以定罪的证据存在疑问，无法查证属实的；（三）据以定罪的证据之间、证据与案件事实之间的矛盾不能合理排除的；（四）根据证据得出的结论具有其他可能性，不能排除合理怀疑的；（五）根据证据认定案件事实不符合逻辑和经验法则，得出的结论明显不符合常理的。"其中的"无法查证属实"和"补充"已经变成"重新"取证，那就没有必要退回补充侦查或者调查了。检察官明知补充已无可能，

第八章 "少捕慎诉慎押"之"慎诉"

就没有必要再退回了，哪怕只是一次，也是对宝贵司法资源的浪费。如果犯罪嫌疑人被羁押，也无法使其早日解除羁押，于人权保障不利。

当前检察机关在实施"案-件比"考核机制，为了降低"案-件比"，也没有必要非得退查后再作出起诉决定。是否退回补充调查或者补充侦查，主要看公安机关或者监察机关有无可能补充到新的证据。如果已经失去取证条件，就不要机械、僵化地非要退回不可。如此要求，一方面可以节约司法资源，提高诉讼效率，另一方面可以避免检察机关借"补查"之名规避办案期限，向侦查机关和调查机关"借"时间。

"疑罪从无"原则中的"疑"字有相当一部分属于"证据存疑"，这是"无罪推定"原则的题中应有之义。审查起诉活动是一种判断权，检察官应秉持客观义务，因为该活动的司法性质比较突出。侦查或者调查机关属于举证一方，承担犯罪嫌疑人有罪的证明责任，且其对犯罪嫌疑人有罪的证明须达到"排除合理怀疑"的程度。否则，即属于证据不足、定罪存疑。

在"案-件比"考核机制之下，一些检察院将退回补充侦查（调查）权上收至分管检察长，严格控制、从严把握，这值得肯定。因为，退回补充侦查或者调查等于是给了侦查机关或者调查机关完善证据的机会，是我国长期以来客观真实诉讼观的反映。但是，该种制度设计忽视了诉讼成本、诉讼效率和人权保障等同样值得珍视的价值。

即便是补充侦查或者调查，也应对侦查或调查的手段、方式和对象进行必要的规制。通过对域外相关制度的比较分析可以发现：一是慎重对待以证人证言、鉴定意见为代表的言词证据的补充侦查。无论是以法德为代表的大陆法系，还是以英美为代表的英美法系，在补充调查取证时，对证人证言、鉴定意见等言词证据的收集都较为慎重；补充侦查主要是针对物证。二是限制不利于被追诉人的补充侦查。当现有证据无法证明案件事实时，无论是允许检察官补充侦查，还是允许法官依职权调查，其实都存在不利于被追诉人的风险。特别是如果不对检察官补充侦查进行限定的话，很容易造成对被追诉人明显不利的后果。因此，为了提高司法的人权保障功能，域外普遍限制不利于被追诉人的补充侦查。实践中，侦查或者调查机关以补充侦查和调查为名，对证人限制人身自由并以此获取有利于指控犯罪的证据，应予以禁止。

在审查起诉阶段，辩护律师因提出"排非"申请而使非法证据被排除，导致证据不足的，不应由侦查机关以补充侦查之名重新取证。补充侦查的证据应是"新证据"。虽然《人民检察院刑事诉讼规则》弟 341 条规定："人民检察院在审查起诉中发现有应当排除的非法证据，应当依法排除，同时可以要求监察机关或者公安机关另行指派调查人员或者侦查人员重新取证。必要时，人民检察院也可以自行调查取证。"但应注意补充证据与重新取证的区别。如果此时仍允许补充被排除的非法证据，那么非法证据排除规则就将失去意义。这给侦查或者调查人员以感觉：排除了无所谓，反正还有机会重新收集。如此，排除规则将失去威慑效力。

四、对被取保候审人员在起诉时提出实刑量刑建议的处理

（一）为什么检察机关对提出实刑量刑建议的人员仍然采取取保候审措施

全国检察系统自上而下均把"诉前羁押率"作为核心指标进行考核，为了降低诉前羁押率，贯彻"少捕慎诉慎押"的刑事司法政策，不少检察机关对那些提出实刑量刑建议的犯罪嫌疑人仍然适用取保候审措施。这促成了检察机关不愿意适用逮捕措施。据调研，一些地方的检察院为了在目标考评中获得较好成绩，在审查起诉阶段检察院采取取保候审措施，而一旦提出实刑量刑建议，法院再采取逮捕措施。据悉，某基层法院 2022 年 1 月至 5 月直接逮捕的被告人数已达 104 人。检察机关的目标管理考核指标设置必然会影响法院的职权行使，未来法院直接逮捕的数量可能仍会大幅度上升，也许会成为一种常态。这是过去法院所不曾出现的现象。

（二）对提出实刑量刑建议人采取取保候审措施的弊端

检察机关提出实刑量刑建议而仍然对犯罪嫌疑人适用取保候审措施，会带来如下弊端：一是有可能导致被告人自杀、自伤的风险。据 S 省省高院刑庭一位法官介绍：该省 2022 年发生两起被告人在法院开庭受审前跳楼自杀的案件。不少被告人错误认为自己被取保候审后后续应该会判处缓刑或者不会被判刑，但如今法院可能要判处实刑重新收监，因此心理上难以接受便采取过激行动。二是增加了法院和公安机关的工作负担。对于可能会被判处实刑的被告人，基于其顺利到案接受审判的考虑，也为了避免法官承担司法责任，法院大多会采取逮捕措施。因逮捕的执行主体是公安机关，为此法院通知公安机关执行必然会加大法官和警官的工作量。三是降低司法公信力。对于检察机关取保候审的犯罪嫌疑人，人民法院如果予以逮捕，会给被告人及其家

属以"检察院说了不算"的感觉,且这种"放放关关"会让社会公众觉得司法没有恒定性和权威性。因为,在人民群众眼里,无论是法官还是检察官都是"穿制服的"国家"司法官员"。这种相互矛盾的做法会令社会公众怀疑司法的公正性和公信力。四是不利于服判息诉。被判处实刑的被告人,宣判后大多会提出上诉。不仅不利于减少诉讼资源浪费,而且也难以使被告人服判息诉。在"案-件比"考核压力下,被告人上诉成了负向考评指标,也不利于降低"案-件比"。

(三)法院应该如何进行处置

那么,究竟该如何对待检察官的上述行为呢?一是对于被取保候审而又提出实刑量刑建议的案件,法院应严格保密,控制检察机关量刑建议的信息外露。二是对于此类案件,即便公安机关执行压力再大,也应在庭审前果断采取逮捕措施,防止意外事件发生,同时也是对法官、检察官的保护。三是法院应尽可能宣告缓刑。考虑到直接逮捕后送交看守所羁押的困难和减轻公安机关工作压力的需要,如果不予羁押,对被告人应尽可能适用缓刑。既然公安或者检察机关能够适用取保候审措施,那么便是说明被告人犯罪性质较轻、社会危害性不大,而这些又是适用缓刑时需要考量的因素。基于尊重检察官判断和提升司法公信力的考虑,法院对不予逮捕的被告人尽可能适用缓刑。四是法院和检察院应定期或者不定期召开联席会议,沟通检察院量刑建议、强制措施适用和法院量刑、直接逮捕等有关事项。可以提出对被取保的犯罪嫌疑人,检察机关不宜提出实刑量刑建议。在目标考评得分与办案质量和司法责任承担方面,后者应优先考虑。检察官客观义务应该统领全部检察工作。不应为了绩效考评而牺牲检察官客观义务。五是对于被取保候审的犯罪嫌疑人,检察机关应尽可能提出缓刑量刑建议。由于取保候审强制措施的适用条件与缓刑适用条件具有重合之处,因此被取保候审的犯罪嫌疑人中有很大一部分可以适用缓刑。尤其是对那些认罪认罚、真诚悔罪、积极退赃退赔并取得谅解的轻罪案件被追诉人,更应适用缓刑。

对于检察机关已经取保但到了审判阶段尚未超过 12 个月的犯罪嫌疑人,人民法院不应等待 12 个月的取保候审期限届满,即可以决定适用取保候审措施。根据 2018 年《刑事诉讼法》第 66 条之规定:"人民法院、人民检察院和公安机关根据案件情况,对犯罪嫌疑人、被告人可以拘传、取保候审或者监视居住。"因为,既然案件附属于办案程序,那么当程序发生变化,办案机关进行变更便理所当然。检察机关决定的取保候审措施仅适用于审查起诉阶段，而不必然延伸至审判阶段。既然后一诉讼阶段的办案主体可以变更前一诉讼阶段的强制措施，那么继续适用前一阶段的强制措施当然可以由后一阶段的办案主体决定。这一方面要求后一办案主体对前一阶段的强制措施适用进行审查，而且符合"分工负责"的刑事诉讼基本原则。如果非要等到前一强制措施的适用期限届满才可由后一办案主体决定强制措施的适用，那么便意味着刑事诉讼阶段划分将失去意义，后一办案主体会被前一主体"牵着鼻子走"，没有"相互制约"，只有"相互配合"。对于人民法院决定继续采取取保候审措施的，人民法院应当通知检察机关解除取保候审措施，并退还保证金，或者解除保证人对待保证义务。

五、轻罪案件起诉的弊害和降低我国起诉率的路径选择

我国起诉率与域外相比过高是一个不争的事实。日本法务年鉴显示：2020 年日本检方共起诉了 253 444 人，不起诉的人数为 511 021。起诉率为 33.15%，不起诉率为 66.85%；2019 年日本检方共起诉 282 844 人，不起诉的人数为 576 677。起诉率为 32.91%，不起诉率为 67.09%。[1] 从域外情况看，我国起诉率偏高，若要降低起诉率，应先从轻罪案件相对不起诉做起。

(一) 轻罪案件为什么被起诉

所谓轻罪案件，是指对被追诉人可能判处三年以下有期徒刑、拘役、管制和单处附加刑的案件。轻罪案件之所以被检察机关提起公诉：一是检察办案人员受"有罪必罚"思维的支配，"重打击、轻保障"观念影响很大。二是轻罪案件的犯罪嫌疑人一旦被公安机关刑事拘留，如果检察机关不予起诉，按照现行的目标考核规定，公安机关会被扣除目标得分，且会对侦查人员进行不利的评价。三是安抚被害人一方的"维稳"压力。尽管是轻罪案件，例如轻伤害案件，但是加害人与被害人之间矛盾较深、对抗性强，为了避免被害人一方信访、上访，将犯罪嫌疑人提起公诉，可以有效安抚被害人及其亲属。将犯罪嫌疑人起诉可以化解双方的对抗情绪，实现基层社会治理的目标。四是不起诉程序繁琐，且可能影响检察业绩。不少检察院规定不起诉案件需

---

[1] 参见日本法务省官网公布的法务年鉴（第 125 页），载 https://www.moj.go.jp/housei/hourei-shiryou-hanrei/toukei_nenkan.html，2022 年 8 月 15 日访问。

要层层报分管副检察长决定,甚至由检察委员会讨论决定。犯罪嫌疑人被逮捕,如果不起诉,还会扣除刑检部门较高的目标得分,这直接与办案部门和办案人员的利益相关。因此,起诉将成为大多数检察官的必然选择。有时,检察官决定不起诉,还会招致他人在背后"说闲话"。为了避免自己的名声受损,起诉似乎也是合理的。

(二)轻罪案件起诉的危害

基于当前刑事司法"流水线作业"模式和法检重配合的现实,起诉案件的有罪判决率较高。因此,起诉的结局基本上是有罪判决。但是有罪判决无论是对轻罪案件的被告人还是其子女,都会带来不利的后果。其一,我国没有犯罪前科消灭制度,被定罪的耻辱将伴随其终生。其二,一个人一旦被定罪,很多职业将不能从事。根据相关法律规定,该人将不能从事下述职业:法官、人民陪审员、检察官、律师、辩护人、司法鉴定人员、公证员、警察、外交人员、村委会成员、拍卖师、公司董事、监事、高级管理人员、国有独资企业和国有独资公司以及国有资本控股公司的董事、监事、高级管理人员、商业银行的董事、高级管理人员、证券从业人员、保险业特定从业人员、破产管理人、种子企业的法定代表人(因生产经营假种子犯罪被判处有期徒刑以上刑罚的人)、高级管理人员、生产经营单位的负责人、食品业特定从业人员。其三,被定罪人员的子女将不能通过某些职业的政审。例如,征兵政审等。其四,不利于社会的和谐稳定。将轻罪案件的被追诉人定为"罪犯",容易制造"社会敌意",不利于减少社会对抗,维护社会和谐稳定。尤其是将那些自认为无罪的人定罪,不仅可能产生司法冤案,也会丧失司法的权威性,被告人可能会报复社会从而制造新的社会不安定因素。其五,不利于节省司法资源,降低司法成本。刑事诉讼应当坚持诉讼经济原则,将司法成本配置在那些重大疑罪的重罪案件上。如果将犯罪情节较轻、社会危害性不大的案件一并起诉并对被告人定罪,起诉和审判(一审、二审)的司法成本将大幅度增加,如果被追诉人被羁押,看守所的羁押成本也不容忽视。这些在刑事诉讼中也是需要考量的因素,毕竟一个国家的司法资源是有限的,不能不区分案件性质采用"一刀切"的办案模式,一诉了之虽简单可行,但是祸害无穷,不可不慎。

(三)如何对待轻罪案件

为贯彻落实"少捕慎诉慎押"刑事司法政策,对轻罪案件应当"慎诉"。

一是对可能判处 3 年以下有期徒刑刑罚，且认罪认罚，取得谅解或者达成和解协议以及已经完成了被害保证金提存的犯罪嫌疑人，检察机关可以不提起公诉；即便要提起公诉，也应尽可能提出适用缓刑的量刑建议。轻罪不起诉可以适用相对不起诉或者酌定不起诉的规定。根据 2018 年《刑事诉讼法》第 177 条第 2 款之规定："对于犯罪情节轻微，依照刑法规定不需要判处刑罚或者免除刑罚的，人民检察院可以作出不起诉决定。"二是对于那些单次犯罪金额较小、情节较轻的犯罪嫌疑人（例如惯犯、累犯），如果不起诉后仍有可能继续实施犯罪，（即存在高风险的"社会危险性"）的犯罪嫌疑人，应当起诉并提出实刑量刑建议。三是对于轻罪案件的起诉，应当较为详细说明起诉理由，例如被告人的人身危险性和社会危害性，犯罪前、犯罪中和犯罪后的表现。对于有被害人的案件，如果被害人"漫天要价"或者不接受赔偿，因此未取得谅解或者达不成和解协议的，只要犯罪嫌疑人符合不起诉条件，仍然可以予以不起诉。在诉与不诉问题上，检察官应当"说了算"，而不应被被害人所"绑架"。对于犯罪情节较轻的未成年人、在校学生、老年人、过失犯、重大科研项目关键岗位的科研人员、社会危险性不大的企业经营者和负责人，尽可能不起诉。企业合规审查试点为合规不起诉提供了契机，这也是企业进行合规整改的动力所在。对未成年人附条件不起诉指标的考评也会刺激不起诉率的提高。

六、"慎诉"背景下不诉的相关重要问题

据悉，全国不起诉的案件数量已经超过起诉案件数量。因此，我们应当重视不起诉问题。不诉是"慎诉"的必然结果，应当在"慎诉"视域下研究不起诉的相关问题。

（一）不诉的案件范围应不同于"慎诉"

"慎诉"应当是对所有案件一律适用，毕竟将一个人从犯罪嫌疑人变为被告人，并送上审判台，无论何类案件、何种犯罪嫌疑人均应慎重，不可草率为之。但是，"慎诉"并不等于"不诉"。对不诉的条件要严格把握。除了特殊不起诉情形外，其他不起诉种类单独适用范围应当是轻罪案件，尤其是实践中大量适用酌定不起诉的案件应当符合"犯罪情节较轻"的要求。因此，实务上应当注意区别"慎诉"与"不诉"的关系，并明确各自不同的适用范围。

(二) 不起诉决定书的署名问题

目前的不起诉决定书仅有检察机关的印章，而无审查人员的署名。由此与起诉书形成了鲜明反差。无论最终结果是起诉还是不起诉，均是检察官审查起诉活动的结果。但是，一个由审查起诉的检察官署名，另一个则无须署名。这就导致同样的审查行为受到不同的对待。如果说起诉决定需要署名的原因可能是明确出庭支持公诉的人员，然而不起诉决定尤其是酌定不起诉，被害人和被不起诉人还有申诉的权利。例如，2018年《刑事诉讼法》第180条之规定："对于有被害人的案件，决定不起诉的，人民检察院应当将不起诉决定书送达被害人。被害人如果不服，可以自收到决定书后七日以内向上一级人民检察院申诉，请求提起公诉。人民检察院应当将复查决定告知被害人。对人民检察院维持不起诉决定的，被害人可以向人民法院起诉。被害人也可以不经申诉，直接向人民法院起诉。人民法院受理案件后，人民检察院应当将有关案件材料移送人民法院。"第181条规定："对于人民检察院依照本法第一百七十七条第二款规定作出的不起诉决定，被不起诉人如果不服，可以自收到决定书后七日以内向人民检察院申诉。人民检察院应当作出复查决定，通知被不起诉的人，同时抄送公安机关。"如果被害人和被不起诉人连承办检察官的姓名都不知道，又何以能够行使申诉权呢？因此，从保持审查决定形式一致性上来看，检察官也应当在不起诉决定书上署名。从强化司法责任制角度上来看，"让办案者决定、由决定者负责"的落实，也需要审查检察官署名。如此，可以增强其责任心，并对审查结果负责。

(三) 不起诉决定的效力问题

为了保障不起诉决定具有使他人免受不当追诉的效力，也为了保持法的安定性和检察官决定不被随意推翻的效力，应当明确不起诉决定的效力问题。对此，《人民检察院刑事诉讼规则》第369条规定："人民检察院根据刑事诉讼法第一百七十五条第四款规定决定不起诉的，在发现新的证据，符合起诉条件时，可以提起公诉。"同时，该规则第388条规定："人民检察院发现不起诉决定确有错误，符合起诉条件的，应当撤销不起诉决定，提起公诉。"这就为实践中推翻原来的不起诉决定提供了依据。检察官既可以在审查起诉阶段作出不起诉决定后重新发动起诉，也可以在一审中通过撤回起诉，经过补充侦查后再行起诉，还可以在二审发回重审后，以撤回起诉的方式在变更起诉后重新起诉，甚至可以在裁判生效后重新提出不利于被告人的再审。

对于第一种情况,虽然1998年最高人民检察院通过的《人民检察院刑事诉讼规则》规定,证据不足不起诉的,在发现新的证据,符合起诉条件时,可以提起公诉。但是,在实践中,在没有"发现新的证据"的情况下,检察机关仍然可以重新起诉。

对于第二种情况,由于我国法律和司法解释对撤回起诉的法律效力没有作出明确规定,司法实践中检察机关在撤回起诉后就同一案件又重新起诉的不在少数。从司法调研情况来看:"撤回起诉后案件处理方式包括不起诉、再行起诉、移送管辖、退回另处四种,且主要是作不起诉或再行起诉,人数分别达到总数的65%和20%。"从撤回起诉适用的条件来看,无论是没有犯罪事实或者犯罪事实并非被告人所为,还是不应当追究刑事责任,在撤回起诉后检察机关本应作出不起诉决定以终止诉讼,因为这三类案件本来就应当作不起诉处理。然而,正是由于实践中将撤回起诉作为应对"证据不足"案件的常规手段,才导致了在撤诉后经过补充侦查又重新起诉的现象,以此回避了"撤回起诉后,没有新的事实或者新的证据,不得再行起诉"的规定。"检察机关以事实不清、证据不足为由,要求撤回起诉,这显然使'疑罪从无'的规定受到了搁置和规避。检察机关撤回起诉后,对有的案件可能作出撤销案件的决定,对有的案件则可能继续补充侦查,并在补充收集到有关证据时,重新提起公诉。这种起诉既可以原来的罪名提出,也可以在变更罪名后以同一事实重新提出。"[1]例如,某被告人以三项罪名被提起公诉,后检察机关撤回起诉,以一罪重新起诉,但当天又撤回。后又以三项罪名起诉,次日撤回,再次以一罪起诉。开庭审理后,又追加起诉另外两项罪名。[2]

对于第三种情况,虽然我国司法解释规定撤回起诉的时间是在一审判决宣告前,但是实践中对于已经经过二审审理的案件,检察机关仍然可以通过采用"程序倒流"的方式将案件撤回起诉后,经过补充侦查重新起诉。具体方法是,检察院通过与二审法院进行内部协商和沟通,要求法院以"事实不清、证据不足"为由将案件发回重审,待案件回到原审法院后,检察机关随即申请撤回起诉,在追加被告人和变更罪名后重新起诉。有的案件甚至在发回重审后再将案件交给下一级法院审理,由下一级检察院撤回起诉后再行起

---

[1] 陈瑞华:"刑事诉讼中的重复追诉问题",载《政法论坛》2002年第5期。
[2] 刘继国:"刑事诉讼中撤回公诉问题研究",载《人民检察》2004年第1期。

诉，从而使自己变成终审法院，以此逃避上级法院的审查监督，把案件"消化"在本地区。检察机关的重新起诉权可以随时发动，只要检察官认为有追诉必要，可以变更不同的罪名、增加不同的被告人，随时向不同级别的法院重新提出指控。

最后，即便是在法院作出生效判决后，无论何时，只要认为原生效判决存在错误，检察机关仍可以提起不利于被告人的再审之诉，以迫使法院推翻原判决，重新作出不利于被告人的判决。

无论是上述哪种形态的重复起诉，都直接违反了"一事不再理"或者"禁止双重危险"原则，使被告人因同一行为而面临多次危险，也使个人的身份和社会生活长期处于不确定状态，必须承受随时被指控、被定罪的法律风险。

（四）不起诉的诉讼外替代措施落实问题

根据 2018 年《刑事诉讼法》第 177 条第 3 款的规定："人民检察院决定不起诉的案件，应当同时对侦查中查封、扣押、冻结的财物解除查封、扣押、冻结。对被不起诉人需要给予行政处罚、处分或者需要没收其违法所得的，人民检察院应当提出检察意见，移送有关主管机关处理。有关主管机关应当将处理结果及时通知人民检察院。"《人民检察院刑事诉讼规则》第 373 条规定："人民检察院决定不起诉的案件，可以根据案件的不同情况，对被不起诉人予以训诫或者责令具结悔过、赔礼道歉、赔偿损失。对被不起诉人需要给予行政处罚、政务处分或者其他处分的，经检察长批准，人民检察院应当提出检察意见，连同不起诉决定书一并移送有关主管机关处理，并要求有关主管机关及时通报处理情况。"据此，在作出不起诉决定时，应当加大非刑罚方式的执行力度。尤其是在有被害人的认罪认罚案件中，更应注重赔礼道歉、赔偿损失措施的运用。唯有如此才能取得被害人一方的谅解，减少申诉和上访，这才有利于化解社会矛盾，实现治理的现代化。检察机关应当重视检察意见的适用，提高适用率并增强适用效果。在企业合规审查如火如荼进行的情况下，如果要对企业负责人和企业不起诉，对构成行政违法的企业负责人或者经营管理人员应给予相应的行政处罚或者政务处分。除此之外，参加公益劳动、修复补偿被破坏的生态环境也是实践中探索适用的不起诉替代方式。只有替代措施运用充分，才能为不起诉的使用少留"后遗症"，才能达到不起诉的目的。

（五）不起诉方式的适用

目前我国《刑事诉讼法》规定了法定不起诉、酌定不起诉、存疑不起诉、附条件不起诉和特殊不起诉五种不起诉种类或者方式。这五种方式分别有其适用条件和对象。但从整体来看，不起诉的适用率偏低，未能发挥审前分流的功能。未来应着重发挥酌定不起诉、附条件不起诉和存疑不起诉在案件分流上的功能。随着犯罪结构的变化，轻罪比例大幅度上升，这为酌定不起诉提供了广阔的适用空间。而附条件不起诉在对未成年人"教育、感化、挽救"方针的贯彻落实上具有特殊的功效，应当提升其适用比例，给未成年被追诉人提供一个悔过自新的机会。而存疑不起诉的适用有助于严格起诉证明标准，倒逼侦查取证工作质量的提高。法定不起诉和特殊不起诉在实践中较少适用，因为其可以适用的情形较少出现。因此，这两种不起诉方式在降低起诉率方面功用有限。

（六）公开听证在提升不起诉决定权威性方面功效的发挥

《人民检察院审查案件听证工作规定》第4条第1款规定："人民检察院办理羁押必要性审查案件、拟不起诉案件、刑事申诉案件、民事诉讼监督案件、行政诉讼监督案件、公益诉讼案件等，在事实认定、法律适用、案件处理等方面存在较大争议，或者有重大社会影响，需要当面听取当事人和其他相关人员意见的，经检察长批准，可以召开听证会。"对拟不起诉案件进行听证审查具有如下意义：一是符合检察机关乃司法机关的性质，司法的亲历性得以贯彻，直接言词原则得以实施，能够证成检察官为司法官的定位；二是通过邀请人大代表、政协委员和人民监督员等参与，实现决定主体的广泛性，对检察官而言也是一种风险分担机制，尤其是对社会关注度高的重大、敏感案件，意义更加突出。决定主体的多方性决定了所作结论的权威性和公信力。三是能够在检察业绩考评中获得肯定。最高人民检察院将听证审查案件数量纳入目标考评，即便是为获得较好的检察业绩，也应当更多地采用听证审查方式。检察机关拟作不起诉决定的案件数量有限，因此采用听证审查方式不至于过分降低检察机关的办案效率，也不会给检察机关增加更多的工作负担。

（七）捕后不诉的负向考评问题

"慎诉"本是要求"可诉可不诉的不诉"。然而，检察机关内部的绩效考评是对捕后不诉的案件要较大幅度扣减目标得分。该考评指标的设置可能意在"慎捕""少捕"上。然而，刑事诉讼的动态性决定了符合逮捕条件未必

第八章 "少捕慎诉慎押"之"慎诉"

符合起诉条件。为了避免扣减目标得分,一些检察官违背客观义务,将本应不起诉的案件强行、"带病"起诉,这就背离了"慎诉"的要求,将一些本不该起诉的案件起诉。这是该刑事政策实施过程中需要重视的问题。

第九章
"少捕慎诉慎押"之"慎押"

一、径行逮捕案件可否进行羁押必要性审查

（一）问题的提出

2012年《刑事诉讼法》修正案草案说明指出：为了"加强人民检察院对羁押措施的监督，防止超期羁押和不必要的关押"。这是《刑事诉讼法》修改的一大进步与亮点。学界对其抱有很高期望，期待能在较大程度上改变司法实践中的"构罪即捕"和"一押到底"的局面。[1]然而，实践中检察官对径行逮捕案件是否可以进行羁押必要性审查存在不同认识。2018年《刑事诉讼法》第81条第3款规定："对有证据证明有犯罪事实，可能判处十年有期徒刑以上刑罚的，或者有证据证明有犯罪事实，可能判处徒刑以上刑罚，曾经故意犯罪或者身份不明的，应当予以逮捕。"该规定被学界普遍认为系"径行逮捕"规定。最高人民检察院正在全国推行羁押必要性审查专项活动，各地检察机关积极贯彻执行。但是，在执行过程中，由于认识的分歧，对于径行逮捕案件，是否纳入羁押必要性审查的案件范围或者在审查后是否应建议公安机关、人民法院变更强制措施，做法各异。这不但影响了专项活动的顺利进行，而且也导致法律实施的不统一，损害了法律的尊严。很显然，径行逮捕案件因其"可能判处十年有期徒刑以上刑罚""曾经故意犯罪"或者"身份不明"而被推定为具有社会危险性，所以检察机关应当予以逮捕，而无需考量社会危险性因素。但是，该条又同时规定："批准或者决定逮捕，应当将犯罪嫌疑人、被告人涉嫌犯罪的性质、情节，认罪认罚等情况，作为是否可

---

[1] 参见谢小剑："羁押必要性审查制度实效研究"，载《法学家》2016年第2期。

能发生社会危险性的考虑因素。"这里的"涉嫌犯罪的性质、情节"是指现在指控的犯罪,而非"曾经故意犯罪"。这就会带来一个问题,即如果该罪性质、情节较轻,且犯罪嫌疑人认罪认罚,是否可以对其不予批捕或者在批捕后进行羁押必要性审查?推定的"社会危险性"一定真实可靠吗?因此,对该问题的研究,可以回答实务上的困惑并明确羁押必要性审查的案件范围。

(二)实务上三种不同做法

据笔者调研,实务上对径行逮捕案件能否进行羁押必要性审查以及审查后是否建议变更强制措施存在三种不同做法:一是不纳入羁押必要性审查范围。理由是,既然检察机关应当径行逮捕,便说明犯罪嫌疑人的社会危险性和人身危害性较大。而且,羁押必要性审查标准与逮捕标准一致,既然应当逮捕,就等于应当羁押。逮捕的效力延续至整个诉讼过程。因此,无羁押必要性审查的可能。二是可以进行羁押必要性审查,也可综合考量各种情节后变更强制措施。理由是,刑事诉讼是一个动态的变化发展过程,符合逮捕条件未必符合羁押条件,随着诉讼的进行,羁押必要性已经不存在。例如,犯罪嫌疑人曾因盗窃罪被判有期徒刑1年,释放18年后又实施伤害犯罪,伤害结果为轻伤害,犯罪嫌疑人认罪认罚,且积极赔偿被害人损失,取得被害人谅解。或者5年前被追诉人因为危险驾驶罪被判处拘役3个月,之后又实施盗窃罪,盗窃数额较小,可能判处一年以下有期徒刑,被追诉人认罪认罚。虽然按照《刑事诉讼法》规定被径行逮捕,但是后罪中社会危险性较小。对此,检察机关进行羁押必要性审查并在审查起诉阶段变更为取保候审措施。三是纳入羁押必要性审查的案件范围,原则上不变更或者不建议变更强制措施。例如,对于曾经故意犯罪中的"惯犯""累犯",即便后罪符合取保候审条件,检察机关在审查后一般不会变更之前的逮捕措施。理由是累犯、惯犯主观恶性较大,社会危险性也较大,不应变更为非羁押强制措施。刑事诉讼不应仅考虑保障公民基本权利,还要防卫社会和保障刑事诉讼的顺利进行。

三种不同做法的背后反映了检察官不同的认识,即之前的径行逮捕行为是否对此后的羁押必要性审查有约束力?径行逮捕后可否"一押到底"?社会危险性评价的"推定"究竟持续多久?是仅对审查逮捕行为有效还是对包括羁押必要性审查行为也有效?对上述问题的不同回答,必然会导致实践中的不同做法。有检察官坦言:对于径行逮捕案件,进行羁押必要性审查,并且变更羁押措施,面临着较大的责任追究风险。但是,变更羁押措施后犯罪嫌疑人和被害人均较满意，收获了较好的社会效果。还有检察官认为，即使是可能判处10年以上有期徒刑的被追诉人，只要其不具有社会危险性或者社会危险性较小，也仍可以变更为非羁押强制措施。

（三）认识分歧的负效应

认识分歧导致实务做法各异，必然会给刑事司法带来五个方面的问题：一是羁押必要性审查的案件范围不统一。由于做法不同，势必会影响专项活动推进的不平衡，也会造成各地检察官在审查范围上的困惑。二是损害法律的统一实施。法律在其司法辖区具有一体实施的效力，法律只有得到一致的认识和执行，其尊严才能得到体现。不同地区的检察官对待相同案件采取不同的处理方式，有违"相同情况相同对待"的法治要求。法律实施的"地方化"必然会损害法律的统一实施。三是阻碍认罪认罚从宽制度的实施。犯罪嫌疑人认罪认罚也许是基于对羁押必要性审查的期待，这样一种激励机制可以促使其认罪认罚。当期待无望、希望破灭时，犯罪嫌疑人可能会拒绝合作，不愿意认罪认罚。四是被追诉人的诉讼权利无法得到保障。申请羁押必要性审查是被追诉人的一项诉讼权利。当径行逮捕的犯罪嫌疑人无法获得羁押必要性审查机会时，其便丧失了非羁押诉讼的机会。"少捕慎诉慎押"作为一项有利于被追诉人的刑事司法政策，"慎押"就需要通过羁押必要性审查实现。因此，对此类犯罪嫌疑人是否进行羁押必要性审查事关对"少捕慎诉慎押"刑事司法政策的准确理解和正确适用，事关被追诉人的权利保障，不可不慎。五是影响羁押必要性审查专项活动开展效果和"少捕慎诉慎押"刑事司法政策的实施。各地检察机关做法各异，一方面导致活动内容的差异，活动开展的不平衡在所难免；另一方面导致考评结果欠科学。由于审查的案件范围不同，考评的分母不一致，得出的考评结果也缺乏可比性。如果进行考评结果排名，实在难以令人信服，考评的公信力也将大大下降。一些检察官坦言，径行逮捕案件被追诉人一旦因羁押必要性审查而变更羁押措施后重新犯罪或者逃匿，检察官将面临更大的追责风险。由于容错机制尚未建立，因此为避免日后追责，检察官普遍不愿意将径行逮捕案件纳入审查范围，导致"慎押"无法落实，影响了司法政策的实施效果。

（四）径行逮捕案件羁押必要性审查何去何从

1. 实务如何操作

在法律修正前，只能按照法律规定执行。对于2018年《刑事诉讼法》规定的可能判处 10 年有期徒刑以上刑罚、曾经故意犯罪和身份不明的人，固然可以径行逮捕，但是径行逮捕案件应当被纳入羁押必要性审查的案件范围。理由有五：

第一，刑事诉讼的动态性决定了被逮捕的嫌疑人不能"一押到底"。随着诉讼的推进，无论是裁量逮捕还是径行逮捕都存在羁押必要性已经不存在的问题。即便是径行逮捕的犯罪嫌疑人，也并不意味着在诉讼进行中情况不发生变化。例如，证据条件和证明标准由逮捕时的"有证据证明有犯罪事实"到审查起诉时的"犯罪事实已经查清，证据确实、充分，依法应当追究刑事责任"。除了证据条件外，社会危险性也会随着犯罪嫌疑人认罪悔罪、退赃退赔、取得谅解或者达成和解而降低。根据《人民检察院办理羁押必要性审查案件规定（试行）》第 17 条的规定："经羁押必要性审查，发现犯罪嫌疑人、被告人具有下列情形之一的，应当向办案机关提出释放或者变更强制措施的建议：（一）案件证据发生重大变化，没有证据证明有犯罪事实或者犯罪行为系犯罪嫌疑人、被告人所为的；（二）案件事实或者情节发生变化，犯罪嫌疑人、被告人可能被判处拘役、管制、独立适用附加刑、免予刑事处罚或者判决无罪的；（三）继续羁押犯罪嫌疑人、被告人，羁押期限将超过依法可能判处的刑期的；（四）案件事实基本查清，证据已经收集固定，符合取保候审或者监视居住条件的。"上述情形在径行逮捕案件中也存在，这说明也需要进行羁押必要性审查。从上述规定来看，羁押必要性审查的内容与审查逮捕的内容高度重合，基本上是围绕逮捕的证据条件、罪行条件与社会危险性条件这三个要件展开。[1]在审查内容上，域外职权主义国家普遍审查三大要件：①证据要件，亦即犯罪嫌疑人是否具有实施犯罪的重大嫌疑。②比例性要件，主要是指被羁押人所指控之罪的严重性是否与羁押措施的适用成比例。③特定的羁押情形。总体而论，羁押情形可分成三种情形：一是可能逃匿；二是可能妨碍真相发现；三是可能实施新的严重犯罪。[2]可以说，域外羁押必要性审查的内容与我国大同小异。对于逮捕时身体健康的犯罪嫌疑人，在羁押期间因身体健康原因不适宜羁押的，可以申请羁押必要性审查。

第二，社会危险性的推定并非不可推翻的推定。不能根据曾经故意犯罪、

---

[1] 参见陈卫东："羁押必要性审查制度试点研究报告"，载《法学研究》2018 年第 2 期。
[2] 参见田文军："羁押必要性审查制度之检讨"，载《交大法学》2017 年第 1 期。

可能判处10年有期徒刑以上刑罚和身份不明的基础事实就推定犯罪嫌疑人未来就一定具有社会危险性，且非羁押不可。如果曾经的故意犯罪性质较轻，且与后罪间隔时间较长，那么就不能以此推定后罪中犯罪嫌疑人具有社会危险性。只要后罪性质和情节较轻，且犯罪嫌疑人认罪认罚，甚至取得被害人谅解，就不能因为其曾经故意犯罪而拒绝进行羁押必要性审查。"可能判处十年有期徒刑以上刑罚"可被认为是重罪案件，这就涉及重罪案件是否应当适用羁押必要性审查的问题。在笔者看来，只要没有"可能实施新的犯罪的；有危害国家安全、公共安全或者社会秩序的现实危险的；可能毁灭、伪造证据，干扰证人作证或者串供的；可能对被害人、举报人、控告人实施打击报复的；企图自杀或者逃跑"等社会危险性，便仍然可进行羁押必要性审查，并变更逮捕的强制措施。在审查逮捕时，根据有限的证据，可能认为对犯罪嫌疑人"可能判处十年有期徒刑以上刑罚"。但是，随着侦查的深入、证据的丰富，到了侦查终结或者审查起诉阶段，检察官有可能会认为对犯罪嫌疑人"可能判处十年有期徒刑以下刑罚"甚至认为无罪。此时，径行逮捕的条件已经丧失，若不允许进行羁押必要性审查，显然有违程序公正。即便是"身份不明"的犯罪嫌疑人，只要其认罪认罚、积极退赔、取得谅解，便足以说明其主观恶性和社会危险性较小，仍可以进行羁押必要性审查。如果身份不明的犯罪嫌疑人涉嫌危险驾驶犯罪，那么法定最高刑为拘役6个月，如果径行逮捕，不符合逮捕要件中的"罪责条件"。另外，在审查批捕时，被追诉人可能"身份不明"，但是在此后的诉讼过程中，如果其如实供述自己的身份情况，"身份不明"的事实消除后，而其又符合取保候审条件，如果不进行羁押必要性审查，及时变更羁押措施，对被追诉人来说显然是不公平的。因此，不能仅以"身份不明"为由而推定其具有羁押的必要性。某市检察院《关于羁押必要性审查办案指引（试行）》即规定：犯罪嫌疑人不讲真实姓名、住址、身份不明，但犯罪事实清楚，证据确实充分，查实身份后自愿认罪认罚的，侦查机关原则上不重新计算侦查羁押期限，检察机关应当对重新计算侦查羁押期限提出纠正意见。毕竟，犯罪是一种耻辱的"符号"，为了避免留下前科记录，被追诉人作为理性人"趋利避害"的本能，不讲真实姓名和住址，可能是基于对自身利益的考量。我国并没有前科消灭制度，即使是已有的犯罪记录封存制度，适用对象也十分有限。

第三，推进"少捕慎诉慎押"刑事司法政策实施的需要。如果将径行逮捕案件排除在羁押必要性审查的案件范围外，那么"慎押"又如何得到体现？既然同是逮捕，犯罪嫌疑人同样是被剥夺人身自由，那为什么裁量逮捕的犯罪嫌疑人可以获得羁押必要性审查机会，而径行逮捕的犯罪嫌疑人则无此诉讼权利呢？这种区别对待，不符合基本的程序法理，也不利于该政策的贯彻落实。

第四，有利于被追诉人认罪认罚。2018年《刑事诉讼法》和《人民检察院刑事诉讼规则》均将"认罪认罚"作为"社会危险性"的评价要素之一，这也是羁押必要性审查和变更羁押措施的重要考量指标。因此，对径行逮捕案件进行羁押必要性审查，可以有效督促被追诉人认罪认罚，从而减少对抗，实现合作。

第五，相关解释性文件规定对被追诉人被逮捕的，可以申请羁押必要性审查。"两高三部"联合颁布的《法律援助值班律师工作办法》第9条规定："犯罪嫌疑人、被告人提出申请羁押必要性审查的，值班律师应当告知其取保候审、监视居住、逮捕等强制措施的适用条件和相关法律规定、人民检察院进行羁押必要性审查的程序；犯罪嫌疑人、被告人已经被逮捕的，值班律师可以帮助其向人民检察院提出羁押必要性审查申请，并协助提供相关材料。"该规定中的"被逮捕"不仅包括裁量逮捕，也包括径行逮捕。可见，该办法并未将径行逮捕的被追诉人排除在羁押必要性审查之外。陈卫东教授认为："对所有被逮捕的犯罪嫌疑人、被告人进行羁押必要性审查，是2012年《刑事诉讼法》第93条的立法原意，因此，仅对部分捕后犯罪嫌疑人、被告人进行羁押必要性审查是违反立法精神的。"[1]

《人民检察院办理羁押必要性审查案件规定（试行）》第18条规定："经羁押必要性审查，发现犯罪嫌疑人、被告人具有下列情形之一，且具有悔罪表现，不予羁押不致发生社会危险性的，可以向办案机关提出释放或者变更强制措施的建议：（一）预备犯或者中止犯；（二）共同犯罪中的从犯或者胁从犯；（三）过失犯罪的；（四）防卫过当或者避险过当的；（五）主观恶性较小的初犯；（六）系未成年人或者年满七十五周岁的人；（七）与被害方依法自愿达成和解协议，且已经履行或者提供担保的；（八）患有严重疾病、生活不能自理的；（九）系怀孕或者正在哺乳自己婴儿的妇女；（十）系生活

---

[1] 陈卫东："羁押必要性审查制度试点研究报告"，载《法学研究》2018年第2期。

不能自理的人的唯一扶养人；（十一）可能被判处一年以下有期徒刑或者宣告缓刑的；（十二）其他不需要继续羁押犯罪嫌疑人、被告人的情形。"径行逮捕案件的被追诉人可能具备上述情形，如果不允许进行羁押必要性审查并变更羁押措施，则于法无据。根据"法无明文规定不得为"的公权力行使原则，在没有法律明文禁止对径行逮捕案件不予羁押必要性审查的情况下，在实践中不得自行作出不予审查的规定。

从推定的原理看，真正的推定都是可反驳的推定。为此，可以通过羁押必要性审查，给予被追诉人反驳的机会，当"社会危险性"推定不存在时，可以对被追诉人变更羁押措施。不给被追诉人反驳和辩解的机会，只能给人以司法"武断"和"暴戾"的感觉，不利于被追诉人认罪悔罪。

2. 制度如何变革

2018年《刑事诉讼法》所列举的径行逮捕的三项基础事实与被追诉人未来犯罪，无论是轻罪还是重罪，具有社会危险性之间并无必然的联系。此种推定的基础事实并不牢固，在未来《刑事诉讼法》修正时可予以修改。实践中，最容易产生困惑和最常见的问题是对"曾经故意犯罪"的理解与适用。因此，笔者着重探讨此种形态下的径行逮捕案件羁押必要性审查问题。改革思路是做到"三个区分"：一是区分两次犯罪之间的间隔时间长短；二是区分轻罪与重罪；三是区分一人犯罪与共同犯罪。如果两次犯罪间隔时间在5年以上，那么随着时间的拉长，犯罪的社会危险性会逐渐被"稀释"，基础事实与推定事实之间的联系也会减弱，并不能据此认为被追诉人在犯后罪时必然具有社会危险性。实践中，一些基层检察院之所以对累犯在审查后不予变更强制措施，大概与认为间隔时间较短、犯罪嫌疑人具有较大社会危险性有关。如果两次犯罪都是轻罪，且是异种轻罪，也不能据此认定被追诉人在犯后罪时具有必须羁押的社会危险性。在审查时应注意两次犯罪是否系同种轻罪，如果系同种轻罪，例如两次都是轻伤害犯罪或者盗窃犯罪，虽然犯罪性质较轻，但在一定时期内重复犯同一类型的犯罪，说明其主观恶性较大，对于后罪应慎用变更措施。如果前后两罪都属于共同犯罪案件或者一罪属于共同犯罪案件，那么要看被追诉人在两次犯罪中的地位、作用。如果被追诉人在后罪中是从犯或者胁从犯，虽是故意犯罪，但只要其符合取保候审条件，也仍可在羁押必要性审查后变更强制措施。当然，上述"三个区分"并非孤立的存在，而是相互联系，例如前后两次犯罪都是一人犯罪的轻罪、间隔时间长。

因此，在决定是否变更逮捕强制措施时，应综合考量。

鉴于当前的绩效考评中，对捕后判缓刑予以扣分处理，一些地方的检察官对本该判缓刑的案件也提出了判处实刑的量刑建议。"少捕慎诉慎押"刑事司法政策中的"少捕"就是对"可捕可不捕的不予逮捕"，因此上述径行逮捕案件中经过羁押必要性审查后予以变更的情形也适用于逮捕。未来《刑事诉讼法》修改时，应区别不同情形，而不是"径行逮捕"。以此降低逮捕率和诉前羁押率。这既是服务于绩效考评的需要，也是贯彻落实"少捕慎诉慎押"刑事司法政策的需要。

（五）结语

对径行逮捕案件实行羁押必要性审查，符合当前"少捕慎诉慎押"刑事司法政策的需要，可以改变刑事诉讼中"一押到底"的问题，鼓励被追诉人积极认罪认罚。之所以如此，原因无他：一是由刑事诉讼的动态性所决定；二是推定的基础事实并不牢固，不能据此认定被追诉人具有社会危险性。即使被追诉人具备径行逮捕的条件，如果其犯罪性质、情节较轻，并且认罪认罚，符合取保候审适用条件，检察机关仍可以在羁押必要性审查后变更或者建议变更强制措施。对径行逮捕案件可否进行羁押必要性审查并变更羁押措施，应区分犯罪性质、犯前后罪的间隔期限、一人犯罪还是共同犯罪等情况，综合考量，不可一概而论。那种认为径行逮捕案件不能进行羁押必要性审查的观点，是对《刑事诉讼法》规定的误读，并不符合诉讼规律，也不利于降低逮捕率和诉前羁押率。

二、羁押必要性审查面临问题及其破解之道

司法实践中，存在构罪即捕、羁押率高、超期羁押等情形，这些现象显然有违逮捕作为强制措施的功能定位，忽略了羁押适用条件会随着诉讼进程发生变化这一事实。2012 年《刑事诉讼法》第 93 条首次确立了逮捕后的羁押必要性审查制度。2012 年最高人民检察院印发《人民检察院刑事诉讼规则（试行）》，规定了"侦监部门和公诉部门主导，监所检察配合"模式。其后，最高人民检察院专门印发了《人民检察院办理羁押必要性审查案件规定（试行）》。2019 年出台《人民检察院刑事诉讼规则》，明确该项工作由改革后的捕诉部门统一办理。这足以说明检察改革更加重视刑事司法中的人权保障。随着司法体制改革的深入、"捕诉一体"的全面实行，羁押必要性审查作

为降低羁押率的有效措施，在贯彻"少捕慎诉慎押"理念中应当发挥其应有的作用。

（一）羁押必要性审查的现状

1. 司法理念有待深入转变

羁押必要性审查制度设立的目的是实现少捕慎捕，减少羁押，保障犯罪嫌疑人、被告人的合法权利。但有的基层检察院办理的案件量较大，"案多人少"矛盾突出，加之司法责任制的实施，导致检察官在办理案件过程中更加重视诉讼的安全功能，忽视羁押必要性审查工作的保障功能，存在"构罪即捕""一押到底"的现象。羁押必要性审查工作贯穿公安、检察、法院工作全过程。例如，检察机关认为可以变更为非羁押的强制措施，但法院认为如果被告人不到案就不能保障审判顺利进行，或者将要判处实刑，在审判环节法院重新对被告人进行逮捕，既增加了工作量，也会影响司法公信。

2. 社会危险性标准难以把握

《刑事诉讼法》对于"社会危险性"标准的规定比较模糊，法条使用的也多为"可能""企图""危险"等词语，没有相关的评判标准与量化指标，造成实践中检察官难以准确把握社会危险性标准。基层检察机关囿于人员、资金等方面的局限，对"社会危险性"很难进行精准评估，由此影响了降低羁押率。目前，有的办案人员对于"社会危险性"标准把握过于严格。同时，"社会危险性"标准的不明确也造成了各个地方不同办案主体认识不统一。例如，某基层检察院通过制定《羁押措施社会危险性评估表》，设计了包括涉嫌罪名、性质、有无前科等22项社会危险性量化指标，作为评价依据。但是，不少检察院并未设定量化评估指标，在"社会危险性"评价方面，司法人员的主观随意性较大。

3. 羁押必要性审查的案件数量有限

基于笔者的调研，作为试点省份的S省，基层检察院开展羁押必要性审查的案件数量不多。即便检察机关提出变更羁押强制措施的建议，因数量有限，难以在降低羁押率方面发挥应有效用。试点地区尚且如此，非试点地区可见一斑。

4. 社会监控能力有限导致取保候审适用率普遍不高

尽管近年来一些地方检察院探索开发了"电子手表""非羁码"等智能化监控手段，但毕竟只在少部分地区适用，没有全面推开。目前，《刑事诉讼法》规定的人保和金钱保，保证效果有限，难以在保证被取保人随传随到方面发挥有效作用，因对脱逃、串供和重新犯罪的顾虑，办案人员普遍对使用取保候审措施存在畏难情绪。

5. 因缺乏保证条件导致大中城市流动人口羁押率较高

大中城市流动人口犯罪率较高，成了影响当地社会治安的重要顽疾。而这部分人员由于在本地无常驻户口、无固定住所，甚至无固定职业，一旦其涉嫌犯罪，公安司法机关更倾向于采用羁押措施，由此导致了羁押率的上升。如果当地能够建立一些安置帮教基地，以此代替固定住所，也许可以解决这一问题。

6. 审查方式的普遍书面化

实践中，因为受司法理念滞后等因素的影响，基于对效率的考量，对于羁押必要性审查多采用单方面的书面审查方式，并未构建诉讼化或者听证式的审查程序。行政化色彩浓厚的书面审查方式，缺乏对犯罪嫌疑人基本权利——知情权和有效辩护权——的保障，也使得对羁押必要性的审查变成了对被追诉人是否构成犯罪的审查，程序的参与性、公开性、公正性难以得到保障。

（二）羁押必要性审查工作面临的现实问题

1. 司法人员需要有担当精神

对于已经被逮捕羁押的犯罪嫌疑人，往往担心一旦释放或采取取保候审措施，犯罪嫌疑人脱逃或者重新犯罪便会被追究责任。因此，经审查后大多倾向于不变更羁押措施。这反映了有些司法人员存在求稳心态，不求有功，但求无过。归根结底，还是惩罚犯罪的观念根深蒂固。

2. 审查方式需要明确

对于羁押必要性审查，究竟是采取书面方式还是类诉讼化的听证方式进行，立法并不明确，导致各地检察院采用的审查方式不统一。书面审查方式具有效率高、成本低的优势，但是不利于审查的准确性，不符合直接言词原则这一司法规律。

3. 检察建议缺乏制度刚性

根据2018年《刑事诉讼法》第95条的规定："犯罪嫌疑人、被告人被逮捕后，人民检察院仍应当对羁押的必要性进行审查。对不需要继续羁押的，应当建议予以释放或者变更强制措施。……"检察机关审查后只有建议权，没有决定权,导致检察机关的建议不被公安机关或者人民法院采纳。据笔者调研,某区检察院在羁押必要性审查初期,有关变更羁押强制措施的建议被公安机关采纳的比例不足 20%。

4. 救济机制缺失

无论是检察机关审查后不变更羁押措施而被追诉人不服还是建议变更羁押措施而公安机关、法院提出异议,均没有救济的渠道。由于是否变更羁押措施事关被追诉人的人身自由权,对于如此重要的权利,理应由更高一级的机关进行审查并作出终局性决定。

(三) 羁押必要性审查有效运行的配套制度建设

1. 建立容错机制

由于"社会危险性"评估是对被审查人未来行为的预测,既然是预测,便不能保证 100% 的准确。"法律不能强人所难",这是基本的法理。因此,允许存在一定范围的差错,对于变更羁押强制措施后被追诉人脱逃或者重新犯罪的,只要在审查当时被追诉人符合变更羁押措施的条件,便不能因此而追究检察办案人员的责任。如果以事后的结果论,检察人员为避免被追责,即便符合变更羁押措施的条件,也可能因此不提出变更建议。目前,可通过政法队伍教育整顿的契机,解决检察人员担当精神缺乏的问题。

2. 采用类诉讼化的听证方式

检察机关作为司法机关,其履职方式也必须遵循司法规律,贯彻直接言词原则也是应然之举。对于涉及公民人身自由权利的事项,宜由检察官采用适度司法化的方式依法作出决定。听证程序即是"两造对抗"的准诉讼化方式,可以保障各方意见以口头方式得到充分表达,从而实现审查的有效性和精准性。

3. 增强审查结论的刚性

鉴于审查结论的刚性不足、效力有限,建议未来修改《刑事诉讼法》时,将《刑事诉讼法》第 95 条"应当建议予以释放或者变更强制措施"修改为"应当通知予以释放或者变更强制措施"。按照目前的法律规定,即便公安机关或者法院没有按照检察机关的"建议"执行,也不会面临不利的后果。

4. 建立必要的救济机制

可考虑参照公安机关对检察机关不批准逮捕决定、不起诉的救济机制进行设计,即公安机关对检察机关释放或者变更强制措施的建议,认为有错误的，可以在 7 日内要求复议。如果意见不被接受，可以向上一级检察院提请复核。上级检察院应当立即复核，作出是否变更的决定，通知下级检察院和公安机关执行。被追诉人和辩护人对检察机关审查后维持原强制措施决定不服的，可以在 7 日内申请复议，如果复议维持原决定的，可以向上一级检察院申请复核。

5. 将"社会危险性"标准量化

尽管此前最高人民检察院、公安部联合颁布了《关于逮捕社会危险性条件若干问题的规定（试行）》，但实践中"社会危险性"标准仍难以把握，导致检察官在审查后是否提出变更建议的自由裁量权过大。为此，可考虑从事前、事中、事后三个维度考察被追诉人社会危险性的大小，通过设计若干项评价指标，根据不同的得分，分别评定为"高""中""低"三个风险等级，对于属于"中""低"风险的，可以建议变更羁押强制措施，以此实现审查的科学性、相对客观性。

6. 保障审查程序参与亲历性

被审查人应参与到审查活动之中，就不予羁押的理由发表意见。程序的参与性是程序公正性的要件之一，只有使被追诉人能够就自身基本权利的事项充分表达自己的意见，才能增强审查结论的可接受性。无论结果如何，都具有吸纳不满的功能。因此，无论是否采取听证审查方式，检察人员均应听取被审查人的意见，且应保障其获得律师专业帮助的权利。被追诉人一方也可以提交社会调查报告，用于证明自己不具有社会危险性或者社会危险性较低。

三、羁押必要性审查为何难以发挥效用

尽管最高人民检察院提出将羁押必要性审查专项检察活动延期 1 年，但是据笔者调研发现：检察机关进行羁押必要性审查的案件数量偏少，大都为十位数，作为羁押的替代措施难以发挥作用。除此之外，检察机关将羁押必要性审查纳入绩效考核，希冀以此推动该项工作的落实。为此，笔者思考为何羁押必要性审查在降低羁押率方面效果不彰？受制于哪些因素的影响？

（一）随着逮捕标准的从严把握，羁押必要性审查的空间缩小

随着"少捕慎诉慎押"刑事司法政策的实施，无论是公安机关提请批捕还是检察机关批准逮捕，案件质量均明显提高，符合或者基本接近于逮捕条

件。如果逮捕后的案件情况没有变化，羁押必要性审查后变更的可能性降低。这些情况包括但不限于：认罪认罚、退赃退赔、取得谅解或者达成调解协议、案件证据情况发生变化、被追诉人的身份信息已经查清等。由于检察机关进行羁押必要性审查多是"选案子"，即寻找那些符合变更条件的案件进行审查。在寻找合适案件中，检察官发现可选择的案件变少，因此进行羁押必要性审查的案件数量不多，似乎也可理解。

（二）"捕诉合一"后负责批捕的检察官很难在后续的审查活动中变更羁押措施

检察机关实行"捕诉合一"的内设机构改革后，负责审查逮捕与负责羁押必要性审查的系同一主体。该主体难免不会有"先入为主"之见，受前见的影响，很难在羁押必要性审查中保持客观中立。这就是为学界所诟病的"既是运动员又是裁判员"问题。这是心理学上的难题。为此，个别检察院为解决此弊端，开展了"交叉审查"活动，例如，四川省犍为县人民检察院还专门出台了文件规定由不同检察官进行交叉审查。该举措受到最高人民检察院的肯定。为了比较同一主体审查和不同主体审查的效果，孰优孰劣，可以对改革前后的情况进行调研，用数据说话，"事实胜于雄辩"。

（三）公安机关不采纳检察机关变更羁押措施的建议

据调研，不少地方检察机关经审查后变更羁押措施的建议不被公安机关采纳。在某检察院，公安局采纳其建议的比例不足20%。为此，不少检察机关只能在审查起诉阶段进行该项审查活动，符合取保候审条件的直接决定变更。如果检察机关的建议不被采纳：一方面是检察机关作了大量的"无用劳动"，"审了白审"；另一方面降低羁押率的初衷落空。在笔者看来，既然批准逮捕（羁押）是由检察机关决定，那么解除羁押也应该由检察机关决定。未来《刑事诉讼法》修改，应该将羁押必要性审查后的"建议"修改为"决定"。这并未侵犯公安机关的侦查权和法院的审判权。因为强制措施的变更并不影响侦查或者审判工作的进行。检察建议在该类案件中缺乏刚性，已经制约了羁押必要性审查工作的开展。公安机关应自觉主动接受检察机关的法律监督，建议变更羁押措施其实也是一种监督方式。

（四）"专项活动"中的案件通常不纳入审查范围

近年来，当某一犯罪比较突出时，公安机关或者当地政法委就会开展"专项活动"，例如，扫黑除恶专项斗争、打一场禁毒的人民战争、打击养老诈骗专项活动，等等。"专项活动"中的案件均是以"从严"为导向办理，因此对此类案件中的被追诉人极少纳入羁押必要性审查范围，即便是纳入其中，审查后也倾向于不予变更羁押措施。否则，这种"程序从宽"与"政策从严"之间必然产生冲突。检察机关和检察官可能会落得个"打击不力"的指责。但是，在笔者看来，即便是在"专项活动"中的案件，也可能存在情节较轻的从犯、胁从犯，犯罪后认罪认罚，并取得被害人一方谅解的情形。当具备这些条件时，当然可以"区别对待"以实现"分化瓦解"。所以，区别情形、分别对待，该从宽的也可以从宽，以换得同案被追诉人证实集团首要分子或者主犯犯罪的证据，未尝不是一种可能的选择。这对于降低诉讼成本、节约司法资源、顺利指控犯罪具有较大的诉讼利益。"专项活动"容易运动化、扩大化、极端化，应警惕"一刀切"的思维和做法。

（五）顺利定罪的"胜诉"欲望降低了羁押必要性审查的动力

尽管检察官有客观义务，但是客观义务于检察官而言具有较大的局限性。追诉职能是其核心职能。我国检察官与域外检察官角色差别在于域外普遍将检察官定位于一方当事人，我国检察官虽有法律监督职能，而并非一方当事人，但在诉讼过程中"当事人化"的倾向仍比较明显。如果追诉职能超越其客观义务，其必然会追求高定罪率，尽力避免无罪判决的出现。被追诉人一旦经羁押必要性审查被释放或者取保候审，串供、毁灭伪造证据可能使指控犯罪而精心编制的证据链条出现断裂，从而增加定罪的难度。这是检察官所不愿看到的。既然如此，由公诉检察官进行审查，多不愿意将羁押措施变更。因为，这符合其职业利益。是故，尽管羁押必要性审查专项检查活动开展和将该项工作纳入绩效考评，仍然未能取得预期效果，不难从上述因素中找到解释。

（六）检察官面临的追责压力也促使其不愿审查或者审查后不愿变更羁押措施

由于缺乏容错机制，在审查后被变更为取保候审措施或者被释放的被追诉人。一旦逃跑或者实施新的犯罪，责任倒查和司法责任制必然会追究原办案人员的责任。为了避免出现上述情况，检察官审查后一般不倾向于变更。因为，"社会危险性"是现时对明天的预测，具有一定的风险或者不确定性。如果被审查人逃跑或者实施新的犯罪，追责不但会使检察官"前功尽弃"，而且面临被处分乃至被追究刑事责任的风险。为了避免此种风险，不审查或审查后不建议变更，则是较为安全的做法。在我们责怪检察官缺乏担当精神时，可否考虑到为他们建立了容错机制？是否为他们大胆履职创造宽松的环境？在强调某一方面工作开展时，配套和保障措施的跟进非常必要。否则，所强调的工作也难以有长足进步。

第十章
"少捕慎诉慎押"中的绩效考核

一、有些考核指标已经影响了"少捕慎诉慎押"刑事司法政策的实施

检察机关设置绩效考核指标，初衷是调动检察官工作的积极性，降低诉前羁押率和起诉率。但是，因有些指标设定得不科学、不合理，不仅不能起到工作推进作用，反而会阻碍"少捕慎诉慎押"刑事司法政策的实施，成为政策推行的反作用力。

（一）捕后不起诉率

捕后不起诉率作为检察机关考核的核心指标，对检察机关和检察官的工作评价影响较大。如果一个案件犯罪嫌疑人被批准逮捕，一旦作不起诉处理，按照目标管理规定，将会重扣目标得分。为了避免此种不利结果出现，检察官将不应起诉的案件强行起诉不在少数。刑事诉讼的动态性决定了被批捕的犯罪嫌疑人未必符合起诉条件，但是有了这一考核要求，那就必须起诉。检察官也是非常看重该项指标。如此一来，就与"慎诉"的刑事司法政策背道而驰。

（二）捕后判轻缓刑率

同样，如果犯罪嫌疑人捕后被判处管制、拘役或者宣告缓刑，也要对检察机关进行负向考评。其结果导致检察机关本可以提出缓刑量刑建议的，因检察官担心扣分，只能提出实刑量刑建议。可以说，一旦检察机关批准逮捕，就与案件的处理发生了紧密联系。检察官提出实刑量刑建议，对犯罪嫌疑人又采取取保候审措施。其结果是法院在开庭前一般会采取逮捕措施。也许此一指标的提出是为了督促检察官慎用逮捕措施，但实际上是不利于刑罚适用轻缓化的。

（三）羁押必要性审查数量

羁押必要性审查是为了激活该制度，以此达到"慎押"目的。但是，为了在考核中取得好的成绩，检察机关在审查批捕时会"留有余地"，为后续的羁押必要性审查预留空间。那就是检察官会将可捕可不捕的犯罪嫌疑人一概逮捕，待羁押必要性审查时再将其"审下来"。本来"少捕"的意蕴是可捕可不捕的不予逮捕，而现在是可捕可不捕的也要予以逮捕。在设置一项考核指标时，不能仅看到表象，必须注意它可能带来的一系列问题。

（四）认罪认罚从宽制度适用率

认罪认罚从宽制度适用率也是检察机关重要的考核指标。实践证明：一个人一旦被羁押，认罪认罚的可能性较大。因此，"以捕促认""以捕促赔""以捕促和"就成了一种司法常态。逮捕和羁押已经异化为认罪认罚从宽制度的适用条件。这显然与"少捕慎押"的刑事政策背道而驰。一旦被追诉人认罪认罚或者积极赔偿、取得谅解或者达成和解协议，其就有可能通过羁押必要性审查变更逮捕措施。将犯罪嫌疑人逮捕之后，检察机关手中就有了"谈判"或者"协商"的"筹码"，为后续工作的开展创造了条件。

（五）诉前羁押率可能催生弄虚作假行为

由于检察机关有诉前羁押率这一核心考核指标，为了降低诉前羁押率，一些检察院在审查起诉阶段大量采取取保候审措施，等案件起诉到法院后再由法院采取逮捕措施。如此一来，诉前羁押率就可以大大降低。这种为迎合目标考评而采取的方式必然会降低检察公信力，也会增加法院和公安机关的工作量。

（六）撤回起诉率

撤回起诉其实是"慎诉"的体现，即随着庭审情况的变化，但发现指控证据不足以认定有罪或者被告人行为不构成犯罪时，检察官就可以申请撤回起诉。在德国，一旦该情形出现，检察官应当申请法院作出无罪判决，以充分体现其客观义务。但是，由于我国现行的考核机制是一旦检察院撤回起诉，将会对其工作业绩予以负向评价。为此，一些通过庭审本该撤回起诉的案件，由于该指标的限制，检察官只能"勇往直前"，程序只能向前推进而不能从诉讼中及时分流。为了促使检察官履行客观义务，也为"慎诉"创造条件，对撤回起诉不宜扣减目标得分。

如何保证考核指标的设置既能调动检察官的办案积极性，发挥其指引功能，同时又不会异化为政策实施的阻力，需要认真研究。可考虑就考核指标的设定先征求基层检察人员的意见，他们在一线办案，有大量的感悟和体会，也最有发言权，是否需要倾听他们的意见呢？这是决策科学化、民主化的体现。在考核指标与检察官客观义务发生冲突时，应自觉以客观义务战胜"得分"的冲动，毕竟"他人的人生"比考核指标中的得分更重要，且客观义务是《检察官法》明确规定的。法律人的良知应在此中体现。对于捕后应当作不起诉处理或者符合缓刑条件，检察官应当毫不犹豫作出不起诉决定或者提出缓刑的量刑建议。法律规定高于内部考核制度，检察官作为"世界上最客观的官署"，理应忠实地执行法律，而不能舍弃法律而偏向内部考核。这是考验检察官是否"纯正"的"试金石"。笔者去某检察院举办"少捕慎诉慎押"的讲座时，有检察官问笔者将来是否还会对不捕、不诉案件倒查乃至追责，笔者一时语塞。目标考核和责任追究问题是检察官普遍关注的问题，如果考评机制和指标设置不发生变化，指望检察官认真落实"少捕慎诉慎押"刑事政策是不太现实的。

二、"少捕慎诉慎押"刑事司法政策实施中的二律背反

二律背反，是由德国哲学家康德提出的哲学命题，是指规律中的矛盾，在相互联系的两种力量的运动规律之间存在相互排斥现象。自然界存在的两种运动力量之间呈此消彼长、此长彼消、相背相反的作用。二律背反的原理是同一个对象或问题所形成的两种理论或学说虽然各自成立，但是却相互矛盾，又称作二律背驰，相互冲突或自相矛盾。"少捕慎诉慎押"刑事司法政策实施中的二律背反问题较为突出，阻碍了该政策的实施，导致效果不彰甚至走向反面。经总结，二律背反在上述司法政策实施中至少存在以下七个方面：

（一）不捕不诉与案件评查

一方面，各级政法机关都在倡导"少捕慎诉慎押"的刑事司法政策，要求"少捕少诉"；另一方面，无论是政法队伍教育整顿活动的开展还是案件评查活动的进行，均将检察机关"不捕不诉"案件作为评查重点，并要求办案人员逐案进行解释说明。孤立来看，案件评查具有保障和提升案件质量的功效，但是如果将"不捕不诉"案件作为评查重点，一方面说明活动组织者对办案人员的不信任，另一方面说明其"重打击、轻保障"的观念根深蒂固。

当案件评查结果与检察官的办案业绩挂钩时，检察人员对评查活动便会心怀顾虑，惮于不利结果的出现，可能会出现"一捕了之""一诉了之"的问题，避免落得个打击不力、放纵犯罪乃至办"关系案""人情案""金钱案"的"骂名"，也避免了被害人一方四处上访、信访带来的工作压力。

（二）捕后不诉与目标考评

按照检察机关内部的考核评价机制，"捕后不诉"乃负向考评的重要指标，会对办案人员及其所在的办案机关给予较重的扣分。为了回避不诉扣分结果的出现，检察人员对捕后情况发生变化（例如，认罪认罚、退赃退赔、达成和解或者取得谅解）的案件，明知可以作不起诉处理，但是为了避免不利结果的出现，还是会将"可诉可不诉"甚至本不该起诉的案件强行提起公诉。本来"慎诉"是要求检察人员慎重使用起诉措施，将"可诉可不诉"的案件"不诉"，结果检察官将那些明知不该起诉、不符合起诉条件的案件强行起诉，使得该项司法政策失去了其原本的价值功能。毕竟，检察官辛辛苦苦办了一年案件，不可能因为一个案件影响自己乃至部门的业绩和声誉。"捕后判缓"也是扣分指标，为了避免被扣分，对一些案件提出缓刑量刑建议的案件，检察官也会尽可能提出实刑建议。一旦实刑建议被提出，法院在开庭前大多会对被告人采取逮捕羁押措施，这也有悖于"少捕"的刑事司法政策。

（三）审查起诉与领导办案

检察领导办案具有示范引领作用，这也是要求领导办案的价值所在。但是，实践中一些检察领导因事务较多，无暇亲自办理案件，选择性办案、挂名办案较多，因此达不到领导办案的目的。鉴于此，检察领导应带头办理审查起诉案件。如果作出不起诉决定，不仅可以起到示范带头作用，而且可以统一起诉标准，为下级检察官在审查起诉时作出不起诉决定提供遵循和指导。当然，根据《刑事诉讼法》规定，批准逮捕是检察长权限。检察长可以通过批准逮捕与否的决定，为下级检察官审查逮捕提供标准。检察长尤其应当注意同类案件逮捕尺度的统一。最好可以制定常见多发犯罪案件类型化的"社会危险性"评价标准，便于实践操作有所遵循，克服"社会危险性"评价主观随意性过强、自由裁量权滥用的弊端。

（四）不诉审查与程序从简

不诉结果是"慎诉"的体现。但是，不起诉作出程序的繁琐，令检察官不愿依法大胆作出不起诉决定。在实践中，不少检察院并未将不起诉决定权交予员额检察官行使，而是实行"三级审批制"，最终由分管检察长或者检察委员会作出决定。繁杂的程序令办案检察官"望而生畏"。一是办案效率低，加剧了"案多人少"的矛盾；二是担心不诉被人"说闲话"。这是实践中比较突出的问题。为配合"少捕慎诉慎押"刑事司法政策的顺利实施，可否真正落实"让办案者决定，由决定者负责"的司法责任制？当前"放权"不到位的问题比较严重。刑事司法政策的实施应为检察官办案"松绑"，不起诉决定权应交由员额检察官行使，以此扩大不起诉案件的比例。

（五）认罪认罚与少捕慎押

检察实践证明，逮捕有助于认罪认罚从宽制度的实施。"以捕促认""以捕促赔""以捕促和"是一种司法现实。逮捕被追诉人确实有利于后续认罪认罚工作的开展，办案机关手中有了可以令被追诉人认罪认罚的"筹码"。在对认罪认罚从宽制度适用率进行考核的背景下，办案机关必定更愿意使用逮捕和羁押措施。这无疑会与"少捕慎押"形成冲突。如果认罪认罚的考核权重大于少捕慎押，那么作为理性人的检察官必然更倾向于逮捕措施的使用。因此，在落实"少捕慎诉慎押"刑事司法政策时，应注重与认罪认罚从宽制度使用的协调，避免顾此失彼现象的发生。

（六）羁押必要性审查与径行逮捕

2018 年《刑事诉讼法》第 81 条第 3 款规定："对有证据证明有犯罪事实，可能判处十年有期徒刑以上刑罚的，或者有证据证明有犯罪事实，可能判处徒刑以上刑罚，曾经故意犯罪或者身份不明的，应当予以逮捕。"学界和实务界将其称之为"径行逮捕"条款。由于法律规定为"应当予以逮捕"，因此一些检察实务部门人员认为对该类案件的被追诉人不应进行羁押必要性审查。"两高三部"联合颁布的《法律援助值班律师工作办法》第 9 条规定："犯罪嫌疑人、被告人提出申请羁押必要性审查的，值班律师应当告知其取保候审、监视居住、逮捕等强制措施的适用条件和相关法律规定、人民检察院进行羁押必要性审查的程序；犯罪嫌疑人、被告人已经被逮捕的，值班律师可以帮助其向人民检察院提出羁押必要性审查申请，并协助提供相关材料。"该规定中的"被逮捕"不仅包括裁量逮捕，也包括径行逮捕。可见，该办法并未将径行逮捕的被追诉人排除在羁押必要性审查之外。其实，径行逮捕案件中的"社会危险性"是一种推定。这种推定的基础事实并不牢固，是可以推翻的。此外，刑事诉讼的动态性也决定了一概不予羁押必要性审查未必符合立法原意。

（七）羁押必要性审查与绩效考核

将羁押必要性审查纳入绩效考核，意在推动羁押必要性审查制度的实施。但是，有些检察院为了"凑数"，在审查逮捕时将"可捕可不捕"的犯罪嫌疑人予以逮捕，由此导致了逮捕率的上升。这种以牺牲被追诉人不受任意逮捕权为代价换取羁押必要性审查"优良成绩"的做法并不符合"少捕慎诉慎押"政策。

三、逮捕后检察官与案件发生了利害关系

逮捕无疑是我国强制措施中最严重的一种，因为它不但剥夺了一个人的自由，还减损了一个人的人格尊严和幸福生活，直接剥夺了一个人作为社会人参与社会活动的权利。因此，应当"少捕""慎押"。以上仅是从法教义学角度进行简单分析。虽然"少捕""慎押"作为一项刑事司法政策被提出，要求在刑事司法活动中贯彻落实，但是实施阻力仍然很大，实施效果尚待观察，尤其是在"捕诉一体"的背景下。以下笔者试图从法社会学角度分析"少捕""慎押"的必要性和紧迫性，以供检察官在办案中参考。

（一）捕后不诉导致检察机关承担国家赔偿责任

根据《国家赔偿法》第17条第2项规定："对公民采取逮捕措施后，决定撤销案件、不起诉或者判决宣告无罪终止追究刑事责任的。"受害人有取得赔偿的权利。为了避免承担国家赔偿责任，检察官在审查逮捕时就应慎重，充分考虑到未来不起诉时因错误羁押而使本单位可能会承担的赔偿责任。

（二）捕后不诉会对检察官及其所在部门进行负面评价

按照目前检察机关内部的考核规定，捕后不诉，应对检察机关捕诉部门扣减较高分值的目标得分，对批准逮捕的检察官也会进行负面评价。正如笔者在调研时一位市级检察院的检察长所言："犯罪嫌疑人一旦被逮捕，办案检察官即与案件发生了关联，检察官就被绑在诉讼的'战车'上了。"此话不无道理。犯罪嫌疑人被逮捕后，检察机关的办案人员即与案件具有了利害关系。为了避免负面评价和扣分，检察官必定会想方设法使案件能够起诉出去，否则自己便可能会承担不利后果。

（三）捕后不诉会使公安机关的工作业绩受损

目前，一些公安机关的工作考评不再考核批捕数，而大都考核起诉人数。

第十章 "少捕慎诉慎押"中的绩效考核

为了照顾公安机关的"颜面"和考评得分，某些检察官不惜将本不该起诉的案件起诉。这在一些熟人社会氛围比较浓厚的县城表现得尤为突出。

据笔者对某省检察院的调研，捕后不诉确实存在，但比例较低，每个检察院平均每年仅有一人。在"捕诉一体"之下，审查逮捕和审查起诉的检察官系同一主体，他（她）批准逮捕又怎可能不起诉呢？如果起诉标准降低至逮捕标准，显然不利于人权保障。本来"慎诉"是刑事司法政策，但是为了回避上述的不利评价和国家赔偿，一些检察官背离客观立场，强行起诉不应起诉的案件。因为，违背客观义务并不会承担不利后果，但是案件一旦被不起诉，办案检察官的直接利益将受损。

有人认为，"捕诉一体"可以让逮捕条件适用起诉条件，逮捕标准更高，有利于少捕人。然而，笔者担心的是起诉条件降低为逮捕条件，如此一来反而会适得其反。单以证据条件论，逮捕的证据条件较低，即"有证据证明有犯罪事实"，而起诉的证据条件，按照我国2018年《刑事诉讼法》第176条第1款之规定："人民检察院认为犯罪嫌疑人的犯罪事实已经查清，证据确实、充分，依法应当追究刑事责任的，应当作出起诉决定，按照审判管辖的规定，向人民法院提起公诉，并将案卷材料、证据移送人民法院。"可见，起诉的证据条件是"犯罪事实清楚、证据确实充分"。起诉的证据标准明显高于逮捕的标准。

证明标准的不同和刑事诉讼的动态性决定了逮捕条件与起诉条件的差异性。既然如此，捕后不诉乃正常司法现象。如果因捕后不诉而扣减目标得分，则有悖于司法规律。其实践后果是以逮捕"绑架"起诉，使得"慎诉"的刑事司法政策走向反面。

为了避免逮捕后带来的一系列问题，也为了检察官客观义务的履行，更为了"慎诉"刑事政策的贯彻落实，检察官在审查逮捕时一定要慎重，应注意听取辩护律师意见。审查逮捕在域外是法官的权力，这是国际社会的普遍做法。但是，我国检察机关是法律监督机关，这是与域外不同的制度特色，检察官在审前程序中扮演了"准法官"的角色，主导地位的提出进一步强化了该种角色。但是，不要忘了，法律监督的理论基础是客观义务。检察公信力的提升不仅体现在其"除暴"职能的履行上，还体现在其能否"安良"，能否做到"对不利与有利一律注意"上。新修订的《检察官法》第5条要求："检察官履行职责，应当以事实为根据，以法律为准绳，秉持客观公正的立场。检察官办理刑事案件,应当严格坚持罪刑法定原则,尊重和保障人权,既要追诉犯罪,也要保障无罪的人不受刑事追究。"检察权是贯彻诉讼始终的权力,与域外检察权普遍是行使公诉职能不同,我国普遍将检察权视为司法权,检察官与法官同质性较高,因检察权强大、独特,故应谨慎行使。

第十一章
"少捕慎诉慎押"实施中面临的十大难题

"少捕慎诉慎押"虽然作为新时期的一项刑事司法政策被提出,但基于目前民众和公安司法人员的观念、公安机关的职能定位和各种体制的影响,该政策在实施中会面临不小的阻力,由此也决定了该政策实施的难度。对此,我们应保持足够清醒的认识。经过总结梳理,以下十个方面是该刑事司法政策实施中面临的主要难题。

一、公安机关的职能定位和顺利定案的目标

公安机关的职能是打击犯罪、维护社会安全。而"少捕慎诉慎押"在公安人员看来有可能放纵犯罪,导致打击不力。这与公安机关的基本职能相悖。从公安机关基本职能出发,当然捕人、押人、诉人越多越好。原因在于:一是对其工作成绩的认可。主要体现在目标考评中可以获得加分。现在对公安机关的业绩考核主要是看检察机关起诉的人数。因此,起诉越多,对公安机关工作的认可度越高。二是可以减轻"维稳"压力。公安机关奋战在"维稳"一线,不仅要使犯罪嫌疑人及其家属满意,还要使被害人一方满意,以避免案件的办理导致被害人一方上访、信访。为了保护被害人一方,必然希望犯罪嫌疑人被羁押、被起诉。三是符合党委的工作要求。党的执政理念是让人民获得安全感、获得感和幸福感。"三感"中,安全感是前提、基础。而安全感主要是通过公安机关打击犯罪实现的。同级党委政法委对公安工作的要求是打击率和人民的安全感受。为了响应党的号召,公安机关必然会强化其惩治犯罪的职能。笔者在某市公安局调研认罪认罚从宽制度实施情况时,公安干警纷纷向笔者表示公安机关并无这方面的考核指标,对抢劫、盗窃等犯罪,公安机关保持"严打"和"高压"态势,以此让人民群众切实感受到

安全感。"少捕慎诉慎押"刑事司法政策是对被追诉人的程序从宽，公安机关当然难以接受对被追诉人"从宽"的待遇。在调研中，一些公安人员顾虑不捕、不押会导致串供、串证行为，从而使定案证据难以获得，追诉犯罪将变得困难，由此可能导致放纵犯罪的后果。

二、法院为保障庭审顺利进行和案件顺利审结倾向逮捕

据调研，人民法院对"少捕慎诉慎押"刑事司法政策实施也并不积极。很重要的原因是担心开庭时被告人不能到案。现在一些地方对法院绩效的考核是办理案件的在院时间，如果被告人被取保，很难保障其顺利到案。如果法院庭审时被告人未被羁押。还可能带来安全风险。据某省法院刑庭法官介绍，该省已有两名被告人庭审前在法院跳楼身亡。如果被告人被羁押并由法警看管，被告人的自杀行为即可避免。对于被告人在法院自杀身亡的事件，很可能会追究办案法官的责任，由此也增加了法官办案的风险。

此外，对于公安机关或者检察机关取保候审的被告人，法院经过庭前审查若认为可能判处实刑，法院必然会直接逮捕。但是，基于看守所的管理需要，收押犯人非常困难，由此导致法院不愿意看到被告人被取保。据了解，一些法院对于联系不上被告人的案件不予立案。

三、检察机关的考评压力和繁琐的程序

目前，检察机关的目标考评指标设置不尽合理，阻碍了"少捕慎诉慎押"刑事司法政策的实施。例如，捕后不起诉要扣减目标得分。"捕诉一体"后，审查逮捕和审查起诉系同一检察官所为，如果捕后不诉，检察官不仅会受到负面评价，其所在单位还应承担国家赔偿责任。为了在考核中不被扣分和避免国家赔偿责任的承担，一些检察官对本应不起诉的案件也要强行起诉甚至"带病"起诉。又如，为了提高认罪认罚从宽制度的适用率，检察机关将一些本应不捕的犯罪嫌疑人予以逮捕，通过"以捕促认""以押促和""以押促赔"实现认罪认罚从宽制度的适用。再如，检察机关有羁押必要性审查数量和变更数量的考核指标。为此，一些检察机关将"可捕可不捕的"犯罪嫌疑人一律予以逮捕，待羁押必要性审查时再将其审查下来，以此获得考评得分。上述做法与"少捕慎诉慎押"刑事政策相悖，甚至阻碍了该政策的实施。

根据检察机关的权力清单，不捕、不诉的权力由检察长保留，有的在提

交检察长之前还要上检察委员会讨论决定，一些案件在提交检察委员会之前，由检察官联席会议讨论。不捕、不诉程序的繁琐令办案检察官望而生畏。且不捕、不诉可能会招致其他检察官"背后说闲话"，为了避免这种无形压力，检察官多会"一捕了之""一诉了之"。"捕诉一体"后更是加剧了检察官不诉的难度，毕竟审查批捕和审查起诉系同一检察官所为。

四、被害人信访、上访压力

被追诉人一旦被取保候审，走出看守所，被害人一般会认为被追诉人"没事"了，公安司法机关是在放纵犯罪，因此信访、上访不可避免。为了防止出现被害人一方的对立情绪，做到"案结事了"，不留"后遗症"，公安司法人员都尽量做到"打击有力"，而逮捕、起诉乃是从重打击的体现。现在社会公众观念中还是将逮捕、羁押视为一种惩罚手段，而非保障诉讼顺利进行的措施。

当前一部分公安司法人员在办案中过分迁就于被害人一方，因此不能坚守法治底线，依法公正处理案件。纠纷的争议性、对抗性决定了司法不可能"案结""事了"，1∶1的"案-件比"也是有违司法规律的。在一些被追诉人认罪认罚案件中，有的被害人不接受赔礼道歉、赔偿损失，只要求对被追诉人"从严"处理，怎么可能安抚被害人呢？又怎能达成和解、取得谅解呢？公安司法人员作为受过专门法律训练的专业人员，应有自己独立的判断，不应被被害人一方"牵着鼻子走"。

五、专项斗争以"从重从快"为导向

长期以来，"专项斗争"是我国公安机关惯常使用的社会治理手段。当某一地区某类犯罪行为突出时，公安机关即采取这种方式以保持对某类犯罪的"高压态势"。例如，近年来的"扫黑除恶"专项斗争、打一场禁毒的人民战争、夏季百日行动、打击养老诈骗专项行动等。各种各样的"专项斗争"均是以从严、从重为主基调，此类活动中的被追诉人如果不是不能不捕、不诉，那也是几乎微乎其微，可能性较小。如果检察机关胆敢不捕、不诉，公安机关有可能向同级党委政法委"告状"，认为检察机关是"专项斗争"不和谐的音符，不能同步进行"斗争"。既然"专项斗争"是以"从重"为导向，那就会拒绝和排斥以"从宽"为导向的"少捕慎诉慎押"。

然而，"专项斗争"具有运动化特征，"运动化"有可能"扩大化"。"扩大化"后的被追诉人可能是无罪的或者是从犯、胁从犯,其主观恶性和社会危险性均较小,一概不捕、不诉未必是严格依法的表现。即便是"涉黑涉恶"犯罪集团的成员,也应区别对待,未尝不可根据在犯罪活动中的地位、作用和认罪认罚情况,作出不捕、不诉处理。

六、公安司法机关考核指标的相互冲突难以形成工作合力

"少捕慎诉慎押"需要公、检、法、司认识一致、步调一致,共同发力方能取得实效。但是,现在对该政策实施情况的考核只有检察机关一家,而其他政法机关则无这方面的考核要求。因此,除了检察机关以外,其他机关实施的动力不足,积极性不高,甚至还可能持有抵触情绪。不仅如此,公安机关现有的考核指标与"少捕慎诉慎押"相冲突,难以企及他们积极实施。例如,对公安侦查工作的考核是以检察机关的起诉数量作为标准,必然催生公安机关移送起诉的案件数量增加。笔者在关于"少捕慎诉慎押"的多场培训中,虽是检察机关邀请和举办,但几乎都是"公检法律""同堂培训"。这说明检察机关认识到了没有其他政法单位配合,该项工作无法推动。在调研中,甚至有检察官提出考核不能只对检察机关,公安机关和人民法院也应设置相应的考核指标。目标考核犹如"指挥棒",对司法人员的行为会产生重要影响,不可忽视。

七、径行逮捕案件可否进行羁押必要性审查存在认识分歧

"慎押",主要靠羁押必要性审查实现。然而,当前进行的羁押必要性审查在一些基本问题上产生了认识分歧,阻碍了"慎押"政策的实施。其中之一便是对检察机关径行逮捕的案件可否进行羁押必要性审查以及审查后可否变更羁押措施。

2018年《刑事诉讼法》第81条第3款规定:"对有证据证明有犯罪事实,可能判处十年有期徒刑以上刑罚的,或者有证据证明有犯罪事实,可能判处徒刑以上刑罚,曾经故意犯罪或者身份不明的,应当予以逮捕。"该规定被学界普遍认为系"径行逮捕"规定。最高人民检察院正在全国推行羁押必要性审查专项活动,各地检察机关积极贯彻执行。但是,在执行中,由于认识的分歧,对于径行逮捕案件,是否纳入羁押必要性审查的案件范围或者在审查后是否应建议公安机关、人民法院变更强制措施,做法各异。这不但影响了

专项活动的顺利进行,而且导致法律实施的不统一,损害了法律的尊严。很显然,径行逮捕案件因其"可能判处十年有期徒刑以上刑罚""曾经故意犯罪"或者"身份不明"而被推定为具有社会危险性,所以检察机关应当予以逮捕,而无需考量社会危险性因素。但是,该条又同时规定:"批准或者决定逮捕,应当将犯罪嫌疑人、被告人涉嫌犯罪的性质、情节、认罪认罚等情况,作为是否可能发生社会危险性的考虑因素。"这里"涉嫌犯罪的性质、情节"是指现在指控的犯罪,而非"曾经故意犯罪"。这就会带来一个问题,即如果该罪性质、情节较轻,且犯罪嫌疑人认罪认罚,是否可以对其不予批捕或者在批捕后进行羁押必要性审查?推定的"社会危险性"一定真实可靠吗?刑事诉讼的动态性是否应予以考虑?审查逮捕阶段的情况,到了审查起诉和审判阶段有可能发生变化,有些变化直接影响羁押必要性。

八、新型犯罪多发影响了"少捕慎诉慎押"的贯彻实施

近年来,网络电信等新型犯罪案件增加较快。例如,帮助信息网络犯罪活动罪已经成为第三大罪名,网络电信诈骗犯罪突出,以至全国人大常委会制定颁布了《反电信网络诈骗法》。新型犯罪案件的犯罪嫌疑人多系外地人员,有的实施跨境、跨国犯罪。由于其在办案地无固定住所,一旦不捕不押,可能会潜逃,甚至逃亡境外,给刑事诉讼的顺利进行带来障碍。因此,公安机关对此类案件的犯罪嫌疑人一般会提请逮捕,检察机关也会批准逮捕。由于这类案件的犯罪嫌疑人一般会被逮捕,因此降低诉前羁押率空间不大。随着社会经济的发展,尤其是新业态经济的出现,新型犯罪案件还会增加,这必然会给"少捕慎诉慎押"刑事司法政策实施带来困扰。

九、"社会危险性"评价标准的模糊性使"少捕慎押"具有较大的主观性

"社会危险性"系逮捕三大要件之一。但实践中该标准客观性不强、科学化、精准化程度不高,无论是提捕的公安人员还是审查逮捕的检察人员主观随意性均较大。最高人民检察院、公安部《关于逮捕社会危险性条件若干问题的规定(试行)》第 2 条明确规定:"人民检察院办理审查逮捕案件,应当全面把握逮捕条件,对有证据证明有犯罪事实、可能判处徒刑以上刑罚的犯

罪嫌疑人，除刑诉法第七十九条第二、三款规定的情形外，应当严格审查是否具备社会危险性条件。公安机关侦查刑事案件，应当收集、固定犯罪嫌疑人是否具有社会危险性的证据。"第3条要求公安机关"应当同时移送证明犯罪嫌疑人具有社会危险性的证据"。此外，最高人民检察院、公安部应当尽快制定不同类型案件的"社会危险性"标准，为公安人员、检察人员进行审查判断提供清晰、明确的依据。由于犯罪结构变化，轻罪案件占据刑事案件80%以上，再以传统的罪责条件证明代替独立的"社会危险性"证明，已不具有可行性。本来轻罪案件被追诉人逮捕的必要性和紧迫性下降，因此公安机关应着重证明被追诉人符合逮捕的"社会危险性"条件，以便于检察官的审查。对"社会危险性"的评价可采用量表形式进行量化评估，不可"跟着感觉走"，以所谓的定性分析代替定量评估。实践中，有不少检察院总结探索出了一些比较好的经验，可以在总结验证后予以推广。评估主体的中立性、客观性保障也非常重要。

十、容错机制的缺失

由于《刑事诉讼法》没有规定容错机制，司法责任制犹如一柄"达摩克利斯之剑"，随时有可能落在办案检察官的头上。目前的追责机制仍是采行"结果导向"，一旦不捕、不押的被追诉人脱逃或者重新犯罪，当时作出不捕、不押决定或者建议的检察官必然会被追责。然而，如果被追诉人当时符合不捕、不押条件而不予逮捕或者建议变更羁押措施，办案检察官并无过错，对其追责显然不合理。不少检察官忌惮于责任追究的压力，往往是"一捕了之"或者审查后不建议变更羁押措施。由此导致"少捕慎押"难以实施。为了使检察官依法敢于不捕、不押，为检察官"松绑"，为其创造较为宽松的制度环境尤为必要。最为迫切的就是容错机制的建立。一些检察院在其出台的文件中规定了容错机制问题，但是效力层次较低，难以使本院检察官免受上级机关受到责任追究。因此，其作用有限。建议《刑事诉讼法》未来修改时能够从法律层面规定容错内容，真正在法律上建立容错机制，从而使检察机关内外、上下均能"一体遵行"。如此才能使检察官真正解除顾虑，依法作为，勇于作为，才能真正加强检察官的担当精神。

第十二章
"少捕慎诉慎押"下轻罪治理的司法路径

近年来,刑法的修订与调整日益呈现出积极预防的特征,这种积极主义刑法立法观最显性的效果体现为轻罪罪名的增加。随着我国犯罪结构的变化,轻罪案件比例大幅度上升。我国刑事犯罪结构态势发生了深刻变化,杀人、抢劫、重伤害等暴力犯罪已不再是刑事犯罪的主流。轻罪案件呈现快速攀升,目前三年以下轻刑率已近80%。最高人民检察院原检察长张军在2020年最高人民检察院工作报告中指出:"1999年至2019年,检察机关起诉严重暴力犯罪从16.2万人降至6万人,年均下降4.8%;被判处三年有期徒刑以上刑罚的占比从45.4%降至21.3%。"据最高人民检察院第一检察厅厅长苗生明介绍:目前我国严重暴力犯罪大幅下降,轻微刑事犯罪大幅攀升,三年有期徒刑以下轻刑案件占到80%以上,其中"醉驾"类危险驾驶案件取代盗窃成为刑事追诉第一犯罪。在轻罪案件成为刑事案件主流的情况下,轻罪治理问题便提上日程,成了一项亟待研究的重大课题。

一、"轻罪"的界定

域外犯罪中,尤其是大陆法系国家通常有轻罪、重罪和违警罪的划分,其区分标准通常以法定刑为标准。法国是世界上最早对犯罪进行分类的国家之一。自1810年《法国刑法典》将犯罪分为三类,即重罪、轻罪和违警罪,三分法的犯罪分类成为一种传统,至今未曾改变。从域外情况看,一般认为法定刑为3年以下刑罚的为轻罪案件,但有的国家轻罪标准更低,例如,2002年修订的《德国刑法典》将犯罪分为重罪和轻罪。依据现行《德国刑法典》第12条的规定:重罪是指最低以1年或者1年以上的自由刑相威吓的违法行为;轻罪是指最低以更轻微的自由刑或者以罚金刑相威吓的违法行为。

我国刑法没有重罪与轻罪划分的明文规定，但在刑法中存在"犯罪较轻的"和"处刑较轻的"、犯罪未遂、犯罪中止等规定。对此，可以作为我国轻罪案件划分的考量因素。笔者认为，我国轻罪案件与重罪案件的划分，应以刑法规定的法定刑为标准，对于可能判处3年以下有期徒刑的案件，可以认定为轻罪案件，可能判处3年以上有期徒刑的案件应认定为重罪案件。理由有四：一是与域外关于轻罪、重罪案件的区分标准保持一致。二是3年是我国刑法中法定刑的分水岭。例如，我国《刑法》第238条非法拘禁罪规定："非法拘禁他人或者以其他方法非法剥夺他人人身自由的，处三年以下有期徒刑、拘役、管制或者剥夺政治权利。具有殴打、侮辱情节的，从重处罚。犯前款罪，致人重伤的，处三年以上十年以下有期徒刑；致人死亡的，处十年以上有期徒刑。使用暴力致人伤残、死亡的，依照本法第二百三十四条、第二百三十二条的规定定罪处罚。"三是3年有期徒刑是适用缓刑的法定标准。我国《刑法》第72条规定，对于被判处拘役、3年以下有期徒刑的犯罪分子，根据犯罪分子的犯罪情节和悔罪表现，适用缓刑确实不致再危害社会的，可以宣告缓刑。四是应与社会公众的一般认知相一致。对于轻罪的界定，也应以社会民众朴素的价值判断为基础，需要符合社会的一般认知。以故意杀人罪为例，如果从社会民众的普遍价值观念出发，必然不会觉得故意杀人罪属于轻罪。若将故意杀人罪归入轻罪范畴，显然无法为社会一般民众所接受。如果以宣告刑作为界定轻罪的标准存在一定的不确定性，公众难以把握。一些严重犯罪的被追诉人最终被宣告判处的3年以下有期徒刑，在一定程度上可以反映出其社会危害性相对较低，但如果以宣告刑作为界定轻罪标准，会导致我们对于轻罪的判断不再取决于社会一般共识，而是取决于司法者的价值导向，这并不合理。因此，宜将轻罪界定为法定最高刑为3年以下有期徒刑的犯罪。

二、轻罪案件司法治理的必要性

轻罪治理，既包括犯罪学意义上的犯罪预防和犯罪控制，也包括刑事司法中的捕、诉、审的治理，即司法治理。本章是从后一意义上探讨轻罪治理问题。之所以需要进行轻罪治理，除了前述的犯罪结构变化外，还基于如下因素：

（一）实现国家治理现代化的需要

实现国家治理体系和治理能力现代化是党中央确定的一项重大改革任务。

国家长治久安乃治理现代化的体现。为此，需要社会和谐和国家稳定。通过刑事司法实现和谐稳定，就需要最大限度地减少社会对抗和社会敌意，化消极因素为积极因素，变对抗性司法为协商性司法。归根结底，就是刑事司法不要"制造"更多的"敌人"和社会对立面。轻罪案件的司法治理更能体现和实现治理的现代化。因为，轻罪案件的被追诉人犯罪性质并不严重、社会危害性和人身危险性均不大，有"挽救、改造"的可能。

（二）改变传统报应刑刑罚观

长期以来，我国刑事司法注重一般预防和保卫社会的功能。在该功能指引下，"有罪必罚""构罪即捕""以捕代侦"就成了办案人员的思维定势和行为模式。说到底，是一种报应刑的刑罚观在发挥作用。对轻罪案件的被追诉人实施严苛的惩罚和严厉的程序对待，会导致其产生"恶逆变"，甚至会导致其对抗司法、报复社会。轻罪案件的司法治理对传统的报应刑刑罚观提出了挑战。因为，报应刑刑罚观未必适合轻罪案件的被追诉人。目的刑、教育刑和宽缓的程序对待，也许更有利于其悔过自新、回归社会。

（三）顺应人权司法保障的趋势

在刑事司法过程中，最重要的人权就是人身自由权和人格尊严权。一个人一旦被羁押，上述基本权利便荡然无存。加强人权司法保障是党的历次全会提出的司法改革目标，也是国家社会刑事司法的普遍发展趋势。等候审判的人"羁押是例外，保释是原则"即是无罪推定原则的题中应有之义。轻罪案件的被追诉人最有可能不予羁押，其犯罪性质、情节和社会危害性、主观恶性大小均是羁押与否的重要考量因素。因此，加强人权司法保障主要体现在轻罪案件上，如果轻罪案件的被追诉人人权得不到保障，又何谈重罪案件的被追诉人？

三、轻罪案件的司法治理

轻罪案件的司法治理应通过司法活动实现。在"少捕慎诉慎押"刑事司法政策指引下，由司法主体认识到轻罪案件的特殊性，从审查逮捕、审查起诉和刑事审判、前科消灭等方面予以不同于重罪案件的区别对待。

（一）对轻罪案件的被追诉人尽可能"少捕慎押"

轻罪案件的被追诉人人身危险性不大、社会危害后果也并不严重，逮捕和羁押的必要性、紧迫性下降，应当成为"少捕慎押"的重点，这与最高人民检察院的意见相一致。由于轻罪案件的社会危险性并不能通过罪责条件进行证明,因此侦查机关需要收集并移送独立的"社会危险性"证据。经调研,目前侦查机关要么未开展此项工作,要么流于形式,导致检察官审查逮捕时无从审查。此外,审查逮捕的检察官不能一味迁就于被害人一方,将本不该逮捕的犯罪嫌疑人予以逮捕。在检察官进行羁押必要性审查时,也应将轻罪案件作为审查重点,对认罪认罚、真诚悔罪,并积极赔偿被害人损失而取得其谅解的被追诉人,因其没有羁押的必要,可在审查后建议侦查机关或者人民法院变更羁押强制措施。

(二)对轻罪案件的犯罪嫌疑人尽可能不予起诉

2018年《刑事诉讼法》第177条第2款规定:"对于犯罪情节轻微,依照刑法规定不需要判处刑罚或者免除刑罚的,人民检察院可以作出不起诉决定。"该款中的"犯罪情节轻微"也可被理解为轻罪案件的范畴,检察机关可以据此对犯罪嫌疑人作出相对不起诉处理。一个轻罪案件的犯罪嫌疑人一旦被起诉,法院定罪的可能性极大,被告人将因"犯罪"标签而失去某些机会,进而会对司法不满,从而引发新的社会矛盾。与轻罪案件大幅上升相适应的司法观念应是宽宥司法,而非严苛司法。为此,检察机关应切实做到"可诉可不诉的不诉"的司法倡导,积极落实"慎诉"的刑事司法政策,让被不诉人感受到司法的温度,同时积极做好被害人一方的安抚工作,通过被不起诉人向被害人赔礼道歉、赔偿损失以取得谅解或者达成调解协议。"少捕慎诉慎押"刑事司法政策可以在一定程度上进一步提高相对不起诉的适用率,从源头上避免定罪处刑之后对轻罪者本人及其亲属的负面影响。

(三)对轻罪案件的被告人尽量适用缓刑

首先,对于认罪认罚的犯罪嫌疑人,检察机关在提出量刑建议时尽量提出适用缓刑的建议。如果犯罪嫌疑人被取保候审,更应提出适用缓刑的量刑建议。其次,法院经过审理对于符合缓刑适用条件的被告人尽可能适用缓刑。一个人一旦被逮捕羁押或者送往监狱执行实刑,不仅会消耗国家有限的司法资源,而且会导致交叉感染,习得不良的犯罪行为。除此之外,被告人因出于羁押状态失去了创造财富、服务国家和参与社会生活的机会,该隐性成本也是需要计算和考量的。对于审前程序中被取保候审的被告人,如果经审判被判处实刑,其极有可能上诉,从而增加了法院服判息诉的难度。

第十二章　"少捕慎诉慎押"下轻罪治理的司法路径

（四）轻罪前科消灭制度的积极探索

我国没有前科消灭制度，已有的犯罪记录封存制度仅适用于未成年人。但是，现有的前科制度开始暴露轻罪附随后果"不轻"的问题，刑事犯罪记录所产生的"溢出效应"可能给犯罪者甚至其家属带来刑罚以外的不利后果。因此，2022年全国"两会"上，即有代表呼吁推动刑法增设成年人犯轻罪的前科消灭制度。刑罚附随后果主要表现为四种：一是对犯罪者本人的职业禁止或限制。例如，相关岗位的任职限制，如果行为人被判决有罪，尚未担任某些职务的，则今后不能参与此类岗位的考试、不能担任此类职务；已担任此类职务的人员，则会面临被开除的后果。二是对犯罪者本人荣誉的剥夺和信誉评级的降低。包括银行授信的降低、贷款受限、大城市落户积分一票否决、积分扣减、纳税信誉等级降低、低保待遇的剥夺等。三是对犯罪者民事行为的限定，比如《民法典》规定在我国收养子女的，必须出具无刑事犯罪记录证明的材料；《护照法》则规定，受过刑事处罚的，在一定期限内不予签发护照。这些都是对犯罪者民事行为的限制。四是涉及对犯罪者亲属的牵连，也是饱受诟病的。一些内部文件会有对犯罪者亲属的相关限制性规定，包括限制犯罪者亲属入学、落户、大城市积分、报考公务员、报考军校、入党等。可见，现有前科制度对于犯罪者及其亲属的附随影响之大，并不亚于甚至超出所判处的刑罚本身，尤其是在轻罪当中。因犯罪人的较轻犯罪行为而使家人在参与社会活动中受到某种限制，未免给人一种"株连"之感，这有违刑法的罪责自负原则。[1]"举重以明轻"，既然轻罪前科可以消灭，那么之前因违法行为而遭受行政处罚的记录也应一并消灭。轻罪案件前科消灭制度建立必要性首先来自前科制度被滥用甚至异化。各部门、各用人单位存在一种"前科洁癖"，即不区分情境场合、不论证必要性和合理性，一味地将犯罪记录作为负面清单之首选，并推而广之，前科附随后果的严苛超出了民众朴素的正义观。其次，醉酒型危险驾驶罪案件在实践中大量出现，危险驾驶罪已经成为全国案件数量第一大罪名。随着危险驾驶罪数量攀升，我国建立前科消灭制度的呼声越来越大。这是因为社会的进步以及犯罪结构发生的深刻变化，也会在一定程度上影响社会观念与价值判断的更新。对轻罪建立犯罪前

---

[1] "犯罪结构变化背景下的轻罪治理与检察应对（下）：前科消灭制度探讨"，载 https://www.jfdaily.com/sgh/detail?id=695420，2022年9月6日访问。

科消灭制度,就是给绝大多数人身危险不大,比较容易犯罪改造的轻罪犯罪人以机会,体现司法温度,变消极力量为积极力量,最大限度地实现社会安定与和谐。在具体制度设计上,可以考虑对被判处3年以下有期徒刑的被告人,应当对其犯罪记录予以封存。但若实施的犯罪属于危害国家安全犯罪、恐怖活动犯罪、黑社会组织犯罪等危害性较大的犯罪,或者是毒品犯罪、性犯罪等再犯可能性较高的犯罪以及多次犯罪或者构成累犯的除外。犯罪记录封存之后重新犯罪的,原封存记录自动解封。[1]

四、配套措施的跟进

轻罪案件的司法治理,需要相关配套措施的跟进和落实。具体包括如下方面:

(一) 刑法谦抑精神和"除罪化"思维的养成

刑法谦抑精神的倡导是因为刑罚的严苛性和最后性,它适用于所有的刑事案件。在轻罪案件中,更应体现刑法谦抑精神,即能用非刑事手段处理的案件,尽量不用刑事手段对待。在轻罪案件中有相当多的行政犯案件,行政机关进行前置处理——行政处罚,是减少刑事案件的必要之举。刑法谦抑精神应当与"除罪化"思维结合起来。在以惩罚犯罪为导向的刑法价值观下,"入罪"思维是司法人员的惯常思维,但是在轻罪案件大幅上升,人权保障精神高扬的时代,司法人员应养成"除罪化"思维,即寻找被追诉人不构成犯罪的证据和法律。

(二) 重视品格证据

我国刑诉法及其司法解释没有规定品格证据规则,但是品格证据在司法实践中经常被使用,并以此进行推理和论证。品格证据大多涉及人的"社会危险性",而"社会危险性"证据不仅系逮捕的条件,也是判断"犯罪情节较轻"的重要因素,由此决定是否应予起诉。例如,一个人是否有违法犯罪前科、一贯表现、是否诚信、社区评价等,在是否逮捕、是否起诉上意义重大。

(三) 听证审查方式的运用

根据《人民检察院审查案件听证工作规定》和《人民检察院羁押听证办

---

[1] 刘哲:"轻罪前科消灭与犯罪记录封存",载尚权刑辩微信公众号,2022年9月6日访问。

第十二章 "少捕慎诉慎押"下轻罪治理的司法路径

法》的相关规定,对审查逮捕案件、羁押必要性审查案件和拟不起诉案件,检察机关一般应当举行听证会进行审查。以实现审查方式"两造对抗"的准诉讼化,打破长期以来检察机关审查案件的封闭性、单方性和书面化。听证审查方式虽然可能增加司法成本,降低诉讼效率,但却可最大限度地实现程序公正,也有利于检察机关作出准确的司法决定。

第十三章
"少捕慎诉慎押"实施中被害人权利保障

一、被害人权利保障是"少捕慎诉慎押"刑事司法政策顺利实施的前提

（一）问题的提出

我国《刑事诉讼法》虽经历次修改，被害人也获得了当事人地位，但整体上是以被追诉人为中心构建起来的，被害人诉讼权利保障不足的问题比较突出，以致出现了被追诉人权利与被害人权利保障严重失衡的问题。在认罪认罚从宽制度中，这一问题更加突出。表现在以下三个方面：一是值班律师制度仅适用于被追诉人，对于没有委托辩护律师的被追诉人，值班律师可以为其提供法律帮助，被害人则不享有获得值班律师法律帮助的权利。被害人若要较好地维护自身权利，则需要聘请诉讼代理人（法定代理除外）。在认罪认罚从宽制度中，被害人也需要专业的律师维护其合法权利。例如，赔偿的数额和计算方法、就案件实体问题和程序适用表达意见权的代为行使。二是被害人对是否适用认罪认罚从宽制度并无决定权。无论是"两高三部"《关于在部分地区开展刑事案件认罪认罚从宽制度试点工作的办法》还是2018年《刑事诉讼法》，抑或是2019年10月出台的《关于适用认罪认罚从宽制度的指导意见》（以下简称《指导意见》），被害人对是否适用认罪认罚从宽制度均并无决定权。上述规范性文件虽然规定被害人与被追诉人是否达成和解或者谅解协议是量刑的关键性因素，决定从宽的幅度，但是被害人并无适用该制度的决定权。实践中的问题是，被害人尤其是经济条件比较好的被害人或者"为争一口气"的被害人，并不需要被追诉人及其家属给予经济赔偿，而是希望被追诉人能够被"从重"处罚，这无疑与认罪认罚从宽制度相悖。如此局面，如果对被追诉人适用认罪认罚从宽制度，被害人就会面临"人财两空"的窘境。处理不妥,还会引发"信访"等事件。三是对于适用速裁程序审理的案件,被害人及其代理人难以介入发挥作用。长期以来,在我国刑事司法实践中,被害人的当事人地位并未得到重视,而经常是被作为证据的来源。在普通程序中被害人作为当事人出庭的比例就比较低,对于适用速裁程序审理的案件,由于法院原则上应当采纳检察机关的量刑建议,且一般不进行法庭调查和法庭辩论,审理时间大大缩短,被害人及其代理人更无出庭的积极性和动力。可以说,在此类案件中,被害人的当事人地位如果不是不复存在,那也是名存实亡。四是在是否达成和解或者谅解协议问题上,究竟应以被害人意见为准还是以其代理人意见为准,这涉及两种意见的法律地位问题,也是困扰司法实务的一个问题。当前许多检察官适用认罪认罚从宽制度的积极性不高,在很大程度上与被害人一方权利保障有关。难怪一些地方的检察官明确表示未取得被害人谅解的,不适用认罪认罚从宽制度。他们担心案件办理留有"后遗症"。笔者调研一些检察院,主导认罪认罚从宽制度实施的具有一定领导职务的高级检察官纷纷表现出了对被害人权利保障的担忧。认罪认罚从宽制度对被追诉人是"福音",但是却未必能给被害人带来"好运"。最高立法机关和司法机关希冀通过被害人谅解来决定"从宽"幅度大小的善良初衷在实践中遭遇了被害人的"抵制"。无论如何,被害人"人财两空"的局面是立法者和司法者都不愿看到的。

(二) 被害人权利保障不周的可能原因

"公诉制度的确立克服了私人追诉在收集证据等方面的局限性,但由于过于强调国家利益和公共利益,在很大程度上抑制了被害人的权利,从而使得被害人的地位一落千丈。"[1]被害人权利保障不周在整个刑事诉讼中普遍存在,在认罪认罚从宽制度中尤甚。分析其原因,大概与下列因素相关:

第一,检察机关作为公益的代表,代表国家处分追诉权。现代刑事理论认为犯罪是对国家公共利益的侵害,即侵害的是"法益"。然而,无论是公共利益还是"法益",都是比较抽象的概念,而在诸如人身伤害等案件中,具体被侵害人的身体或者精神痛苦只有其自身才能感受,其他人是无法"感同身受"的。因此,公诉,作为现代诉讼制度发展的产物,既有其优势,又有其局限性。除了"无被害人犯罪"案件外,其他案件中检察机关作为"公益"

---

[1] 程滔、封利强、俞亮:《刑事被害人诉权研究》,中国政法大学出版社2015年版,第1页。

的代表，并不能完全代表被害人的利益。因此，被害人参与到追诉活动中来提出自己的诉求、陈述自己不幸的遭遇完全有必要。认罪认罚从宽案件，因其"程序从简"和诉讼的高效而使被害人无法充分参与诉讼程序。

第二，认罪认罚案件，无论是实体处理还是程序适用，很大程度上都是控辩双方协商合意的结果，被害人基本被排斥在程序之外，在该程序中并无"话语权"，无论是该制度的适用还是程序的选择，均是如此。

第三，值班律师制度并未给被害人提供相应的法律帮助，在缺乏律师等专业人士作为诉讼代理人的情况下，其诉求带有一定的"盲目性"，他们往往会夸大所造成的损害，甚至出现"漫天要价"的问题，这就决定了被追诉人难以与被害人达成和解或者谅解协议，赔偿无法及时到位，被害人的身体或者心理创伤也难以及时得到抚慰。

第四，被害人意见虽然对"从宽"幅度有影响，但是检察官更多关注犯罪嫌疑人的刑罚问题，而对民事赔偿则关注不足，由此导致认罪认罚从宽制度实施中被害人被更进一步的"边缘化"。即便是刑罚问题，在"从宽"幅度的把握上，标准并不统一，由此可能导致被害人新的不满。

第五，赔偿并非保障被害人利益的最佳方式。且不说相当一部分的被追诉人并无经济能力，即便是有经济能力的被追诉人，被害人未必需要其赔偿，赔偿并不足以减轻被害人的痛苦。刑事诉讼中的被害人应当区分为侵财类案件的被害人和人身伤害类案件的被害人。不同类型的被害人对赔偿的需求度和感受并不相同。"侵害人身犯罪中，赔偿并不是被害人的首要利益，被害人更愿看到罪犯受罚或防止罪犯再犯。"[1]在侵害人身的认罪认罚从宽案件中，被追诉人赔礼道歉、真诚悔罪可能比赔偿损失更适宜、更有效。但是，如何判断被追诉人是否是真实的悔罪则是一个难题。怎么保证被追诉人不是为了获得"从宽"处罚的量刑优惠而赔偿损失或者"做做样子给人看"的赔礼道歉呢？

第六，"案多人少"矛盾下的被害人权益保障工作的缺失。员额制改革后，检察院、法院"案多人少"的矛盾愈加突出。检察官既要与被追诉人和值班律师或者辩护人进行认罪认罚协商，又要陪同值班律师到看守所签署认

---

[1] ［瑞士］古尔蒂斯·里恩：《美国和欧洲的检察官——瑞士、法国和德国的比较分析》，王新玥等译，法律出版社2019年版，第149页。

罪认罚具结书。在巨大的案件压力下，很难指望司法官在办理认罪认罚从宽案件时就被害人权益保护做耐心细致的工作，无论是听取被害人及其代理人意见，还是做被追诉人的赔偿工作，都需要花费大量的时间和精力。《指导意见》规定了公安司法机关有促进和解谅解的义务，第17条规定："对符合当事人和解程序适用条件的公诉案件，犯罪嫌疑人、被告人认罪认罚的，人民法院、人民检察院、公安机关应当积极促进当事人自愿达成和解。对其他认罪认罚案件，人民法院、人民检察院、公安机关可以促进犯罪嫌疑人、被告人通过向被害方赔偿损失、赔礼道歉等方式获得谅解，被害方出具的谅解意见应当随案移送。"且在"捕诉合一"内设机构改革后，检察官还需承担羁押必要性审查的工作任务，也分散了其部分精力。从实践中的情况看，速裁程序是适用认罪认罚从宽制度的主要程序。依据《刑事诉讼法》的相关规定，适用速裁程序的案件审查起诉和审判期限均较短，在短短的10天时间内，如此大量繁重的工作任务需要完成，确实有点勉为其难。这在一定程度上影响了速裁程序的适用。

（三）被害人意见与其代理人意见法律地位之分析

在认罪认罚从宽制度实施中，令检察机关感到困惑的是当被害人意见与其诉讼代理人意见不一致时，究竟以谁的意见为准？这在是否同意认罪认罚从宽制度实施以及达成和解或者谅解协议时尤为重要。有些地方的检察官认为诉讼代理人往往是由律师担任，他们更容易作出专业的判断。因此，当被害人与其诉讼代理人意见不一致时，倾向于采纳诉讼代理人的意见。这种认识应当从法理上予以澄清。笔者认为，应当区分法定代理和委托代理两种情形。在被害人系未成年人时，其法定代理人的意见具有更高的法律地位。因未成年被害人心智发育尚未成熟，对事物的判断不及成年人，此时法定代理人的意见对该未成年人具有约束力。在认罪认罚问题上应当以法定代理人的意见为准。而在委托代理的情形下，如果诉讼代理人向检察机关提出了不同于被害人的意见，例如是否同意适用认罪认罚从宽制度、赔偿数额、是否予以谅解等，此时检察机关应当征求作为被代理人的被害人本人的意见，如果其同意诉讼代理人意见，意味着其放弃了与之不同的意见。否则，当以被害人的意见为准。根据代理的一般原理，对于诉讼代理人未经授权的代理行为，只有事后取得被代理人的追认才能对被代理人产生法律效力。毕竟，代理不同于辩护，辩护人具有相对独立的自由意志，而代理则必须在被代理人的意志之内行动，否则代理行为无效。套用美国刑事诉讼中被告人与其辩护律师辩护权分配的原理，美国律师协会《职业行为示范规则》区分"目标"与"手段"，将辩护"目标"的决定权交给委托人，而将为达致这一目标所采用"手段"的决定权分配给律师行使。[1]而赔偿数额的确定、是否谅解等事项属于"目标"而非"手段"，交由被害人决定，符合基本法理。

（四）法治逻辑与政治逻辑的冲突

按照法治逻辑的要求，司法官必须严格执行《刑事诉讼法》规定的认罪认罚从宽制度。无论是法官还是检察官，都是法治官员，但同时又是政治官员，这就决定了他们不得不遵照政治的逻辑开展工作。认罪认罚从宽案件中的"维稳"问题即是各级司法官员需要面临的政治问题。如果司法官不能安抚被害人一方，做到"案结事了"，有效解决被害人上访问题，那么认罪认罚从宽制度实施将面临极大的阻力。司法实践中已经暴露出了这方面的问题，检察机关作为认罪认罚从宽制度的主导单位，实施该制度的积极性并不高，有些地方的检察院明确提出未能取得被害人谅解的案件不适用认罪认罚从宽制度，这正反映了法治逻辑与政治逻辑的冲突。为了推进该项制度实施，检察机关通过目标考核的办法予以推动，实属无奈之举。看来，被害人权益保障工作直接制约着认罪认罚从宽制度实施。因此，司法官在办案中绝不能忽视被害人权益保护工作。认罪认罚从宽制度以其程序参与性体现出制度优势，被害人绝不能成为"被遗忘的角落"，适度加强被害人对诉讼程序的参与势在必行。

当然，法治逻辑与政治逻辑的冲突，在所有案件办理中可能都会存在。但是，在认罪认罚从宽案件办理中会更加突出。主要体现在对被害人的"维稳"工作上，这将耗费办案人员较大的心力。因此，做好被害人工作，既是法治的要求，也是讲政治的体现。办案人员应当通过具体案件的办理，实现二者的统一。笔者在调研中发现，被害人及其家属关于量刑的意见很少能对量刑建议产生实质影响。"两高三部"的《指导意见》虽然对"被害人权益保障"作出了规定，但被害人很难在认罪认罚从宽制度中发挥实质性作用，其诉求经常被司法机关所忽略，导致被害人因不满量刑建议和裁判结果而通

---

[1] 参见韩旭："被告人与律师之间的辩护冲突及其解决机制"，载《法学研究》2010年第6期。

第十三章 "少捕慎诉慎押"实施中被害人权利保障

过信访、媒体炒作等方式表达不满。在 C 市某区检察院办理的一起认罪认罚从宽案件中，犯罪嫌疑人认罪认罚并签署具结书，法院根据检察院提出的量刑建议依法判决后，为平息被害人认为"量刑畸轻"的不满情绪，增强被害人对认罪认罚从宽制度的认可度，该院专门召开公开听证会向被害人阐明制度适用的法律依据，并有针对性地评议了案件的事实、证据、程序以及法律适用等问题。可见，如果量刑建议不充分考虑被害人意见，不能充分反映被害人对刑事诉讼的期待和请求，那么一旦裁判结果作出，法院将耗费大量人力、物力和财力来安抚被害人。

要求包括检察官在内的广大公职人员以法治思维和法治方式开展工作，就是强调检察官作为"法律的仆人"，应忠诚于法律。检察官首先是"法律人"，无论是之前的司法资格考试还是现在的法律职业资格考试，其实都是对司法官从业的基本要求，也是其作为法律官员的体现。不过，在笔者看来，政治思维应包含法治思维，法治思维是其重要的构成。因此，政治逻辑与法治逻辑的区分，只是一个偏向问题，并不能将二者截然分割开来，对立起来。当然，在具体工作中如何实现二者的统一，对广大检察官也是一个不小的考验。

（五）被害人"漫天要价"和被追诉人无赔偿能力的处置

被害人作为诉讼的受害一方，基于"复仇"和"趋利"动机，无论其是作为证据信息的来源者还是当事人，都不可避免地存在着夸大损失数额的可能。具体到赔偿事项上，就是"漫天要价"。对此，《指导意见》第 18 条规定："……犯罪嫌疑人、被告人自愿认罪并且愿意积极赔偿损失，但由于被害方赔偿请求明显不合理，未能达成调解或者和解协议的，一般不影响对犯罪嫌疑人、被告人从宽处理。"对此的应对方式是由诉讼代理律师或者值班律师释法说理，告知其合法合理的赔偿项目和数额，借此使被害人理性提出赔偿请求，同时告知其根据现有规定，即使其未获得赔偿，只要被追诉人认罪认罚，仍不影响认罪认罚从宽制度的适用。这种告知，可以解决被害人因不懂法律而导致的"漫天要价"，使其采取务实的态度，理解"半个面包总比没有面包强"的道理。在其作出让步的情况下，也许可以达成和解协议或者谅解协议，从而取得双赢的效果。当然，被追诉人及其辩护人也可指出其请求的不合理之处，通过"协商"实现加害人与被害人新的平衡。有时，即便被害人提出合理的赔偿请求，被追诉人尽了赔偿努力也仍无法满足被害人的要求。

此时，可考虑通过被追诉人制定切实可行的赔偿计划来实现，譬如通过在监狱服刑期间获得的劳动改造报酬来弥补自己行为造成的损失，洗刷自己的罪恶。这既有利于罪犯的改造，也有利于赔偿被害人的经济损失。此外，还可考虑采用以劳务折抵等其他方式弥补被害人的损失。例如，在破坏环境类犯罪中，当前普遍采用的"补种复绿"方式就是一种较好的赔偿或者弥补损失的方法。

（六）加强被害人权益保障的若干举措

认罪认罚从宽制度实施中，为了防止被追诉人与被害人权利出现严重失衡，有必要采取以下措施予以矫正。

第一，给被害人提供免费的法律帮助。目前我国的值班律师制度仅是为犯罪嫌疑人、被告人设立的。作为刑事诉讼的当事人，其有效参与程序离不开专业人士的法律帮助。被害人因犯罪行为遭受侵害后经济利益可能受到损害，如果再由其花钱聘请律师，以维护自身的合法权益，对其无疑是"雪上加霜"。基于此，建议值班律师制度能够为被害人所用，被害人可以从值班律师处获得免费的法律帮助，以此减轻其经济负担。日本建立了被害人志愿者制度（全国50个地方检察厅共配备了115名被害人志愿者）和被害人志愿者热线制度。[1]

第二，保障被害人的知情权。知情权中的"情"包括两方面内容：一为指控犯罪的证据，代理律师与辩护律师一样享有阅卷权，但法律并未赋予被害人阅卷权。笔者认为，既然被害人系当事人，且行使控诉职能，理应赋予其了解检察机关指控证据的权利。首先，只有了解指控证据，被害人才能协助检察机关，从而形成控诉合力，指控才能"有力"。其次，检察机关的诉讼行为才能取得被害人的理解，比如检察机关作出"存疑不起诉"决定的理由。笔者始终认为应当赋予被害人阅卷权，但是对案卷材料中涉及的敏感信息，可以令被害人签署保密协议，以平衡被害人知情权与其他诉讼利益的关系。日本学者认为，不向被害人提供案件处理结果、审判日期、审判地点等案件信息，不仅剥夺了被害人参与程序的机会，而且还会使被害人产生受刑事司

---

[1] 参见［日］田口守一：《刑事诉讼法》（第7版），张凌、于秀峰译，法律出版社2019年版，第210页。

法排斥的感觉。[1]二为程序进展，尤其是被追诉人被取保候审或者被释放的信息，目的是防止被害人遭受打击报复，对可能来自被追诉人的人身伤害及早做好防范。

第三，强化对酌定不起诉的制约。随着认罪认罚从宽制度的实施，酌定不起诉比例将会有较大提升，其在审前分流中的功能应该得以发挥。为防止检察官自由裁量权的滥用，日本建立了检察审查会制度和准起诉程序，德国建立了强制起诉制度，我国《刑事诉讼法》规定了"公诉转自诉"制度。从该项制度的实施情况看，"公诉转自诉"制度并没有给被害人提供有效的权利救济。为此，对于犯罪嫌疑人决定酌定不起诉的，检察机关应当向被害人及时送达不起诉决定书，并说明不起诉的理由，便于被害人向上一级人民检察院申诉或者向人民法院提起自诉。对此，《人民检察院刑事诉讼规则》第377条规定："不起诉决定书应当送达被害人或者其近亲属及其诉讼代理人、被不起诉人及其辩护人以及被不起诉人所在单位。送达时，应当告知被害人或者其近亲属及其诉讼代理人，如果对不起诉决定不服，可以自收到不起诉决定书后七日以内向上一级人民检察院申诉；也可以不经申诉，直接向人民法院起诉。……"在瑞士，当原告决定提出民事诉求时，检察官无权作出不起诉决定，必须考虑其相关的民事诉求。[2]在法国，"被害人可以通过起诉成为民事当事人，从而制约了检察官的不起诉权力"。[3]

第四，赋予被害人一定的程序选择权。目前的认罪认罚从宽制度，程序选择权是主要被追诉人和检察机关的一项权利，但是正如前述所言，适用速裁程序审理的案件，被害人根本无法参与程序，从而对裁判结果施加影响。为此，笔者建议对于被害人提起刑事附带民事诉讼的案件，如果在程序进行中赔偿不到位，或者被害人希望作为当事人参与庭审，人民法院应当按照普通程序进行审理，以保障被害人的程序参与权。对于拟适用速裁程序审理的案件，法院应提前征求被害人意见，若被害人反对的，不应适用速裁程序进

---

[1] 参见[日]田口守一：《刑事诉讼法》（第7版），张凌、于秀峰译，法律出版社2019年版，第209页以下。

[2] 参见[瑞士]古尔蒂斯·里恩：《美国和欧洲的检察官——瑞士、法国和德国的比较分析》，王新玥等译，法律出版社2019年版，第146页。

[3] [瑞士]古尔蒂斯·里恩：《美国和欧洲的检察官——瑞士、法国和德国的比较分析》，王新玥等译，法律出版社2019年版，第226页。

行审理。在瑞士，谈判协议应送至被害人，被害人应在10日内决定是否接受该协议，如果被害人不接受，检察机关必须按普通程序处理。[1]《人民检察院刑事诉讼规则》第438条第5项规定："被告人与被害人或者其法定代理人没有就附带民事诉讼赔偿等事项达成调解或者和解协议的"，人民检察院不得建议人民法院适用速裁程序。该规则第269条第1款规定："犯罪嫌疑人认罪认罚的，人民检察院应当告知其享有的诉讼权利和认罪认罚的法律规定，听取犯罪嫌疑人、辩护人或者值班律师、被害人及其诉讼代理人对下列事项的意见，并记录在案：（一）涉嫌的犯罪事实、罪名及适用的法律规定；（二）从轻、减轻或者免除处罚等从宽处罚的建议；（三）认罪认罚后案件审理适用的程序；（四）其他需要听取意见的事项。"对于程序事项是否属于兜底条款规定的"其他需要听取意见的事项"，不得而知。

第五，被害人应当参与到控辩协商程序中来提出主张或要求。《指导意见》第33条第1款规定："量刑建议的提出。犯罪嫌疑人认罪认罚的，人民检察院应当就主刑、附加刑、是否适用缓刑等提出量刑建议。人民检察院提出量刑建议前，应当充分听取犯罪嫌疑人、辩护人或者值班律师的意见，尽量协商一致。"这意味着控辩协商制度在我国的建立，尽管"协商"并非强制性的而是鼓励和倡导性的，但是被害人不能被排除在协商程序之外。既然被害人是当事人，就应体现其对程序的处分参与和对裁判结果能产生实质上的影响。被害人参与进来，既可以说明赔偿是否已经到位、自己是否对犯罪嫌疑人谅解，也可以表达对犯罪嫌疑人量刑的意见，从而制约量刑建议的提出。美国辩诉交易中将被害人排除在外，我国的认罪认罚从宽制度不同于辩诉交易，比辩诉交易制度更优越，就应该体现在对被害人程序权利和实体权利的关照上。随着认罪认罚从宽制度的实施，辩护活动前移，被害人的诉讼活动也应随之前移。如果等到审理阶段再让被害人参与，且不说目前即使按照普通程序审理的案件，被害人参与的积极性也不高，如果适用认罪认罚从宽制度处理的案件大都适用速裁程序审理，被害人即使参与庭审，在不进行法庭调查和辩论的情况下，他（她）在法庭上又能做什么呢？而被害人是否参与进程序中来，是程序正义的重要因素。如果被害人不能参与协商程序，那么

---

[1] 参见［瑞士］古尔蒂斯·里恩：《美国和欧洲的检察官——瑞士、法国和德国的比较分析》，王新玥等译，法律出版社2019年版，第250页。

对其无疑是不公正的。另外，既然是否取得谅解和与加害人达成和解协议，是影响量刑的重要因素，就没有必要将被害人排除在程序之外。且我国制度上将检察机关定位为司法机关，那么其行为方式就应符合司法的一般规律，即直接言词原则。从这一意义上讲，被害人的参与恰恰体现了该原则。也许被害人参与量刑协商程序可以促使加害人悔过，痛彻前非，尽最大可能弥补被害人遭受的经济损失，从而取得谅解。所以，被害人的参与对矛盾的化解也是有利的。这正是"恢复性司法"和"协商性司法"的价值所在。为了提高被害人的协商能力，其不但可以委托律师作为诉讼代理人，而且诉讼代理人也可参与协商程序。经检察机关通知，被害人及其代理人不参加协商程序的，视为权利放弃，不影响控辩协商的进行。

第六，被害人有获得国家经济补偿的权利。鉴于被追诉人的经济能力有限，无法赔偿被害人遭受的经济损失，可考虑由国家建立专门的保障基金予以补偿，以解被害人的"燃眉之急"。国家代为赔偿后，保留对被追诉人的追偿权。这是认罪认罚从宽制度实施应当付出的代价，也是该项制度的配套措施之一。我国虽然建立了司法救助制度，但是许多被害人因条件所限，并未能获得救助。司法救助范围过窄，难以覆盖刑事被害人群体。[1]

第七，对于被害人既不接受赔偿，又要求对被追诉人从重处罚的，仍然可以适用认罪认罚从宽制度，但是应当赋予被害人及其代理人异议权和协商权。这是因为追诉权奉行"国家保留"原则，不能让渡给被害人，否则认罪认罚从宽制度根本无法得到实施。但是，在此种情况下，司法机关应当考虑被害人的感受，从宽幅度不宜过大。虽然"两高三部"《指导意见》第18条"被害方异议的处理"规定："被害人及其诉讼代理人不同意对认罪认罚的犯罪嫌疑人、被告人从宽处理的，不影响认罪认罚从宽制度的适用。犯罪嫌疑人、被告人认罪认罚，但没有退赃退赔、赔偿损失，未能与被害方达成调解

---

[1] 根据《关于建立完善国家司法救助制度的意见（试行）》的规定："国家司法救助的对象……（一）刑事案件被害人受到犯罪侵害，致使重伤或严重残疾，因案件无法侦破造成生活困难的；或者因加害人死亡或没有赔偿能力，无法经过诉讼获得赔偿，造成生活困难的。（二）刑事案件被害人受到犯罪侵害危及生命，急需救治，无力承担医疗救治费用的。（三）刑事案件被害人受到犯罪侵害而死亡，因案件无法侦破造成依靠其收入为主要生活来源的近亲属生活困难的；或者因加害人死亡或没有赔偿能力，依靠被害人收入为主要生活来源的近亲属无法经过诉讼获得赔偿，造成生活困难的。（四）刑事案件被害人受到犯罪侵害，致使财产遭受重大损失，因案件无法侦破造成生活困难的；或者因加害人死亡或没有赔偿能力，无法经过诉讼获得赔偿，造成生活困难的。……"

或者和解协议的,从宽时应当予以酌减。……""从宽酌减"固然能体现对被害人的保护,但是"酌减"的幅度应相对明确,以保障认罪认罚从宽幅度的大致统一。为此,需要制定类似国外"量刑指南"的"量刑规范化意见"作为参考。对此,《人民检察院刑事诉讼规则》第276条第1款规定:"办理认罪认罚案件,人民检察院应当将犯罪嫌疑人是否与被害方达成和解或者调解协议,或者赔偿被害方损失,取得被害方谅解,或者自愿承担公益损害修复、赔偿责任,作为提出量刑建议的重要考虑因素。"但是,如何"考虑",仍然语焉不详。适用认罪认罚从宽制度的案件,裁判尤其是量刑标准应当统一,给当事各方以合理预期,否则被害人仍会产生不公平的感觉,从而引发各种社会问题。"在运用起诉裁量主义时,检察官应当考虑被害人的意见。"[1]如果私人起诉者对适用速决程序提出异议,则会导致整个程序失效。[2]"当原告(被害人一方)决定提出民事诉求时,检察官无权作出不起诉决定。"[3]虽然被害人的意见并不能阻止认罪认罚从宽制度的适用,但对于被害人的意见,检察官应充分考虑。被害人及其代理人对此享有异议权。对此异议权,检察官应予以充分尊重,以避免被害人上访引发的检察官所承受的巨大压力。《指导意见》规定了检察官与被追诉人及其辩护人、值班律师的协商程序。该《指导意见》第33条第1款规定:"……人民检察院提出量刑建议前,应当充分听取犯罪嫌疑人、辩护人或者值班律师的意见,尽量协商一致。"笔者建议,在该协商程序中,被害人及其代理人也应参与其中。一来被害方的意见可以得到充分表达,尤其是能对检察机关量刑建议的提出施加积极的影响,被害方的权利可以得到更好维护,也符合"兼听则明"的精神;二来体现直接言词原则,当面口头听取意见,比书面听取意见效果更好;三来检察官可通过案件的集中办理,缓解办案的压力。检察官能一次性完成的工作任务,不应多次进行,从而耽误时间。

第八,司法人员应当切实保障被害人的隐私权,防止其遭受"二次伤

─────────

[1] [日]田口守一:《刑事诉讼法》(第7版),张凌、于秀峰译,法律出版社2019年版,第206页。

[2] 参见[瑞士]古尔蒂斯·里恩:《美国和欧洲的检察官——瑞士、法国和德国的比较分析》,王新玥等译,法律出版社2019年版,第185页。

[3] [瑞士]古尔蒂斯·里恩:《美国和欧洲的检察官——瑞士、法国和德国的比较分析》,王新玥等译,法律出版社2019年版,第146页。

害"。被害人在程序参与中很容易遭到"二次伤害",这种伤害大多来源于办案的司法人员和律师,因此需要倍加警惕。对于办案过程中了解到的被害人不愿公开的信息,司法人员应当予以保密。在性侵案件中,还应当对被害人的身份信息予以保密。针对北京市"李某某强奸案"中被害人杨某的个人信息及其妇科检查记录被曝光带来的教训,刑法修正案专门增加了"泄露不应当公开的案件信息罪"这一新罪名。这意味着泄露案件信息,情节严重的可能触犯刑律。司法人员在办案中应当坚守这一底线,对被害人的个人信息予以保护。

第九,在未来的制度改进上可考虑引入附条件不起诉制度。目前的附条件不起诉制度,针对的是未成年人,未来可以扩大及成年人。对于法院可能判处罚金、管制、缓刑、拘役和一年以下有期徒刑的轻罪案件,检察官拟作出酌定不起诉决定的,可以规定犯罪嫌疑人应向被害人赔礼道歉、赔偿损失、禁止接触等条件,一旦实现了该条件,检察官才可以作出不起诉决定。如果在规定时间内没有履行规定条件中的义务,检察官可以撤销原不起诉决定,予以起诉。以此对犯罪嫌疑人形成威慑,促使其履行对被害人的义务。

二、重视调解工作在"少捕慎诉慎押"中的重要作用

被害人安抚工作事关认罪认罚从宽制度和"少捕慎诉慎押"刑事司法政策实施,而对被害人的安抚需要通过调解实现。可见,调解工作在"少捕慎诉慎押"政策实施中具有重要作用。

(一) 调解工作之于"少捕慎诉慎押"的重要意义

调解工作对于"少捕慎诉慎押"的意义有二:一是通过调解达成和解协议或者取得被害人一方谅解,可以对被追诉人从宽处理,既包括实体从宽,也包括程序从宽——"少捕慎诉慎押"。从此意义上讲,调解是"少捕慎诉慎押"的基础性工作。二是契合了协商性司法和恢复性司法的精神。调解将过去在刑事案件中的对抗性司法转变为在公安司法机关主持下的加害人与被害人通过协商对话解决纠纷的活动,有利于被追诉人真诚认罪悔罪,也有利于抚慰被害人遭受的心理创伤。通过加害人的赔礼道歉、赔偿损失行为,可以最大限度地保障被害人合法权益的实现。这为"少捕慎诉慎押"的实施创造了有利条件。司法本来就是定分止争,化解矛盾和纠纷的活动,通过调解使争议得以解决、矛盾得以化解,可以实现国家治理的现代化。由于被害人谅

解和宽宥了被追诉人，减少了被害人一方的对立情绪，也减少了被害人上访、信访事件的发生。

（二）调解工作应多方参与并应做好释法说理

"少捕慎诉慎押"刑事司法政策的实施必然会增加公安司法人员的工作量，因为其要做大量的调解和化解矛盾工作。公安司法办案人员主持调解是毋庸置疑的，但是仅此还不够，还需要人大代表、政协委员、律师代表和居委会、村委会代表的参与，通过调解主体的多元参与，以广泛性实现权威性和公信力。江西省赣州市南康区人民检察院建立了"三级和解机制"和"第三方律师介入机制"，在"少捕慎诉慎押"实施中作用明显。[1]调解工作应与各地探索实施的赔偿保证金提存制度结合起来。对于被害人一方"漫天要价"，提出不合理要求的，组织调解的人员应当进行充分的释法说理，以使被害人一方有合理的心理预期。对于被害人一方不接受调解或者不予以谅解的，只要被追诉人认罪认罚，仍然可以适用"少捕慎诉慎押"刑事司法政策。

（三）建立附条件的调解协议制度

在调研中，一些检察官反映：一些犯罪嫌疑人被取保后，故意向被害人"示威"，导致矛盾激化，引发被害人上访的不在少数。为此，检察机关重新作出批准逮捕，以此化解双方之间的矛盾。为了避免上述情形的发生，可考虑建立附条件的调解协议制度。即在协议书中应当明确，一旦犯罪嫌疑人不捕、不诉，不得采取语言、行为激化与被害人之间的矛盾，否则被害人可以对协议内容反悔，要求公安司法机关对犯罪嫌疑人采取逮捕措施。如此才可以真正化解矛盾，为"少捕慎诉慎押"刑事司法政策的实施扫清障碍。

---

［1］ 参见黄胜等："赣州市南康区检察院创新'三项机制'化解矛盾为民解结"，载http://www.jxzfw.gov.cn，2022年9月7日访问。

第十四章
检察官主导责任与"少捕慎诉慎押"

"传统意义上,检察官有权决定刑事案件走向,是刑事诉讼程序事实上的核心。"[1]刑事诉讼中检察官的主导责任是指检察官对程序的控制、主宰乃至对程序事项作出决定的责任,检察官对程序的走向乃至实体问题有一定的控制作用。所谓"主导",由"主要"和"引导"两个方面构成。[2]称为"主导者",应具有两个方面的特征上的一种实质性影响和作用,而不是强调每一个诉讼阶段和程序,都由检察官支配、都由检察官说了算。[3]我国宪法规定的检察官与法官具有相同的法律地位,也就是检察官的"司法官化"和检察官与法官的同质性,为检察官主导责任的确立提供了基础和条件。但是《宪法》和《刑事诉讼法》规定的"配合制约原则"和当前正在推进的"以审判为中心的刑事诉讼制度改革"则不利于检察官主导责任的建立。检察官主导责任其实是扩大了检察官在刑事程序中的"话语权",强调检察官作用的发挥,但是需要注意检察官主导责任的边界以及与法官主导责任的关系。"检察官主导责任"的提出:一是有利于提升检察官的地位,"主导责任"必然伴随着权力的扩大,如果只讲责任而没有相应的权力配置,那么其很难在检察系统推进。二是有利于加强检察监督,从《刑事诉讼法》的规定看,检察官主导的几项工作在实践中均比较弱化,检察监督开展不够理想。因此,强调检察官主导责任有助于检察监督职能的发挥,符合我国检察机关的制度定位。

---

[1] [瑞士]古尔蒂斯·里恩:《美国和欧洲的检察官——瑞士、法国和德国的比较分析》,王新玥等译,法律出版社2019年版,第1页。

[2] 参见张建伟:"检察机关主导作用论",载《中国刑事法杂志》2019年第6期。

[3] 参见万毅:"论检察官在刑事程序中的主导地位及其限度",载《中国刑事法杂志》2019年第6期。

三是加重了检察官的责任,"主导责任"强调的是"责任",根据"责任权利"相统一的法理,"主导"的同时意味着"责任"的加重,权力的扩充必然要求责任的履行。司法责任制与检察官主导责任应当一同部署、一同落实,将检察官主导责任融入司法责任制,使之实在化、规范化,从而具有一定的可操作性。检察官主导责任,是在监察体制改革和以审判为中心的刑事诉讼制度改革"双重夹击"下的自我摸索,试图以此找准检察官的定位,在刑事诉讼中有所作为。前项改革压缩了检察机关自侦权的空间,后项改革提升了法官在刑事诉讼中的地位。作为与法官具有同等法律地位的检察官,当然需要重新定位自己的职能。但是,长期以来,包括检察官主导责任在内的检察基础理论研究比较薄弱,制约了检察官主导责任的确立。因检察官主导责任,涉及检察官的性质、职能和检察权的配置等基础问题,需要予以厘清。上述问题长期以来存在认识分歧,从而影响了检察权作用的发挥。在当前改革的新时代,需要我们进行基础理论的考察,从"雾里看花"走向"正本清源",使自诞生之日起就处在法官和警察两大阵营"包围夹击""谷间带"的检察官真正找准自己的定位。在此基础上,"开疆扩土"寻找新的发展空间才有可能。检察官主导责任的提出,不仅有助于捍卫检察机关既有的"领地",而且有利于强化检察官的职责,从而使其在刑事诉讼中发挥更大的作用。

一、检察官在刑事诉讼中主导责任的体现

检察官主导责任更多地强调检察官的"司法化"。由于在审前程序中我国检察官扮演了域外"法官"的角色,因此检察官的主导责任主要体现在刑事诉讼审前程序中。我国法院的审判权不能介入审判前程序,而客观上审前程序又需要加强监督,有时甚至需要一个相对中立、类似于"法官"角色的介入,从而为辩护方提供权利保障,这为检察官主导责任的确立提供了空间。

(一)认罪认罚从宽制度

检察官主导责任在审前程序中的鲜明体现就是认罪认罚从宽制度。虽然量刑建议权具有求刑权的性质,但是除法定的五种"例外"情形,原则上法院应

当采纳检察院的量刑建议。[1]可以说,适用认罪认罚从宽制度,不仅律师辩护的诉讼阶段提前,而且检察官对程序的主导作用明显增强。在认罪认罚从宽案件中,检察机关在"人""事""罪名"等方面的指控,对法院的约束作用更明显。[2]"在办理认罪认罚从宽案件中充分发挥主导作用,检察机关建议适用该程序审理的占98.3%,量刑建议采纳率96%。"[3]"在绝大多数案件中,法官都会接受检察官和被告之间的协议,检察官作出的决定很大程度上成了'终局性裁决'。"[4]如果说以审判为中心的刑事诉讼制度改革是法院牵头的一项改革,那么认罪认罚从宽制度便是检察院主导推进的一项工作。正是检察官主导责任的落实,后续的诉讼活动不仅程序简化,而且效率提高。但是,需要注意的是,如何防范虚假认罪认罚以及由此导致的轻罪案件中出现冤错的问题。当前检察机关在推进该项工作时应当坚守不得将证据不足、达不到证明标准的案件起诉这一底线。否则,对于适用速裁程序的案件,法院一般不再进行法庭调查和法庭辩论环节,"纠错"能力大大降低,则有可能出现新的冤假错案。

(二)"检察救济"制度

"检察救济"制度是2012年《刑事诉讼法》修改新增加的内容,主要体现在2018年《刑事诉讼法》第49条和第117条。[5]我国的"检察救济"贯

---

[1] 2018年《刑事诉讼法》第201条第1款规定:"对于认罪认罚案件,人民法院依法作出判决时,一般应当采纳人民检察院指控的罪名和量刑建议,但有下列情形的除外:(一)被告人的行为不构成犯罪或者不应当追究其刑事责任的;(二)被告人违背意愿认罪认罚的;(三)被告人否认指控的犯罪事实的;(四)起诉指控的罪名与审理认定的罪名不一致的;(五)其他可能影响公正审判的情形。"

[2] 参见汪海燕:"认罪认罚从宽制度中的检察机关主导责任",载《中国刑事法杂志》2019年第6期。

[3] 张军:"最高人民检察院工作报告——2019年3月12日在第13届全国人民代表大会第2次会议上",载《人民日报》2019年3月20日。

[4] [瑞士]古尔蒂斯·里恩:《美国和欧洲的检察官——瑞士、法国和德国的比较分析》,王新玥等译,法律出版社2019年版,第8页。

[5] 2018年《刑事诉讼法》第49条规定:"辩护人、诉讼代理人认为公安机关、人民检察院、人民法院及其工作人员阻碍其依法行使诉讼权利的,有权向同级或者上一级人民检察院申诉或者控告。人民检察院对申诉或者控告应当及时进行审查,情况属实的,通知有关机关予以纠正。"第117条规定:"当事人和辩护人、诉讼代理人、利害关系人对于司法机关及其工作人员有下列行为之一的,有权向该机关申诉或者控告:(一)采取强制措施法定期限届满,不予以释放、解除或者变更的;(二)应当退还取保候审保证金不退还的;(三)对与案件无关的财物采取查封、扣押、冻结措施的;(四)应当解除查封、扣押、冻结不解除的;(五)贪污、挪用、私分、调换、违反规定使用查封、扣押、冻结的财物。受理申诉或者控告的机关应当及时处理。对处理不服的,可以向同级人民检察院申诉;人民检察院直接受理的案件,可以向上一级人民检察院申诉。人民检察院对申诉应当及时进行审查,情况属实的,通知有关机关予以纠正。"

穿于刑事诉讼的全过程。在域外，提供权利救济本来是法官的一项权力，在我国却由检察官来行使。这大概与检察官客观义务和法律监督地位有关。可以说，对刑事诉讼中的权利救济事项，检察官有最终的决定权。检察官主导权利救济事项，解决了救济主体"缺位"和"缺失"的问题，使权利受侵害方"有处诉说"，但是如何提高"检察救济"的公信力，更好地发挥其效用问题，仍值得研究。

（三）审查批准逮捕程序

对公安机关拟逮捕的犯罪嫌疑人，需要提请检察机关审查批准，以及人民检察院不批准逮捕的，公安机关应当在接到通知后立即释放，并且将执行情况及时通知人民检察院。这体现了刑事诉讼中作为最严厉的强制措施逮捕，公安机关的适用需受到检察院的节制，由检察院主导逮捕措施的适用。检察官在该程序中的主导责任可见一斑。此时检察官行使的是绝大多数国家和地区法官的职责——司法审查，以此为犯罪嫌疑人提供权利保障。审查逮捕具有明显的司法职能和属性，这一制度安排本身就是将检察官作为法官来看待，要求检察官客观中立行使该项职权。在此程序中，审查判断和决定的司法官特征体现得尤为明显。2018年《刑事诉讼法》第81条第2款规定："批准或者决定逮捕，应当将犯罪嫌疑人、被告人涉嫌犯罪的性质、情节、认罪认罚等情况，作为是否可能发生社会危险性的考虑因素。"值此认罪认罚从宽制度实施之际，检察机关在批准逮捕时，应当将认罪认罚情况作为重要的考量因素。以此增强该项制度的吸引力。在审查批捕程序中，不仅犯罪嫌疑人及其辩护人可以申请采用取保候审措施，公安机关对检察机关不予批捕的决定，也可提请复议、复核。检察官在该程序中居于绝对的主导地位。此时，应该摒弃其"当事人地位"，如此方可保障审查逮捕权的正确行使，审查逮捕权才能为犯罪嫌疑人提供真正有效的权利保障。在一些检察机关主导的审查逮捕诉讼化改革中，因审查逮捕时间较短、律师参与度和律师侦查阶段阅卷权问题等制度障碍，而决定该项改革不可能走得太远。

（四）羁押必要性审查制度

羁押必要性审查是2012年《刑事诉讼法》赋予检察机关的一项权力：犯罪嫌疑人、被告人被逮捕后，人民检察院仍应当对羁押的必要性进行审查。对不需要继续羁押的，应当建议予以释放或者变更强制措施。检察院对羁押必要性的审查贯穿侦查、审查起诉和审判的不同诉讼阶段，是降低羁押率的必要措施。这一由检察官主导的制度从《刑事诉讼法》的实施情况看,并不乐观。权力的扩充意味着责任的加重。反过来,该项制度实施不佳,是不是该反思一下检察官是否尽到主导责任,背后的制约因素有哪些,如何设定绩效考核指标,以及如何对履行主导责任不力的行为追责?

(五) 非法证据排除制度

非法证据排除规则的实施是检察官对侦查进行监督的体现。《刑事诉讼法》和"两高三部"《关于办理刑事案件严格排除非法证据若干问题的规定》均规定审前程序中排除非法证据应向检察官提出,并由检察官调查核实,调查结论应当及时告知辩护方,确实存在非法取证行为的,检察官应当向侦查机关提出纠正意见。非法证据"证明难"和"排除难"的问题,在实践中比较突出。检察官主导审前程序中非法证据的调查和排除,对其客观性提出了更高的要求。检察官不但应追求有罪判决,更应追求一个公正的判决。非法证据排除规则是防止刑事案件出现冤错的重要制度装置,检察官作为防范冤假错案的重要力量,更应在审前程序中积极履行主导责任,以此规范侦查取证行为,减少侦查阶段侵犯公民权利行为的发生。毋庸讳言,检察官在此方面的主导责任还比较薄弱,将来应当加强包括非法证据排除在内的侦查监督工作。重大案件讯问合法性核查制度作为非法证据排除规则的配套措施,已经被写入《人民检察院刑事诉讼规则》。作为刑事诉讼中的一项新制度,不仅增强了检察官在审前程序中的主导地位,也有利于预防和减少非法取供行为的发生。虽然2017年"两高三部"《关于办理刑事案件严格排除非法证据若干问题的规定》对"重复性供述"规定了排除规则,但从调研情况来看,被排除的"重复性供述"较少,即便被排除,也不影响定罪量刑。此外,对于职务犯罪案件进入刑事诉讼后的情况,笔者通过调研发现:没有一例证据被排除。看来,检察机关审查逮捕和审查起诉严把证据关口非常重要,任务艰巨。

二、我国检察官主导责任的理论基础

检察官主导责任因何确立,我国既有的理论能否证成检察官的主导责任,这些都是在研究该课题时亟须作出回答的问题。

(一) 检察官客观义务理论

法官在刑事诉讼中履行客观义务,是一个不言而喻的问题。因检察官具有控诉者的职能，为了防止其过分"当事人化"，偏离其"司法官"的角色，矫正其"偏差"的立场，特别强调检察官的客观义务。德国在引进法国的检察制度时就已经认识到了作为公诉人的检察官所具有的局限性。经过一场激烈的论战，最终确立了检察官客观义务。"客观义务本身所蕴涵的公正、中立、权利关怀、限制权力的思想契合了中国司法制度改革的需要，代表了一种先进的检察理念和检察制度。"[1]我国新修改的《检察官法》将"检察官客观公正义务"以立法基本原则予以确认，充分显示了该理论的重要性。越是强化检察官的"司法官角色"，越是要强调其客观义务的履行。现代检察官制度自诞生之日起即具有对警察和法官不信任的理念，既要防止警察之恣意，又要避免法官之擅断。如此，才能保障刑事诉讼的顺利进行。大陆法系国家和地区将检察官称为"站着的法官"，意在强调其司法官属性。笔者曾到现代检察制度的发源地法国进行过考察，发现检察官与法官的职业服饰都是一样的，培训经历、任职要求都是相同的，说明二者的"同质化"极高。为此，检察官就要"像法官一样思考"和行事。在我国，检察官被定位为"司法官"，检察机关被定位为司法机关，在审前程序中检察官代行了法官的职权，就应当不偏不倚、公正行事。程序主导地位的加强必然要求其恪守客观义务。正是因为检察官具有客观义务，才使其主导责任成为可能。

（二）刑事控诉理论

侦查是为起诉服务的，因此应当建立"大控诉"的理论。只有建立"大控诉"理论才能形成指控犯罪的合力，公诉才能引导甚至主导侦查活动。以检察官主导的非法证据排除为例，只有明确侦查是控诉的一部分，检察机关代表国家行使控诉职能，才能保证侦查成果的质量，侦查取得的证据适格或者具有证据能力，才能提高指控犯罪的质量。在域外，"检警一体"正是这种"大控诉"理论的体现。侦查服从并服务于公诉，这在认罪认罚从宽制度中也得以体现。在侦查阶段，犯罪嫌疑人没有认罪，且没有赔偿被害人损失，但是在审查起诉阶段，犯罪嫌疑人不仅认罪，而且可能赔偿被害人损失，从而取得被害人谅解。检察机关据此在实体上提出了从宽处罚的量刑建议，在程序上变更强制措施，由羁押变更为取保候审，在一定程度上变更了侦查机关的意见和决定，根据刑事诉讼的动态变化过程，检察官适时提出处理建议甚

---

[1] 韩旭："检察官客观义务：从理论预设走向制度实践"，载《社会科学研究》2013年第3期。

至决定就是基于控诉职能需要考量各种因素的结果。因此，刑事控诉理论能够也应该成为检察官主导责任的理论根据。检察官享有的公诉权，作为检察权的核心，其实就是控诉权，侦查取证工作仅是为公诉做准备。因此，侦查取证工作应当服从和服务于公诉工作。只有形成"大控诉"的格局，指控犯罪才有力，检察官才能真正在审前程序中居于主导地位。

（三）检察监督理论

检察官制度自产生之初即有"监督"的意蕴。例如"限制法官之擅断"，就是通过"控制审判入口"的起诉方式进行监督，即"不告不理"，只有经过检察官、法官"两道关口"的检验，一个人才可能被认定为有罪。检察监督不但由我国宪法、法律的职能定位所确立，而且该理论由来已久。检察官拥有监督权才能发挥程序主导作用。检察监督其实是将检察官作为"法律的守护者"看待，强化了检察官在程序中的地位。我国的审查逮捕制度、非法证据排除规则体现了检察监督的精神。正是基于对侦查活动监督的需要，《刑事诉讼法》即规定了检察官在程序中的主导责任。主导责任是将检察监督落到实处的具体体现。越是强调检察监督的实效性，越要强化检察官的主导责任。

三、我国检察官主导责任面临的"四重困境"及其与法官主导责任之"三重界分"

（一）确立检察官主导责任面临的"四重困境"

当前在刑事诉讼中确立检察官的主导责任，面临以下"三重困境"：一是我国《宪法》和《刑事诉讼法》规定的"配合制约"原则。该原则其实是讲刑事诉讼中公、检、法"三机关"是"分段包干、各管一段"的体制。公安负责侦查、检察院负责审查起诉、法院负责审判。在这种体制下，何谈"检察主导"？如果过分强调"分工负责"而没有"相互制约"，就难以确立检察官的主导责任。需要明确的是，"监督"与"制约"的区别："监督"是单向的，而"制约"具有双向性。二是当前正在推进的以审判为中心的刑事诉讼制度改革。这项改革要求刑事诉讼以审判为中心，侦查、起诉活动要向审判看齐，发挥审判的规范、引领作用。"以审判为中心"其实就是"审判中心主义"，或者更直接讲是发挥法官的主导责任，这不免与检察官主导责任发生冲突。因此，在确立检察官主导责任时，如何厘清与法官主导责任的关系是我们必须正视的一个问题。"以审判为中心"的刑事诉讼制度改革，是否会触及诉讼结构改革，不能不引发检察机关的关注。该项改革对于法院和法官地位以及权威性的提升作用是有目共睹的。[1]三是"检警分离"的诉讼格局。我国刑事诉讼并非大陆法系国家和地区"检警一体"的做法，而是相互分立、"分工负责"，这就决定了审前程序中检察官主导责任的有限性。以审查起诉期间的补充侦查为例简要说明之：一方面，当前检察机关对故意杀人等重大案件的"退侦"率高，已是不争的事实；另一方面，公安机关对退回补充侦查的案件补侦质量不高，这固然与"退侦"方向不明确、因"时过境迁"导致证据毁损、灭失等因素有关，但是"检警分离"的工作格局和诉讼体制，也是检察官难以发挥主导责任的重要因素。由于不采"检警一体"的体制，侦查人员不受检察官的调遣和指挥，检察权无法对侦查权进行节制，侦查监督效能不彰，根源即在于此。这一点，我国与大陆法系国家和地区存在较大区别：欧陆国家和地区，检察官是"侦查主体"，警察仅是侦查辅助人员，听命于检察官的指挥。没有检察官的同意，案件很难进入刑事诉讼程序。而我国检察官与警察地位平等，公安首长在政治格局中的地位甚至高于检察长。因此，检察官在审前程序中的主导作用有限。四是检察官"当事人化"与客观义务之间的冲突。检察官主导责任，要求其尽可能履行客观义务，但是作为实质上的控方"当事人"又往往会偏离客观公正的立场，消解其主导责任。"当事人化"的检察官，主导责任难以令人信服，检察公信力也会大打折扣。在域外，有人认为"客观公正的检察官是痴人妄想"，客观义务是"乌托邦"；有人认为是一种"高贵的谎言"；有人认为让检察官履行客观义务"通常会流于伪善的钓鱼式查证"。[2]

（二）与法官主导责任的"三重界分"

一方面，强调检察官的主导责任；另一方面，推进以审判为中心的刑事诉讼制度改革。两者之间如何协调，是必须解决的一个基础性问题。在笔者看来，检察官主导责任与法官主导责任有"三重界分"：一是诉讼阶段不同。检察官主导责任，主要适用于审前阶段；法官主导责任则是在审判阶段有发

---

[1] 参见张建伟："检察机关主导作用论"，载《中国刑事法杂志》2019年第6期。

[2] 朱朝亮："检察官在刑事诉讼之定位"，载《东海大学法学研究》2000年第15期。

第十四章 检察官主导责任与"少捕慎诉慎押"

挥的空间。当前检察监督的重点是公安机关的侦查取证活动,尤其是通过审查逮捕权的有效运用和非法证据排除规则的严格实施,发挥检察官在审前程序中的主导地位。认罪认罚从宽作为一项新制度,因其适用面广、适用率高而备受关注。检察机关在主导这一制度实施时,必须关注犯罪嫌疑人认罪认罚的自愿性、真实性和明智性问题,保障值班律师的会见权、阅卷权和协商权,使其能够有效参与。在审判阶段尤其是庭审阶段,应发挥法官的主导地位,法庭指挥权正是法官主导权的体现。德国学者托马斯·魏根特曾言:"如果案件进入审判阶段,检察官将其主导地位转移给法官。"[1]作为公诉人的检察官应当服从法官的指挥,做遵守法庭纪律的楷模。不能依仗自己具有"国家"的身份而盛气凌人,也应当注意尊重和保障辩护律师的诉讼权利。二是责任内容不同。检察官主导责任的内容主要是程序性事项,无论是非法证据排除还是审查逮捕、羁押必要性审查,其责任内容均是程序性事项。而根据无罪推定原则,法官应对定罪量刑事项负责,法官主导责任主要是实体性事项。例如,在认罪认罚从宽制度中,虽然检察官有量刑建议权,但这属于求刑权的性质,最终的决定权仍是由法院通过审理以裁判方式决定。检察机关对这一实体性事项并无决定权,法院可以变更量刑建议即是明证。2018年《刑事诉讼法》第201条第2款规定:"人民法院经审理认为量刑建议明显不当,或者被告人、辩护人对量刑建议提出异议的,人民检察院可以调整量刑建议,人民检察院不调整量刑建议或者调整量刑建议后仍然明显不当的,人民法院应当依法作出判决。"三是效力不同。对检察官主导责任的事项,其建议或者决定一般不具有终局效力。[2]无论是非法证据排除还是审查逮捕决定,到了审判阶段法院都可以进行变更,例如检察官经调查后不认定为"非法证据"且不予排除的,或者对犯罪嫌疑人批准逮捕予以羁押,法官经审查或者审理后可以认定为"非法证据"并予以排除,或者将检察院的逮捕决定变更为取保候审决定。法院的决定或者裁判具有终局效力,这是检察官主导责任所不具有的。在倡导检察官主导责任时,需要注意检察官主导责任与法官主导责任的平衡与协调,并使检察权不能侵犯审判权。正如德沃金在其名著

---

〔1〕 [德]托马斯·魏根特:《德国刑事诉讼程序》,岳礼玲、温小洁译,中国政法大学出版社2004年版,第38页。

〔2〕 对此也有例外情形,例如检察官审查起诉后作出不起诉决定,就具有终局效力,但这仅是少数例外情形。

《法律帝国》中所表述的那样："在法律帝国里，法院是帝国的首都，而法官则是帝国的王侯。"[1]

四、当前检察官主导责任下需要着力解决的几个问题

（一）认罪认罚从宽制度的正确实施

既然认罪认罚从宽制度是检察官主导实施的一项工作，那么对于"少捕慎诉慎押"具有决定性意义。刑事司法日益增加的工作量将检察官推上前台，赋予其自由裁量权越来越有必要。检察官需要处理的刑事案件越来越多，工作压力不断增大，使得其在刑事司法中的角色和作用愈加重要。[2]既然2018年《刑事诉讼法》已经以立法形式确立，那么便不是检察官愿不愿意实施的问题，而是法律规定必须实施的问题。不可否认，认罪认罚从宽制度实施确有可能增加检察官的工作量，但是其出庭公诉的时间大大缩短。目标考核犹如"指挥棒"，虽可收一时之功，但为迎合考核指标被动应付的状况难以改变。根本出路在于解决检察官认识不到位、动力不足、积极性不高的问题。除此之外，以下几项工作也应同步推进：一是量刑建议应当对是否适用缓刑予以明确。按照"两高三部"2019年10月颁布的《指导意见》的规定，检察官在提出量刑建议时，不仅应当对主刑、附加刑提出，而且应当对是否适用缓刑提出建议。但是，从笔者调研获悉的情况看，大多数检察院均能对主刑、附加刑提出建议，对是否适用缓刑问题予以回避，导致犯罪嫌疑人和律师不同意适用认罪认罚从宽制度。二是协商程序不规范、随意性较大，导致律师作用发挥不足。据有的律师反映，当其提出与检察官协商时，检察官拒绝与之协商，很多认罪认罚具结书是在没有协商程序的情况下签署的，协商程序不规范、违反协商程序的法律后果不明确等都是需要关注的问题。可否规定，检察官未经与律师协商，不得签署认罪认罚具结书。从而增强《指导意见》中协商程序的刚性，对于律师提出协商要求，检察官予以拒绝的，应当追究相应的责任。有学者亦指出：对于协商的参与方、协商的方式和程序以及

---

[1] [美]德沃金：《法律帝国》，李常青译，中国大百科全书出版社1996年版，第361页。

[2] 参见[瑞士]古尔蒂斯·里恩：《美国和欧洲的检察官——瑞士、法国和德国的比较分析》，王新玥等译，法律出版社2019年版，第4页。

相关的保障制度等规定阙如。[1]这些事项均有待明确,如此才能促使协商程序的开展。三是认罪认罚具结书是证明对象,而非证明手段。在诉讼证明中,检察机关在承担证明责任时,往往将宣读认罪认罚具结书作为证明被告人认罪认罚自愿性和具结书内容真实性、合法性的证明手段。其实,具结书是证明对象,否则即陷入"循环证明"或"自我证明"的泥潭。四是职务犯罪案件认罪认罚从宽制度适用率比较低。笔者对中国裁判文书网收集的2019年1月1日至2019年8月14日期间768件(843人)裁判文书进行统计梳理发现:在768个案件中,适用认罪认罚从宽制度的只有46件,其中贪污贿赂案件45件,职务侵占案件1件,认罪认罚从宽制度总体适用率不足6%。据最高人民法院原院长周强所做的《关于在部分地区开展刑事案件认罪认罚从宽制度试点工作情况的中期报告》,试点期间,适用认罪认罚从宽制度审结的刑事案件占同期审结刑事案件的45%。[2]两相比较,差距甚远。因此,对职务犯罪案件,如果符合认罪认罚从宽制度的适用条件,也要予以适用。这有助于被调查人在调查期间认罪。五是尽快建立证据开示制度,保障被追诉人的阅卷权。《指导意见》第29条"证据开示"规定:"人民检察院可以针对案件具体情况,探索证据开示制度,保障犯罪嫌疑人的知情权和认罪认罚的真实性及自愿性。"英美法系国家和地区的证据开示权和大陆法系国家和地区的阅卷权,都系犯罪嫌疑人、被告人的权利。我国却由律师代行,但是刑事案件辩护律师参与较低,值班律师虽然被赋予阅卷权,但值班补贴低廉,难以激发值班律师的积极性和责任心,导致认罪认罚可能是在"信息不对称"情况下作出的,难保被追诉人认罪认罚的自愿性和明智性。犯罪嫌疑人阅卷权可在案件进入审查起诉之后赋予,由检察官主导。随着"智慧公诉"建设的推进,一张光盘即可解决问题。那种担心被追诉人与案件联系过于紧密从而涂改、销毁卷宗的问题,也将是多余的。检察机关办案靠"信息封锁"的时代已经过去。因此,检察机关应当顺势而为,积极推进证据开示制度的建立,保障犯罪嫌疑人的知情权。现在一些地方的检察院在实施认罪认罚从宽制度时,已经尝试通过向犯罪嫌疑人发送指控犯罪证据清单的形式保障其认罪认罚的明智

---

〔1〕 参见汪海燕:"认罪认罚从宽制度中的检察机关主导责任",载《中国刑事法杂志》2019年第6期。

〔2〕 参见周强:《关于在部分地区开展刑事案件认罪认罚从宽制度试点工作情况的中期报告》。

性。对此，可以总结经验，在此基础上建立证据开示制度。

(二)"捕诉合一"下加强审查逮捕工作和羁押必要性审查工作

审查逮捕和羁押必要性审查工作，都是为了降低羁押率，加强刑事司法人权保障的重要举措。既然检察官代行了法官的职能，那么上述两项工作适度的司法化确有必要，不仅符合司法规律，也有利于保障所作决定或者建议的准确性。我们常说检察官是司法官，检察机关是司法机关，那么其行为方式应当看起来像法官一样。其中的直接言词原则是国际通行的司法规律之一。因此，无论是审查逮捕还是羁押必要性审查，检察官均应当当面听取犯罪嫌疑人及其辩护人的口头意见，而不能以书面方式听取之。

此外，注意"捕诉合一"可能带来的负面效应：对于已经逮捕的犯罪嫌疑人，是否予以起诉，应当符合起诉条件和证据标准。由于起诉证明标准高于逮捕证明标准，对于已经批捕的嫌疑人不予起诉，乃正常现象。因此，在"捕诉合一"改革后，应当注意"凡捕必诉"问题的出现。

在认罪认罚从宽制度实施的大背景下，面对大量的轻罪案件，非羁押诉讼应当成为常态。这为加强羁押必要性审查工作带来了契机。认罪认罚从宽，不仅是实体上的从宽，程序上也可以从宽，即将羁押措施变更为取保候审措施。刑事诉讼的动态发展过程和认罪认罚从宽制度实施，要求羁押必要性审查工作只能加强、不能削弱。同时，应当完善审查工作的规范化和司法化，使该项制度真正成为被追诉人的"福音"。对此，《指导意见》第21条"逮捕的变更"规定："已经逮捕的犯罪嫌疑人、被告人认罪认罚的，人民法院、人民检察院应当及时审查羁押的必要性，经审查认为没有继续羁押必要的，应当变更为取保候审或者监视居住。"

(三)恪守客观义务，为辩护方提供有效的权利救济

救济权，是为权利提供保障的权利，通常都是由法官行使。既然我国法律赋予检察官代行，就应当"激活"该程序。根据笔者的调研，一些地方的律师并不相信检察官真的能提供权利救济，因此当辩护权受到阻碍时，并不会寻求检察官提供保障。经认真分析，主要有两个方面的原因：一是担心得罪被申诉、控告的办案人员；二是对检察官不信任，因为检察官是"诉讼对手"。[1]

---

[1] 关于"检察救济"实证调研发现的问题，参见韩旭："新《刑事诉讼法》实施以来律师辩护难问题实证研究——以S省为例的分析"，载《法学论坛》2015年第3期。

可以说，检察官能否提供权利救济是检察官客观义务的"试金石"，也是检察官能否承担主导责任的"一扇窗口"。在提供检察救济时，检察官应当坚决抛弃其"当事人化"的倾向，强化客观义务的履行。检察官应当充分认识到，其不仅是辩护律师的"对手"，更是"法律的守护神"，是"世界上最客观的官署"。"除暴"的同时，还要"安良"。域外一些学者还从辩护的维度来认识检察官在刑事诉讼中对被追诉人提供保护，将检察官的保护和诉讼关照义务看作是一种"实质性辩护"。例如，日本学者田口守一认为："辩护，是指在诉讼中维护犯罪嫌疑人、被告人的正当利益。从维护犯罪嫌疑人、被告人利益的角度，辩护分为实质性辩护和形式性辩护。侦查机关也有义务侦查对犯罪嫌疑人、被告人有利的事实，法官也有义务维护这种利益，这称为实质性辩护。从职权主义诉讼结构看，实质性辩护是辩护权的内容。与此相对应，由辩护人进行的辩护，被称为形式性辩护。尤其是在当事人主义的诉讼结构中，形式性辩护是辩护权的核心。"[1]根据"实质辩护"理论，检察官主导责任包含了为被追诉人提供权利保障的内容。"检察救济"也可从"实质辩护"论中寻求正当化根据。

(四) 加强对行政执法活动的监督，增强检察监督的刚性

既然检察机关是法律监督机关，检察官是法律监督官员，那么应当加强对法律实施的监督。行政机关是执法的主体，加强对行政机关实施法律的监督，势在必行。检察官主导责任也应覆盖行政执法领域，行政不作为、滥作为或者逐利性执法、选择性执法均应被纳入监督范围。监督方式不应仅仅是提出司法建议，为使监督更具刚性，检察机关可以监督决定书的方式提出纠正意见或者责令行政机关书面说明作出处理或者处罚决定的事实根据和法律法规依据。新修改的《人民检察院刑事诉讼规则》第64条规定："行政机关在行政执法和查办案件过程中收集的物证、书证、视听资料、电子数据等证据材料，经人民检察院审查符合法定要求的，可以作为证据使用。行政机关在行政执法和查办案件过程中收集的鉴定意见、勘验、检查笔录，经人民检察院审查符合法定要求的，可以作为证据使用。"上述规定是检察官从证据方面加强对行政执法活动监督的表现。我国的检察机关名为法律监督机关，实

---

[1] [日]田口守一：《刑事诉讼法》，张凌、于秀峰译，中国政法大学出版社2010年版，第107页。

质上仅是对三大诉讼法的执行情况进行监督,即对涉诉案件进行监督,而不是对所有违反法律的行为进行监督,这多少有点"名不副实"的味道。检察机关作为法律监督机关,应当对所有法律的适用和执行情况进行监督。行政机关作为执法的最大主体,理应接受检察机关的监督。目前,检察机关将行政公益诉讼纳入监督的范围,即是一个突破口。未来检察机关对行政机关行政执法活动监督的范围应适度扩大。

（五）加强对侦查和调查取得证据材料的监督审查

检察官在审前程序中的主导责任,主要是主导对侦查、调查取证成果的监督审查。《人民检察院刑事诉讼规则》第73条第1款规定:"人民检察院经审查认定存在非法取证行为的,对该证据应当予以排除,其他证据不能证明犯罪嫌疑人实施犯罪行为的,应当不批准或者决定逮捕。已经移送起诉的,可以依法将案件退回监察机关补充调查或者退回公安机关补充侦查,或者作出不起诉决定。……"可见,检察官对监察委员会调查取得的证据材料不是"照单全收",而是要适用非法证据排除规则加强审查和监督。尽管检察官在对监察委员会调查取得的证据材料进行排除时面临诸多困难,但仍要忠于职守,知"难"而进,对监察委员会调查的案件在审查起诉阶段也要承担主导责任。通过检察官主导责任和监督职能的履行,切实改变监察委员会调查终结移送起诉案件"零退查""零不诉"等违反诉讼规律的问题。非法证据排除是"釜底抽薪"的举措,只有使侦查和调查机关辛辛苦苦获得的"劳动成果"化为乌有,对于规范侦查和调查行为,才具有重要意义。

（六）加强检察引导侦查工作,提高酌定不起诉适用率

检察官主导责任中包含有"引导"之意。既然检察官主导责任主要适用于审前程序,那么公诉引导侦查便是题中应有之义。对于故意杀人、"涉黑涉恶"和"涉恐"等重大案件,检察机关可以通过派人提前介入侦查活动,既加强对侦查取证行为的监督,又引导侦查取证方向,从而构建起"大控诉"的格局,保障侦查取证和公诉的质量,防止因"时过境迁"导致的"补充侦查"不能。

当前酌定不起诉适用率比较低,适用程序比较繁琐,在"案多人少"矛盾比较突出的情况下,检察官大多不愿适用,导致审前分流功能发挥不佳。据调研,2013年至2016年,S省适用酌定不起诉的比例分别为3.43%、

3.81%、3.54%、3.69%。[1]为此,应通过目标考核提高酌定不起诉的适用比例,扩大其在审前分流中的功能。认罪认罚从宽制度实施,为酌定不起诉的适用提供了广阔的空间。同时,改革传统的"三级审批制"。赋予了检察官适用酌定不起诉的建议权和科处长的决定权,改变酌定不起诉案件需要检察长或者检察委员会决定的制度安排,为检察官"减负""解压",以更好地落实司法责任制。为此,《指导意见》第30条"不起诉的适用"第1款也规定:"完善起诉裁量权,充分发挥不起诉的审前分流和过滤作用,逐步扩大相对不起诉在认罪认罚案件中的适用。对认罪认罚后没有争议,不需要判处刑罚的轻微刑事案件,人民检察院可以依法作出不起诉决定。人民检察院应当加强对案件量刑的预判,对其中可能判处免刑的轻微刑事案件,可以依法作出不起诉决定。"

五、检察官主导责任需要以客观义务进行约束

越要强调检察官主导责任,越要强化其客观义务。否则,"主导"权力就会被滥用,"主导"地位就成为凌驾于法律之上的"超强地位","主导"责任也将无法得到正确履行。根据"权责相统一"原理,权力越大,责任就越重,义务也就越多。"检察官主导责任"的提出,无疑扩大了检察权在刑事诉讼中的功能和作用,为了控制"主导权"的滥用,必然需要以客观义务进行约束,防止其成为"脱缰的野马"。以客观义务行使主导责任需要做到以下几点:一是检察权的行使必须有法律依据,即职权法定原则,在法律框架内行使权力。二是注重刑事政策的贯彻落实。例如,"少捕慎诉慎押"即是当前的一项重要刑事政策,对"可捕可不捕""可诉可不诉"的案件,应该坚持谦抑原则,一律不捕、不诉。三是注重程序的公正性和公开性。对于疑难、重大、复杂和社会关注度高的案件,应采取公开听证的方式进行审查,以体现司法的亲历性。既然检察机关被定位为司法机关,检察官被定位为司法官,那么检察权的运行方式就应司法化,其中最重要的就是贯彻直接言词原则。四是注意辩护权的保障。在主导认罪认罚从宽制度实施中,一方面应当保障犯罪嫌疑人获得有效法律帮助,另一方面对犯罪嫌疑人认罪认罚,而辩护人

---

[1] 参见张树壮、周宏强、陈龙:"我国酌定不起诉制度的运行考量及改良路径——以刑事诉讼法修改后S省酌定不起诉案件为视角",载《法治研究》2019年第1期。

或者值班律师提出无罪或者罪轻意见的，应当容忍和包容。"兼听则明"有助于防范司法冤错。五是司法责任制应当"放权到位"。"让办案者决定，由决定者负责"是司法责任制改革的基本要求，不能打折。要求独任检察官或者检察官办案组成立独立的办案单位，这是客观义务真正落实的体制保障。只有检察官"说了算"，才可能独立承担责任，也才能激发检察官的荣誉感和使命感。在赋予员额检察官独立办案权的同时，也要注意责任体系的建立和责任追究到位。

要认识到检察官主导责任的局限性，毕竟追诉职能是其核心职能，追求公诉成功是一个检察官职业利益所在。因此，其在处理案件时的中立性无法与法官相比。以审判为中心的诉讼制度或者"审判中心主义"的建立，既是我国诉讼制度改革的目标，也是符合司法规律的基本诉讼结构。在"检察主导"和"审判中心"之间，不能因为倡导"检察主导"而削弱"审判中心"地位。应当发挥裁判标准对侦查、审查起诉活动的引导、规制作用，倒逼侦查、审查起诉活动向审判看齐，经受审判的经验。如果我们承认"无罪推定"原则，就必然应该认同审判在刑事诉讼活动中的中心地位。在改革中，应摈弃部门主义，真正实现司法权的优化配置，以追求司法公正为共同目标。

第十五章
"少捕慎诉慎押"中的权力配置问题

在捕与不捕、诉与不诉、押与不押问题上,员额检察官可能会与部门负责人、分管检察长乃至检察长存在分歧。一旦遇到上述问题,该如何处理,也是需要关注的问题。这涉及司法责任制改革后检察权的配置问题。在此需要注意的是,与法院上下级之间的审级独立和法官的个体独立相比,检察机关的行政化色彩更强,遵循"上下一体"和"上命下从"的领导体制。这就决定了检察官办案独立性相对较弱。特别是过度的检察行政化会造成一线办案缺乏精英、部分检察官缺乏荣誉感与责任心、叠床架屋、效率低下、机构林立、人浮于事等弊端。[1]为了保证"少捕慎诉慎押"的质量,实现司法公正,有必要加强检察领导的管理监督职能,但又不至于损害检察官的办案主体地位,确实需要在二者之间寻求一种平衡。

一、"三级审批制"仍有附条件予以保留的必要

此种制度设置,虽然可能会降低诉讼效率,但却可以最大限度地保障司法公正。在公正与效率之间,公正永远是第一位的。一个检察院,有多个业务条线,检察官动辄几十乃至上百,检察长、分管检察长往往"鞭长莫及",需要充分发挥中层领导的监督管理职能,这是检察机关有序、有效运行的重要保障。在笔者的调研中,有的分管检察长抱怨案头上动辄有几十、上百的司法文书需要签发,无法保障案件质量。还有的分管检察长提出对案件质量的把关,只能通过平时对该检察官的印象好坏进行,很难通过审查司法文书发现问题。附条件的"三级审批制"既符合检察实际,也符合"上命下从"

---

[1] 龙宗智:"加强司法责任制:新一轮司法改革及检察改革的重心",载《人民检察》2014年第12期,第30页。

的管理体制,是检察领导行使管理监督权的有效方式。在认罪认罚案件中,《人民检察院办理认罪认罚案件监督管理办法》第12条明确了6项部门负责人的监督管理职责:包括听取承办人有关办案情况的报告,要求检察官复核、补充、完善证据,召集检察官联席会议,指导检察官均衡把握捕与不捕、诉与不诉法律政策、量刑建议等问题,提请检察委员会审议作出决定,对案件提出审核意见,等等。同时,要考虑到检察委员会与办案检察官的关系。司法责任制的核心是"谁办案谁负责,谁决定谁负责"。为此,检察官的办案主体地位应受到尊重和保障。这就要求检察委员会尽量缩小通过开会形式讨论案件的范围,《人民检察院检察委员会工作规则》将提交会议研究的案件范围限定在了"重大、疑难、复杂的案件",应当说符合司法责任制改革的精神。[1]《人民检察院刑事诉讼规则》一定程度上加强了"三级审批制",应当说是符合客观实际的。附条件的"三级审批制"中所"附条件"应当是前述的"四类案件",尤其是疑难、复杂和重大案件。

二、改变部门负责人对案件处理的决定权为提请检察官联席会议讨论的决定权

对于重大、复杂、疑难、社会关注度高的敏感案件和存在较大争议的案件,应当由部门负责人提交检察官联席会议讨论,提出咨询意见;当部门领导不同意检察官的处理意见时,可以将案件交由检察官联席会议讨论,供办案检察官参考。如果意见不被接受,检察官仍然坚持己见,则部门领导可以提请分管检察长决定或者由后者提请检察委员会讨论决定。《人民检察院办理认罪认罚案件监督管理办法》第9条第3款规定:"检察官联席会议讨论意见一致或者形成多数意见的,由承办检察官自行决定或者按检察官职权配置规定报请决定。承办检察官与多数意见分歧的,应当提交部门负责人审核后报请检察长(分管副检察长)决定。"这样兼顾了检察领导的监督管理权与检察官独立办案之间的平衡。现行部门负责人监督管理方式是对于《刑事诉讼法》规定需要报请检察长决定的事项和需要向检察长报告的案件,应当先由业务机构负责人审核。因此,在"统一检察业务应用系统"中,员额检察官将案

---

〔1〕 韩旭:"司法责任制与检察委员会制度新发展",载《检察日报》2020年11月20日。

件处理意见提交部门负责人审核时，部门负责人应当选择"意见"按钮并填写自己的审核意见，而检察长则应当选择"决定"按钮并填写自己的审核决定。当部门负责人不同意员额检察官意见时，可以主持召开检察官联席会议进行讨论，将讨论意见、自己的审核意见以及员额检察官意见报请检察长或者检察委员会决定。如果案件重大疑难复杂，检察长可以提交检察委员会讨论决定。对于不需要检察长决定的事项，员额检察官就有决定权，原则上检察官可以自行作出处理决定，但是有的检察官还是会听取部门负责人审核意见，只要办案系统中操作无障碍，检察官还是可以发给部门负责人提审核意见的。应当说目前的运行方式大致可行，既保障了检察官办案主体地位，也加强了部门负责人对案件监督管理职责的履行。

三、赋予检察长职务收取权和职务移转权

《关于加强法官检察官正规化专业化职业化建设 全面落实司法责任制的意见》规定："检察长不同意检察官处理意见的，可以提出复核意见，或者提交检察委员会讨论，必要时也可以直接作出决定。"该条规定实际上确认了检察长的职务收取权。但是，对"职务移转权"并未作出规定。当检察长提出自己对案件处理的看法及其理由，如果意见不被接受，不能强令检察官按照自己的意志决策，这是保障检察官独立性的前提，也是检察官履行客观义务的保障。我国检察官具有司法官的属性，适当保持其独立性，既是履行客观义务的要求，也是巩固其办案主体地位的需要。检察长虽可以行使职务收取权，但是其无精力对所有案件都"直接作出决定"。于是，行使职务移转权确有必要。也就是当自己的意见不被办案检察官接受时，可以将该案件交由其他检察官办理。为了防止检察长借助职务收取权、移转权来干预案件的办理，应当通过设置相应的程序保障该项权力不被随意行使，即只有在符合一定条件的情况下按照特定的方式行使才是正当的。

对此，我国可以将条件限定为以下四个方面：一是为统一法律适用或追诉标准，上级检察官认为有必要时。二是有事实足认原承办检察官执行职务有违法或不当行为的。三是原承办检察官对上级之命令有不同意见而提出移转或收取请求的。四是因案件之性质，认为由其他检察官处理更为适宜的。此外，应当明确检察长行使职务收取权或者移转权时，应当采用书面方式，并载明理由，以供日后检验。原承办检察官对于职务收取、移转命令应当服

从，但仍可提出意见书以表达异议。[1]除此之外，还应对检察领导的指令权予以程序规制。由检察机关内部和上下级的领导体制所决定，检察上级和检察长对下级检察官有指令权，但该种权力的行使应予以一定的程序规制，例如采取书面方式，并载明理由等，从而保障该权力的正确行使。从域外经验来看，指令权的程序规制体现在如下三个方面：第一，指令权的行使应当采用书面方式，并且附具理由，检察官应当将其装入卷宗之中，以便于事后检验，明确责任。《欧洲各国检察官在刑事司法制度中的作用》第10条就明确规定："所有检察官均有权要求对其发布的指令以书面的形式进行。"第二，赋予下级检察官不服指令的异议权，检察官认为上级的命令违法或者不当时，有权向发出指令的检察官的上级提出附理由的书面异议，请求撤销违法或者不当的指令，上级对提出的异议应当认真进行审查，认为异议成立的应当接受，认为理由不成立的应当作出书面命令并附理由。上述欧洲法律文件第10条同时规定："如果一个检察官认为一个指令是非法的，或者违背他本人的良知，应当可以通过合理的内部程序进行职务移转。"德国法官和检察官联合会要求："指令应以书面形式作出。如果检察官认为指令是不合法的，他应以书面形式通知其直接上级，同时要写明他认为指令不合法的理由。如原检察官坚持其判断，上级官员应当免其遵循指令的责任。"在加拿大，任何人包括检察官的上司，向办案检察官发出的任何指令，甚至包括电话记录，办案检察官不仅要将其存入卷宗，而且可以向媒介公开。在我国，对于不涉及保密内容的上级指令，也应允许检察官对外公开，以接受舆论监督，从而使上级的指令暴露在"阳光"之下，以此保障指令权的慎重行使。第三，应当明确违法的指令对下级检察官无约束力，下级检察官有权拒绝执行。例如，《葡萄牙检察署组织法》第58条规定：检察官有权拒绝执行上级不合法的指示、命令和指导；如果检察官认为上级的指示、命令和指导严重违反法律的尊严，也可以拒绝执行。此外，我国《关于完善人民检察院司法责任制的若干意见》第21条规定：在省级检察院制定权力清单时，"可以将检察长的部分职权委托检察官行使"。这其实是确认了检察长的职务移转权。但是，对于是否批捕、是否起诉、是否抗诉和是否提出纠正违法意见等事项，因事关重大，为慎重起见，不宜交由其他员额检察官行使。

---

[1] 韩旭：《检察官客观义务论》，法律出版社2013年版，第153页。

部门负责人除了对重大、复杂、疑难案件行使监督管理权外，应当通过组织业务培训、学习研讨、庭审观摩、业务竞赛、优秀司法文书评选、业绩考核等方式，加强对检察官党的监督管理，而非"越俎代庖"，代替检察官作出决定，这只能是一种例外情形。

第十六章
"少捕慎诉慎押"保障机制和配套措施

一、"少捕慎诉慎押"中容错机制的建立

（一）容错机制建立的意义

容错机制之于"少捕慎诉慎押"系不可或缺的重要配套制度。检察官与其说是基于对不捕、不诉和变更强制措施后被追诉人逃跑、重新犯罪等的担忧，不如说是对追究责任担忧。然而，检察官"是人不是神"，不可能对"社会危险性"这一未来的判断"料事如神"，应当允许有一定的错误区间。这才是客观理性的。由于对案件评查和诸如政法队伍教育整顿之类活动中将"不捕""不诉"作为重点评查案件的顾虑，也是出于对自身的保护，避免"秋后算账"，将"可不可捕"的犯罪嫌疑人一捕了之，将"可诉可不诉"的案件一诉了之。反思其原因，正是缺少容错机制所致。因此，如果不建立容错机制，指望检察官有担当精神，实现"少捕慎诉慎押"只能是一厢情愿的梦想。尤其是不捕和羁押必要性审查后被变更为取保候审的被追诉人重新犯罪，犹如一柄达摩克利斯之剑吊在检察官头上，一个案件毁了检察官的"一世英名"，这是作为理性人、经济人的检察官所不愿看到的。因此，没有"容错机制"就没有"少捕慎诉慎押"刑事司法政策的真正实施。毕竟，《关于完善人民检察院司法责任制的若干意见》第35条规定：检察人员在司法办案工作中有重大过失，怠于履行或不正确履行职责，造成涉案人员自杀、自伤、行凶的或者犯罪嫌疑人、被告人串供、毁证、逃跑的应当承担司法责任。在强化司法责任追究的背景下，也应重视容错机制的建立，对诸如免责情形予以清晰界定。

（二）容错机制建立的依据

《关于完善人民检察院司法责任制的若干意见》第33条第1款规定："司

法办案工作中虽有错案发生，但检察人员履行职责中尽到必要注意义务，没有故意或重大过失的，不承担司法责任。"显然，涉案人员自杀、自伤、重新犯罪、串证、逃跑等，从结果上看，可能会被认定为"错案"。这意味着只要办案人员没有故意或者重大过失就可以免责，这其实是对检察官必要注意义务的要求。检察官在审查逮捕、审查起诉和羁押必要性审查中，如果尽到了注意义务，就可以不承担司法责任。上述规定为容错机制的建立提供了依据。在笔者看来，该规定与容错机制之间系包容关系。但是，该规定并非针对"少捕慎诉慎押"而设立，且主要是强调主观过错，而不涉及客观行为。因此，尚不是真正意义上的容错机制。检察官并不会将此规定作为免责的"护身符"。毕竟，没有"故意或者重大过失"比较难以证明。"过失"与"重大过失"的区别何在？何谓"重大"，这些均属于自由裁量较大的主观认识。根据《检察官法》第 49 条第 1 款的规定："最高人民检察院和省、自治区、直辖市设立检察官惩戒委员会，负责从专业角度审查认定检察官是否存在本法第四十七条第四项、第五项规定的违反检察职责的行为，提出构成故意违反职责、存在重大过失、存在一般过失或者没有违反职责等审查意见。……"对于仅有一般过失或者没有过失的，不应追究检察官的司法责任。对检察官追责有时是一种政治压力，而非技术性装置。看来建立针对性的容错机制势在必行。该机制应针对"少捕慎诉慎押"刑事司法政策而建立。

（三）容错机制的适用条件

容错机制的建立不应仅着眼于办案人员的主观过错方面，而应有明确清晰的判定标准。客观行为则是易识别的判断标准。可以考虑作如下设计：无论是审查逮捕、审查起诉还是羁押必要性审查，只要审查时犯罪嫌疑人、被告人符合不予逮捕、不予起诉和变更羁押措施的条件，检察官作出不捕、不诉或者羁押措施的决定或建议的，如果出现被追诉人自杀、自伤、重新犯罪或者逃跑、串供、妨碍作证等情形的，任何机关不得对检察官追究司法责任和刑事责任。实践中曾有某地检察官对一起职务犯罪案件的犯罪嫌疑人不起诉而被追究刑事责任的案例。该检察官是否应该被追究刑事责任，除了考察其是否有主观过错外，尚需关注在作出不起诉决定时犯罪嫌疑人是否符合不起诉条件。

（四）容错机制的建立方式

一些检察院在规范性文件中探索建立了容错机制，但是追责的通常是党的纪律机关或者政法机关和上级检察机关。例如，某县检察院在其规范性文件中规定："变更强制措施时犯罪嫌疑人符合变更条件，变更后犯罪嫌疑人违反规定脱逃或者重新犯罪的，不能仅依此认定变更羁押强制措施不当。"这种创新虽应鼓励和倡导，但是因其效力层次较低，实施效果有限。为此，容错机制应当上升为国家法律，成为党政、司法机关一体遵守的规范。唯有如此，它才真正可能成为检察官的"护身符"。期待未来《刑事诉讼法》修改时，能将容错机制建立起来，以推动"少捕慎诉慎押"刑事司法政策的实施。即便是《关于完善人民检察院司法责任制的若干意见》，也是检察机关内部规定，对追责主体并无约束力。因此，应当将该意见中的免责条款在进行修改完善后，以法律形式予以规定。在法律修改之前，各级党委政法委员会、检察机关应当先以规范性文件形式建立容错机制，以给检察官"松绑"，使其能够大胆放心地"少捕慎诉慎押"。

（五）案件评查制度应予废除

案件评查制度是采用行政化的方式监督管理司法，有违司法亲历性或者直接言辞原则。如果采用查阅案卷方式就可以决定案件的质量和实体处理结果，何必再进行"庭审"或者"庭审实质化"呢？如果通过案件评查解决卷宗装订的形式化、规范化问题，倒可以理解，如果是通过此种方式试图发现案件的实体性问题，恐怕力有不逮。通过案件评查发现不捕、不诉的合法性、合理性问题，进而对办案人员追究责任，未必是一种有效举措。毕竟，办案人员会见了被追诉人，听取了辩护人的意见，甚至召开了听证会进行了听证审查。而这些均是案件评查主体没能做到的。我们应尊重办案人的意见，给予其充分的信任。域外对司法官的惩戒仅关注于程序事项和过程，鲜有以结果追究司法官责任的。这是否能给我们以启发？改一改传统的监督管理司法的模式。

二、走出"少捕慎诉慎押"的认识误区

各地公安司法机关在贯彻落实"少捕慎诉慎押"刑事司法政策过程中不同程度存在一定的认识误区，影响了该政策的顺利实施。因此，亟待予以澄清。

（一）不捕不诉一定需要被追诉人认罪认罚吗？

"少捕慎诉慎押"刑事司法政策实施后确实有助于推动认罪认罚从宽制度

实施，例如，将达成调解协议或者取得谅解作为不捕不诉的适用条件。但是，根据我国《刑事诉讼法》第 81 条第 2 款的规定："批准或者决定逮捕，应当将犯罪嫌疑人、被告人涉嫌犯罪的性质、情节、认罪认罚等情况，作为是否可能发生社会危险性的考虑因素。"可见，认罪认罚仅是是否批准或者决定逮捕的条件之一，并非必须条件。同理，一个人是否被起诉，也要看起诉条件，而非认罪认罚。根据《刑事诉讼法》第 176 条第 1 款之规定："人民检察院认为犯罪嫌疑人的犯罪事实已经查清，证据确实、充分，依法应当追究刑事责任的，应当作出起诉决定……"由此可知，是否起诉并非因为犯罪嫌疑人不认罪认罚。如果犯罪嫌疑人依法不构成犯罪或者犯罪情节轻微、指控犯罪的证据不充分，即使其作出无罪辩解，仍可不捕不诉。尤其是对于行为不构成犯罪的案件，犯罪嫌疑人拒不认罪，我们不能以其没有悔罪表现而予以逮捕、起诉。否则，不仅不利于"少捕慎诉慎押"刑事政策的正确实施，也损害了认罪认罚从宽制度的司法公信力。

（二）只有被害人谅解才可以不捕不诉吗？

取得被害人谅解或者达成调解协议，确实有助于修复社会矛盾，实现恢复性司法的功能。因此，在贯彻落实"少捕慎诉慎押"刑事司法政策过程中，公安司法人员必然会加大促成和解的力度。但是，有些被害人"漫天要价"，导致调解未能达成或者没有取得谅解的情况发生。对此，仍然可以适用认罪认罚从宽制度。没有取得谅解要看具体情形，如果责任不在被追诉人一方，并不能认为其不认罪认罚或者没有悔罪表现而不予以从宽。如果被追诉人积极努力，为达成调解或者取得谅解而筹集钱款，仅是因为被害人的无理要求导致调解破裂的结果，对于此种非归咎于被追诉人的原因导致的被害人不谅解情形，仍可对其不捕、不诉。

（三）径行逮捕案件不能进行羁押必要性审查吗？

在调研过程中，笔者发现不少地方的检察官将径行逮捕案件排除在羁押必要性审查之外，各地检察官因认识分歧，导致司法标准不统一问题比较突出。他们认为，既然检察机关应当径行逮捕，说明犯罪嫌疑人社会危险性和人身危害性较大。且羁押必要性审查标准与逮捕标准一致，既然应当逮捕，就等于应当羁押。因此，无羁押必要性审查的可能。在笔者看来，无论是"可能判处十年有期徒刑以上刑罚"还是"曾经故意犯罪"和"身份不明"，均是一种具有"社会危险性"的推定，而这种推定会随着刑事诉讼的动态变化而发生改变，例如犯罪嫌疑人在后续的诉讼环节交代了自己的真实身份或者经对证据的审查犯罪嫌疑人可能会判处10年以下有期徒刑。因此，这种推定的基础事实并不牢固，是可以反驳和能够推翻的。既然羁押必要性审查体现了"慎押"的要求，那么就应该统一各地的适用标准。且根据公权行使的原理，在法律没有对此种情形明确禁止的情况下，检察官根据自己的理解和认识，任意将此类案件排除在羁押必要性审查之外，并无法律依据，是不严格司法的表现。

（四）外来人员犯罪一定不能取保候审吗？

在贯彻落实"少捕慎诉慎押"刑事司法政策过程中，最令办案人员头痛的是外来人员在本地犯罪问题，需要其平衡"少捕慎押"与保障刑事诉讼顺利进行的关系。为了保障在后续的诉讼活动中被追诉人能够顺利到案，办案机关多倾向于采取逮捕措施，即便是符合取保候审适用条件的也不例外。由此导致在一些外来人口较多的大中城市，尤其是城乡接合部的郊区，逮捕率和诉前羁押率较高。这种差异化的处理不仅催生了高羁押率，而且有违我国宪法的平等原则。可考虑通过政府出资，建立安置帮教基地，在征得被追诉人同意后将其安置于此。这一做法，既解决了羁押率过高的问题，也因被追诉人的同意而可以消除侵犯人权的质疑。因为，权利是可以放弃的。当然，检察机关要积极争取当地党委、政府的支持。在安置帮教基地，可以通过外聘专家进行技术培训，使被取保人员获得一定的专业技能，以使其更好回归和融入社会。

（五）不捕不诉就是放纵犯罪吗？

"少捕慎诉慎押"刑事司法政策确实需要协调惩罚犯罪与保障人权之间的关系。长期以来，无论是广大民众还是党政官员，均强调法律的"安全""稳定"价值，而对基本权利的保障重视不足，由此导致"重打击、轻保障"的理念根深蒂固。在该项政策推行过程中，一旦被追诉人被取保候审，被害人一方或者周围民众会认为办案机关可能办"关系案""人情案"乃至"金钱案"，所以才将被追诉人"放出"。他们认为没有羁押就是放纵坏人，就是打击不力。办案人员为了免受怀疑或指责就不敢大胆适用"少捕慎诉慎押"刑事司法政策，导致"一捕了之""一诉了之"的现实司法困境。为了避免因不捕、不诉给办案人员带来的信访、维稳压力，作为理性人的公安司法人员更愿意选择提捕和批捕、起诉。因为这样做对他们才是最安全的。其实，是否逮捕仅是适用强制措施的一种方式,并非意味着被追诉人不受刑事追究,更不意味着办案机关放纵犯罪。将羁押与否视为是否放纵犯罪,其实是将强制措施刑罚化,将逮捕视为一种惩罚。这种观念应予摒弃,其与"少捕慎诉慎押"刑事司法政策格格不入。

(六)少捕慎诉就是不捕不诉吗?

"少捕慎诉"固然是以不捕不诉为导向,但并非等于"不捕不诉"。"少捕慎诉"要求尽量少逮捕人、起诉人,在遇到可不可不捕、可诉可不诉的犯罪嫌疑人时,不要适用逮捕和起诉措施。但是,对于一些主观恶性较深、社会危险性较大的被追诉人必须予以逮捕、起诉,以体现对社会法益的保护。实践中,一些司法官片面理解"少捕慎诉慎押"的刑事政策,导致一些符合逮捕、起诉条件的犯罪嫌疑人被取保候审、不予起诉,这才是真正放纵犯罪。"少捕慎诉慎押"要求公安司法人员在提请批捕和审查、决定逮捕、审查起诉时严格依法而为,谨慎适用逮捕措施和作出起诉决定,并非一概不捕不诉。

(七)少捕慎诉只适用于轻罪案件吗?

"少捕慎诉"虽以轻罪案件的被追诉人为适用对象,但并非不适用于重罪案件。虽然我国刑法并未像域外刑法一样规定轻罪、重罪的标准,但是无论是学界还是实务界大多均以3年有期徒刑刑罚为分水岭。一般来说,轻罪案件的被追诉人社会危险性较小。但是,这并不意味着可能判处3年有期徒刑以上刑罚的被追诉人主观恶性较大。毕竟,刑罚条件仅是适用逮捕措施的条件之一,除此之外还有证据条件和社会危险性条件。我们不能以偏概全,仅根据轻重罪案件来作出判断。有些被追诉人虽然可能判处的刑罚较重,但在本地有固定住址、固定职业和固定收入,实施自杀、串供和妨碍证人作证的可能性较小,就不能认为其所具有的社会危险性达到逮捕标准。尤其是对在校学生、老年人和职务犯罪嫌疑人实施逮捕措施时更应慎重。

(八)开展专项活动中的犯罪嫌疑人一般都应逮捕和起诉

采用专项整治活动是各地公安机关为针对本地区某一时期某类犯罪活动较为猖獗而实施的治理方式,是中国司法实践中惯常运用的打击手段。无论是否言明,对该活动期间立案侦查的案件,公安司法机关均体现"从严""从重"的导向。例如,"扫黑除恶"专项斗争、打一场禁毒的人民战争和打击"两抢一盗"专项活动,等等。在这类活动开展期间,公检法三机关在党委政法委的统一领导下齐心协力、步调一致,保持斗争的高压态势,以取得专项活动的辉煌战果。在专项活动中侦破的共同犯罪案件仍然要区别主从犯，如果是胁从犯、帮助犯或者有重大立功表现、投案自首者，未必不能不捕不诉。这既可以分化瓦解犯罪，又可以减少社会敌意。毕竟，惩治与宽大相结合是我国一项传统的刑事政策。

参考文献

一、著作

蔡墩铭:《刑事诉讼法论》,五南图书出版公司1993年版。

陈瑞华主编:《法治的界面》,法律出版社2003年版。

陈瑞华:《刑事诉讼中的问题与主义》,中国人民大学出版社2011年版。

陈瑞华:《刑事诉讼的前沿问题》(第5版·下册),中国人民大学出版社2016年版。

陈瑞华:《程序性制裁理论》(第3版),中国法制出版社2017年版。

陈兴良:《刑法适用总论》(下卷),法律出版社1999年版。

程滔、封利强、俞亮:《刑事被害人诉权研究》,中国政法大学出版社2015年版。

韩旭:《检察官客观义务论》,法律出版社2013年版。

郎胜主编:《欧盟国家审前羁押与保释制度》,法律出版社2006年版。

林钰雄:《刑事诉讼法》(上册·总论编),中国人民大学出版社2005年版。

刘品新主编:《刑事错案的原因与对策》,中国法制出版社2009年版。

《世界各国刑事诉讼法》编辑委员会编译:《世界各国刑事诉讼法(美洲卷)》,中国检察出版社2016年版。

施鹏鹏:《法律改革,走向新的程序平衡?》,中国政法大学出版社2013年版。

王爱立主编:《中华人民共和国刑事诉讼法释义》,法律出版社2018年版。

王昕:《公诉运行机制实证研究——以C市30年公诉工作为例》,中国检察出版社2010年版。

王兆鹏:《新刑诉·新思维》,中国检察出版社2016年版。

吴巡龙:《刑事诉讼与证据法全集》,新学林出版股份有限公司2008年版。

谢小剑:《公诉权制约制度研究》,法律出版社2009年版。

宗玉琨译注:《德国刑事诉讼法典》,知识产权出版社2013年版。

[德]托马斯·魏根特:《德国刑事诉讼程序》,岳礼玲、温小洁译,中国政法大学出版社

2004年版。

［德］托马斯·魏根特：《德国刑事程序法原理》，江溯等译，中国法制出版社2021年版。

［美］德沃金：《法律帝国》，李常青译，中国大百科全书出版社1996年版。

［美］米尔建·R.达马斯卡：《飘移的证据法》，李学军等译，中国政法大学出版社2003年版。

［美］约书亚·德雷斯勒、艾伦·C.迈克尔斯：《美国刑事诉讼法精解》（第4版）（第2卷），魏晓娜译，北京大学出版社2009年版。

［日］田口守一：《刑事诉讼法》（第7版），张凌、于秀峰译，法律出版社2019年版。

［瑞士］古尔蒂斯·里恩：《美国和欧洲的检察官——瑞士、法国和德国的比较分析》，王新玥等译，法律出版社2019年版。

［英］詹妮·麦克埃文：《现代证据法与对抗式程序》，蔡巍译，法律出版社2004年版。

二、论文

陈瑞华："审前羁押的法律控制——比较法角度的分析"，载《政法论坛》2001年第4期。

陈瑞华："刑事诉讼中的重复追诉问题"，载《政法论坛》2002年第5期。

陈瑞华："法律职业共同体形成了吗——以辩护律师调查权问题为切入的分析"，载《中国司法》2008年第2期。

陈卫东、刘计划："谁有权力逮捕你——试论我国逮捕制度的改革（下）"，载《中国律师》2000年第10期。

陈卫东："羁押必要性审查制度试点研究报告"，载《法学研究》2018年第2期。

戴佳："深化改革：法律监督实现重塑性变革"，载《检察日报》2019年3月3日。

戴玉忠："对现行不起诉制度的几点看法"，载《人民检察》2007年第24期。

樊崇义："刑事辩护的障碍与困惑透视"，载《河南省政法管理干部学院学报》2001年第3期。

樊崇义、李岚："'刑事起诉与不起诉'制度研究观点综述"，载《法学杂志》2006年第3期。

冯卓慧："中国古代关于慎刑的两篇稀有法律文献——《劝慎刑文》（并序）及《慎刑箴》碑铭注译"，载《法律科学（西北政法学院学报）》2005年第3期。

冯卓慧："中国古代慎刑思想研究——兼与20世纪西方慎刑思想比较"，载《法律科学（西北政法学院学报）》2006年第2期。

顾永忠："1997—2008年我国刑事诉讼整体运行情况的考察分析——以程序分流为视角"，载《人民检察》2010年第8期。

顾永忠："构建与刑事案件速裁程序相配套的非羁押诉讼——访中国政法大学诉讼法学研究院教授顾永忠"，载《人民检察》2017年第20期。

郭烁："酌定不起诉制度的再考查"，载《中国法学》2018年第3期。

韩春光："中国传统的'慎刑'思想及其现代价值"，载《当代法学》2002年第4期。

韩旭："被告人与律师之间的辩护冲突及其解决机制"，载《法学研究》2010年第6期。

韩旭："检察官客观义务：从理论预设走向制度实践"，载《社会科学研究》2013年第3期。

韩旭："新《刑事诉讼法》实施以来律师辩护难问题实证研究——以S省为例的分析"，载《法学论坛》2015年第3期。

韩旭："认罪认罚从宽制度中的值班律师——现状考察、制度局限以及法律帮助全覆盖"，载《政法学刊》2018年第2期。

韩旭："审查逮捕程序诉讼化改革中的五个问题"，载《人民检察》2018年第5期。

韩旭："司法责任制与检察委员会制度新发展"，载《检察日报》2020年11月20日。

韩旭、陶涛："羁押必要性审查面临问题与破解之道"，载《检察日报》2021年4月16日。

韩旭："'少捕慎诉慎押'彰显人权保障精神"，载《检察日报》2021年7月21日。

韩旭："两高改革年鉴④｜学者谈'少捕慎诉慎押'：任重道远，需改革绩效考评机制"，载"澎湃新闻"2022年3月6日。

贺恒扬："少捕慎诉慎押刑事司法政策五大关系论纲"，载《人民检察》2022年第3期。

贺恒扬等："坚持少捕慎诉慎押刑事司法政策，依法推进非羁押强制措施适用"，载《民主与法制》2022年第4期。

黄广明等："刑辩律师之困"，载《南方人物周刊》2011年第30期。

贾宇、王敏远、韩哲："少捕慎诉慎押'三人谈'"，载《检察日报》2021年6月7日。

蒋安杰："少捕慎诉慎押刑事司法政策落实一年间"，载《法治日报》2022年4月27日。

蓝向东："美国的审前羁押必要性审查制度及其借鉴"，载《法学杂志》2015年第2期。

林静："审前羁押的多维度考察：以德国为范本的比较观察"，载《刑事法评论》2020年第1期。

林明："论慎刑理念对古代司法运行机制的影响"，载《法学杂志》2012年第4期。

刘继国："刑事诉讼中撤回公诉问题研究"，载《人民检察》2004年第1期。

刘计划："逮捕审查制度的中国模式及其改革"，载《法学研究》2012年第2期。

龙宗智："反理性的司法模式及特征"，载《社会科学研究》2000年第1期。

龙宗智："加强司法责任制：新一轮司法改革及检察改革的重心"，载《人民检察》2014年第12期。

龙宗智："检察官办案责任制相关问题研究"，载《中国法学》2015年第1期。

龙宗智："审查逮捕程序宜坚持适度司法化原则"，载《人民检察》2017年第10期。

龙宗智："监察体制改革中的职务犯罪调查制度完善"，载《政治与法律》2018年第1期。

马静华："逮捕率变化的影响因素研究——以新《刑事诉讼法》的实施为背景"，载《现代法学》2015 年第 5 期。

马春晓：“法秩序统一性原理与行政犯的不法判断”，载《华东政法大学学报》2022 年第 2 期。

施鹏鹏、王晨辰：“法国审前羁押制度研究”，载《中国刑事法杂志》2016 年第 1 期。

束斌：“三措并举降低审前羁押率”，载《检察日报》2020 年 7 月 22 日。

庄永廉等：“少捕慎诉慎押刑事司法政策的内涵功能及其落实”，载《人民检察》2021 年第 15 期。

孙长永：“少捕慎诉慎押刑事司法政策与人身强制措施制度的完善”，载《中国刑事法杂志》2022 年第 2 期。

宋英辉：“国外裁量不起诉制度评介”，载《人民检察》2007 年第 24 期。

谭世贵、李建波：“试论慎刑慎杀的刑事诉讼基本理念”，载《海南大学学报（人文社会科学版）》2007 年第 5 期。

唐若愚：“酌定不起诉若干问题研究”，载《人民检察》2003 年第 1 期。

田宏杰：“知识转型与教义坚守：行政刑法几个基本问题研究"，载《政法论坛》2018 年第 6 期。

田文军：“羁押必要性审查制度之检讨”，载《交大法学》2017 年第 1 期。

童伟华：“谨慎对待'捕诉合一'”，载《东方法学》2018 年第 6 期。

万毅：“论检察官在刑事程序中的主导地位及其限度”，载《中国刑事法杂志》2019 年第 6 期。

汪海燕：“认罪认罚从宽制度中的检察机关主导责任”，载《中国刑事法杂志》2019 年第 6 期。

吴健雄：“检察业务考评制度的反思与重构——以检察官客观公正义务为视角”，载《法学杂志》2007 年第 6 期。

谢小剑：“刑事诉讼中的'报复性起诉'”，载《环球法律评论》2008 年第 6 期。

谢小剑：“论对律师的报复性起诉”，载《内蒙古社会科学（汉文版）》2009 年第 2 期。

谢小剑：“羁押必要性审查制度实效研究”，载《法学家》2016 年第 2 期。

谢小剑：“我国羁押事实的适用现状及其规范化”，载《法律科学（西北政法大学学报）》2017 年第 4 期。

闫晶晶：“'捕诉合一'之问：让实践说话”，载《检察日报》2018 年 8 月 27 日。

张建伟：“检察机关主导作用论”，载《中国刑事法杂志》2019 年第 6 期。

张建伟：“慎刑思想：从传统诉讼到现代司法的传承”，载《人民检察》2022 年第 10 期。

张建伟：“少捕慎诉慎押的基本内涵与适用准则”，载《人民检察》2022 年第 15 期。

张军：“最高人民检察院工作报告——2019 年 3 月 12 日在第 13 届全国人民代表大会第 2 次会议上”，载《人民日报》2019 年 3 月 20 日。

张军："最高人民检察院关于人民检察院适用认罪认罚从宽制度情况的报告——2020 年 10 月 15 日在第十三届全国人民代表大会常务委员会第二十二次会议上"，载《检察日报》2020 年 10 月 17 日。

张少波："公诉环节程序分流机制的反思与完善——以 2009-2012 年 D 检察院不起诉制度运行状况为分析视角"，载《中国刑事法杂志》2013 年第 8 期。

张云鹏："捕后羁押必要性审查制度的完善路径"，载《法学》2015 年第 1 期。

张树壮、周宏强、陈龙："我国酌定不起诉制度的运行考量及改良路径——以刑事诉讼法修改后 S 省酌定不起诉案件为视角"，载《法治研究》2019 年第 1 期。

张泽涛："构建认定行政违法前置的行政犯追诉启动模式"，载《中国法学》2021 年第 5 期。

赵恒："刑事速裁程序试点实证研究"，载《中国刑事法杂志》2016 年第 2 期。

周长军："公诉权滥用论"，载《法学家》2011 年第 3 期。

朱朝亮："检察官在刑事诉讼之定位"，载《东海大学法学研究》2000 年第 15 期。

庄德通："什么是'少捕慎诉慎押'"，载《民主与法制时报》2022 年 3 月 17 日。

庄永廉等："如何建立科学合理的案件分配机制"，载《人民检察》2017 年第 23 期。

后 记

此时此刻，正值成都新冠疫情最严重的日子，每天以上百例的感染者数字上升，以至于北京健康宝对成都市主城区全域弹窗。今天成都市新冠疫情防控指挥部下发通令，要求"全体居民原则居家"，其实是对一座国际大都市实行"静默管控"。不禁想起上一周在河南驻马店市出差，车将驶入京珠澳高速时受到阻拦，要求出示社区出具的通行证，于是只好换了一处高速入口，在出示了24小时的核酸阴性证明后才得以上高速。这让我想到疫情防控应依法防控、科学防控和精准防控，而不能简单化、"一刀切"。本来计划好了8月31日去中央党校参加研修学习，却因弹窗无法成行，甚是遗憾！除了天天核酸和听着楼下高音喇叭里反复播出的单调的"请戴好口罩，不要聚集"的声音外，便是思考生命和生活的意义。一是感叹生命无常，人生充满了不确定性。已经安排好的行程被取消，秋季开学日期被多次延期；二是感叹生命短暂，匆匆太匆匆。近日，日本的稻盛和夫、苏联的戈尔巴乔夫相继辞世，两人有两个共同特点：其一，均是伟大人物，前者是商业精英，后者是政治精英；其二：两人均高寿，前者90岁高龄，后者91岁高龄。我虽不是什么精英，但是希望自己也能长寿。如此一来，既可以为国尽忠，也可以为家尽孝，还可以为这个国家和社会多工作几年，贡献更多的思想。想到这些，照顾好自己的身体，不要熬夜透支身体既是对自己负责，也是对家人和国家负责。遗憾的是，这些问题在年轻时候人们并不会去考虑，也不会在乎自己的身体健康。老之将至，其言也真。希望现在的年轻人能重视自己的身体，过一种有规律的健康生活。既然人的生命有限，就应该做自己最想做的事、最喜欢的事情，让生命的每一天都过得充实。即便是并不确定的某一天离开这个世界，也少留点遗憾，在这个世界上留下自己曾经存在的生命印记。正是

后 记

考虑到这些，我总会有一种时不我待的感觉，迫使自己不停思考、不停观察、不停写作。本书即是上述三个"不停"的结晶。

这本关于"少捕慎诉慎押"刑事司法政策的专著，是我和我指导的博士研究生，到四川省的检察院、法院和公安机关调研的结果。如果非要总结几个特点不可的话，我认为至少有以下四个特点：一是问题意识较强。例如，径行逮捕案件是否应该进行羁押必要性审查问题，是我在乐山市沐川县检察院调研时发现的；又如，检察机关作出证据不足不起诉决定是否一定要退回补充侦查二次，是我在国家检察官学院四川分院给全省检察机关一部主任培训时，学员代表提出的问题；再如，我在犍为县检察院调研时，有检察官曾问到审查逮捕的检察官与羁押必要性审查的检察官是否应当主体分离？还有，我在达州市通川区检察院调研时，有检察官问我在检察官客观义务与不诉扣分之间该如何选择？等等。二是实践性较强。由于研究的问题来自于实践，理所应当地服务于实践。不少问题是我调研时检察官颇感困惑的问题，向我提出实践该如何操作，于是便促使我思考这些问题。这正应了那句话"实践出真知"，"纸上得来终觉浅，绝知此事要躬行"。我经常告诫我的博士生、硕士生，"你们是站在中国大地上做学问"，"研究成果应能解决中国的问题"。既然要求学生这样做，那作为老师的必先带头。三是文章较为短小。本书中大多数节的内容不足3000字，没有长篇大论，更无宏大巨论。这既是优点，也是不足。优点在于读者无须花费太多时间，便可知道作者研究的主题和思路；不足是仍有进一步研究的空间，有些可能仅是一个"引子"或者仅是提出问题。就一些问题提出的解决方案也未必成熟，甚至是理想化方案。当各方面条件不足时，缺乏实施的可行性。例如，对于检察机关就取保候审的被告人提出实刑量刑建议的问题，我向法院提出的解决方案是尽可能判处缓刑。但有些被告人明显不符合适用缓刑条件，判处缓刑又何以可能？四是内容较新颖。关于"少捕慎诉慎押"的著作，目前笔者尚未看到国内有相关著作出版。应该说本书的时效性较强，内容较新，具有一定的原创性。笔者在写作过程中发现可供参阅的文献资料非常有限，只能凭自己的观察、认识和理解写出一些文字。

本书的一些文章陆续发表在《检察日报》（理论版）、澎湃新闻和南开大学法学院朱桐辉教授主办的"司法兰亭会"微信公众号上，福建省高级法院刑事法官李风林向我介绍了福建省实施"少捕慎诉慎押"情况及其存在的问题，《检察日报》的赵衡编辑、澎湃新闻的林平编辑和南开大学法学院的朱桐辉教授为文章的刊出均付出了辛勤劳动，在此一并表示感谢！感谢你们对我研究的支持和帮助！在此还要感谢四川省人民检察院检察一部、成都市人民检察院、成都市中级人民法院、乐山市人民检察院、乐山市公安局、德阳市人民检察院、达州市人民检察院、雅安市人民检察院、犍为县人民检察院、沐川县人民检察院、达州市通川区人民检察院、雅安市雨城区人民检察院、安岳县人民检察院、资阳市雁江区人民检察院给我提供的调研机会，让我学习到不少知识，受益良多。同时，也要感谢四川省人民检察院检察一部、泸州市人民检察院、乐山市人民检察院、资阳市人民检察院、成都市青白江区人民检察院、成都市青羊区人民检察院、资阳市雁江区人民检察院、安岳县人民检察院的邀请，让我有机会将调研成果及时与各位司法官和律师分享。

长期以来，我国逮捕率、羁押率和起诉率均偏高。"捕""诉""押"均是检察官的权力，检察官不但要"除暴"，更要"安良"，如此方可体现检察官客观义务。由于我国刑事司法长期以打击犯罪为导向，不捕不诉不押可能会被认为是"打击不力"、放纵犯罪，被害人一方的上访、信访压力会促使检察官办案"案结事了"，于是逮捕、起诉和羁押就成为安抚被害人一方的手段。容错机制的缺失也使检察官"望而生畏"，不敢大胆适用该刑事政策。公安机关战斗在打击犯罪的第一线，为了让人民群众有安全感、获得感和幸福感，就必然希望多捕、多诉和多押，其目标考评也是以惩罚犯罪为导向。面对上述问题，可谓是困难重重、任重道远。但是既然"少捕慎诉慎押"是新时期党的一项刑事司法政策，就不允许公安司法人员根据个人的好恶进行取舍或在执行中打折，而必须不折不扣地贯彻实施。民众是"少捕慎诉慎押"刑事政策实施的社会基础，如果没有无罪推定观念、人权保障意识，在一片"喊打"声中，该政策也不可能真正实施。一旦被追诉人"不捕、不诉"，被害人一方即上访、信访乃典型体现。因此，民众观念变革也是非常重要的。

关于"少捕慎诉慎押"话题，我已经在四川省一些地方的政法委、检察院做过十多场讲座。每到一地，几乎都是"法检公律""同堂培训"。这透露一个信号——没有公安机关、法院和司法行政机关的支持配合，单靠检察机关"一家之力"是难以推动的。

实现国家治理现代化，要求尽可能减少"社会敌意"或者"社会对抗"，少一些"对立面"，多一些宽容性，如此社会方能和谐，这就需要少捕人、少

后　记

诉人、少押人。从这个意义上看,"少捕慎诉慎押"不仅仅是一个刑事司法问题,更是一个社会治理方式转变的问题,还是社会文明程度的体现。

在一个司法人员变通能力较强的国度,政策的灵活性和不确定性会被运用到极致,这是我们在实施该政策时尤其应当警惕的。为此,政策的制度化、法律化是一个绕不开的话题。期待未来刑事诉讼法修改时其内容可以体现"少捕慎诉慎押"刑事司法政策的精神。这是遏制权力任性的有效手段之一。

疫情还在继续,看守所防控也在加强,这给看守所收押人员带来了障碍。一些地方较低的诉前羁押率一定程度上得益于疫情防控的政策的实施,当疫情褪去或者防控常态化以后,检察机关还能否保持如此低的诉前羁押率不无疑问。

生活是具体的和现实的,不仅有诗和远方,还有美酒和茶香。一张一弛才是真正的生活。此时,亚男深情演唱的《成都》飘进我的耳朵里,"走到玉林路的尽头,坐在小酒馆的门口……"但愿疫情早日过去,我们也好坐在小酒馆里把酒言欢,享受生活的乐趣。作为一个法学人,愿人间无疾苦,司法无冤错,狱中少押人。

韩　旭

2022 年 11 月